KB274163

행복 경영

행복경영

1판 1쇄 발행 2017. 11. 16.
1판 8쇄 발행 2017. 1. 11.

지은이 조영탁·정향숙

발행인 김강유
발행처 김영사
등록 1979년 5월 17일 (제406-2003-036호)
주소 경기도 파주시 문발로 197(문발동) 우편번호 10881
전화 마케팅부 031)955-3100, 편집부 031)955-3250
팩스 031)955-3111

값은 뒤표지에 있습니다. ISBN 978-89-349-2742-6 03320

독자 의견 전화 031)955-3200
홈페이지 www.gimmyoung.com   카페 cafe.naver.com/gimmyoung
페이스북 facebook.com/gybooks 이메일 bestbook@gimmyoung.com

좋은 독자가 좋은 책을 만듭니다.
김영사는 독자 여러분의 의견에 항상 귀 기울이고 있습니다.

행복 경영

HAPPINESS MANAGEMENT

지속성장하며 탁월한 성과를 내는 기업들의 숨겨진 성장 전략

경영은 참 재미있다. 성공하는 기업이 많아질수록 세상은 보다 살기 좋은 곳으로 변모하기 때문이다. 그러나 경영은 결코 녹록치 않다.

나는 지난 23년간 하루도 쉬지 않고 경영이라는 주제와 함께 숨쉬며 살아왔다. 경영대학에 다닐 때는 물론 사회에 나와서도 구매, 회계, 영업, 기획, 경영혁신 등의 실무를 경험했다. 회사생활을 하면서도 대학원에서 전략을 공부했고, 동시에 회계사 시험에 합격하기도 했다. 이후 경영교육을 목적으로 하는 휴넷을 창업해 10년 가까운 세월을 CEO로 활동하고 있다.

경영이라는 주제 속에서 살다보니 자연스럽게 '어떻게 하면 기업이 성공할 수 있을까?' 특히 '일회성 성공이 아닌 오랜 기간

탁월한 기업으로 살아남으려면 어떻게 해야 하나' 하는 화두에 천착하게 되었다. 또한 지난 수년간 기업의 성공방정식을 찾기 위해 수백 권의 책을 탐독하고, 세계 초일류기업 사례 그리고 세계적 수준의 최고경영자, 경영학자들의 사상과 경영기법을 집중적으로 연구하였다.

이러한 연구를 통해 나는 오랫동안 시장수익률 이상의 이익을 올리면서 장수하는 기업들의 공통점, 즉 기업경영의 성공방정식을 찾아낼 수 있었다. 그것이 바로 행복경영이다.

일반적 통념과 달리 장수기업은 우리가 기업의 목적이라 굳게 믿었던 이윤 극대화를 추구하는 대신, 기업과 관련된 사람들의 행복을 우선 추구하고 있었다. 그들은 남을 이롭게 함으로써 내가 이롭게 된다는 자리이타自利利他, 의를 먼저 행하고 이익을 좇는 자는 번영한다는 선의후리先義後利 정신을 투철히 지켰다.

탁월한 실적을 내면서 장수하는 기업은 단순히 눈앞에 놓인 이익을 보고 기업 활동을 전개하는 것이 아니라 고객이 필요로 하는 것을 먼저 찾아 그들을 행복하게 해주고, 세상을 살기 좋은 곳으로 만들겠다는 대의를 우선시했다. 또한 성공하는 기업은 직원

행복을 최상의 가치로 두고 있었다.

이들은 자신을 둘러싼 모든 이해관계자의 행복을 극대화 하는 동시에 이해관계자로부터 극진한 사랑과 신뢰, 존경을 받고 그들의 응원 속에서 지속적인 성장을 이루었다. 눈앞의 작은 이익을 탐내기보다 장기적 관점에서 큰 이익을 도모할 줄 알았다.

이윤 극대화만 추구할수록 장기적인 성장과 발전은 어려워지고, 반대로 이해관계자의 행복에 집중할수록 장기적 성장 가능성은 더 커진다는 것이 행복경영의 핵심이다.

나는 배우는 것을 좋아하고, 배움과 연구를 통해 습득한 지식을 공유·실천하는 것을 즐긴다. 덕분에 행복경영의 원리를 현장에서 실천하는 것은 물론, 보다 많은 사람들과 공유하고자 4년여 전부터 〈조영탁의 행복한 경영이야기〉라는 메일 서비스를 계속해오고 있다. 그 횟수가 벌써 1,000여 회에 이르고, 매일 아침 내가 보낸 메일을 받아보는 사람이 120만 명에 육박한다. 이 책은 그렇게 쌓인 내용을 하나의 경영방법론, 경영브랜드로 체계화하는 작업을 통해 탄생했다.

최근 들어 사회 전체적으로 물질만능주의나 성과주의에서 벗어나 사람에 주목하는 큰 흐름이 형성되고 있다. 물론 과거에도 기업과 경영의 핵심에는 사람이 있었다. 그러나 지금은 그 어느 때보다 사람의 중요성이 커지고 있다. 지식, 창조, 상상, 리더십, 학습, 고객만족, 윤리경영 등은 모두 사람에게서 나온 개념이다. 이제는 사람, 즉 직원과 고객의 머리뿐 아니라 마음을 사로잡는 경영자와 기업이 세상을 지배할 것이다. 영혼soul, 꿈dream, 감성, 정신 등 동양적 가치의 중요성은 갈수록 커질 것이다.

이런 흐름 속에서 물질 중심, 주주 중심의 서구적 경영기법이 아닌, 사람을 중심에 두고 이해관계자 모두의 행복을 추구하면서 그들과 함께 성장해 나갈 수 있는 모델인 행복경영이 크게 확산되리라 생각한다. 우리가 개발한 '행복경영'이 한국을 대표하는 독창적인 경영브랜드를 뛰어넘어 세계적인 경영브랜드로 자리 잡을 날이 오리라 확신한다.

행복경영이 너무 이상적이라 경영 현장에서 실현되기 어렵다고 생각하는 독자들도 있을 것이다. 그러나 불가능한 것은 아니다. 세상은 항상 비이성적인 사람, 즉 당대에는 비현실적이라고 비웃음을 산 사람들에 의해 진화·발전되어 왔다. 나는 행복경영으로 휴넷을 일류기업, 성공하는 기업의 반열에 올려놓기 위해 끊임없는 실험과 노력을 거듭하고 있다. 나 스스로 행복경영을 실천함으로써 그것이 단순한 이상이나 꿈이 아닌 '현실 가능한 전략'임을 입증하고자 하는 것이다.

얼마 전 미국 주요 대학의 MBA 졸업생 2,000명을 대상으로 '기업의 가장 중요한 목표는 무엇인가?' 라는 주제로 설문조사를 한 결과 응답자의 75퍼센트가 '주주들의 이익을 극대화하는 것' 이라고 대답했다고 한다. 안타까운 현실이다. 경영을 공부하는 예비경영자들조차 수십 년 전에 만들어진 경영학 체계를 그대로 답습하고 있음을 방증하는 것이기 때문이다.

이제라도 우리는 21세기에 맞는 경영의 옷으로 갈아입어야 한다. 기업경영자를 포함한 모든 직장인은 물론 이제 막 사회생활을 시작하려는 대학생들이 이 책을 읽고 새로운 패러다임으로 무장해, 개인이 성공함으로써 회사가 성공하고 결과적으로 모두가 성공하는 행복한 세상이 되었으면 하는 마음이 간절하다. 무엇보다 사회발전의 중추적 역할을 담당하는 기업이 질시와 비난의 대상이 아닌 존경과 사랑의 대상으로 거듭나는 데 이 책이 조금이라도 기여할 수 있기를 바란다.

끝으로 오랜 시간 쉽지 않은 작업을 열정적으로 함께 해준 공저자 휴넷 지식생산본부 정향숙 선임의 노고에 심심한 감사의 뜻을 전한다.

조영탁

Contents 

HAPPINESS MANAGEMENT

1

위대한 기업은
행복을 경영한다

뛰어난 수익성을 유지하며 장기간 생존하려면 시장 친화적 기업, 즉 다양한 이해관계자의 이해를 충족시켜 그들로부터 지속적으로 존경과 사랑, 신뢰에 기반을 둔 응원을 받아낼 수 있어야 한다. 존경받는 기업은 지속적 혁신을 통한 초일류 경쟁력을 바탕으로 탁월한 경영성과를 내고, 이를 기반으로 사회 친화적 활동을 전개해 모든 이해관계자를 만족시킨다. 이것이 바로 행복경영의 핵심이다.

뛰어난 수익성을 유지하며 장기간 생존하려
면 시장 친화적 기업, 즉 다양한 이해관계자의
이해를 충족시켜 그들로부터 지속적으로 존
경과 사랑, 신뢰에 기반을 둔 응원을 받아낼
수 있어야 한다. 존경받는 기업은 지속적 혁신
을 통한 초일류 경쟁력을 바탕으로 탁월한 경
영성과를 내고, 이를 기반으로 사회 친화적 활
동을 전개해 모든 이해관계자를 만족시킨다.
이것이 바로 행복경영의 핵심이다.

행복경영은 지속성장의 핵심비결

과학기술의 눈부신 발전은 인류에게 여든 살에 가까운 평균 수명이라는 놀라운 선물을 가져다 주었다. 하지만 오래 사는 것이 우리의 궁극적 바람은 아니다. 무병장수, 즉 행복하고 건강한 상태에서 장수를 누리는 것이 영원한 목표다. 마찬가지로 기업도 꾸준한 성장과 탁월한 이익을 창출하며 장수하기를 바란다. 그러나 치열한 경쟁사회의 도래는 기업의 수명을 점점 단축시키고 있다.

세계적인 컨설팅 회사 맥킨지Mckinsey에 따르면 기업의 평균 존속연도가 1935년에 90년이던 것이 1955년에는 45년으로 줄었고, 1975년에는 다시 30년으로 떨어졌다고 한다. 그리고 1995년에는 22년, 2005년에는 평균 15년으로 줄어들었다.

우리나라에는 약 37만 개의 주식회사가 존재하는데, 매년 7만

5천여 개의 회사가 새롭게 태어나고 또한 같은 수의 기업이 도산한다고 한다. 우리나라 기업의 평균 수명이 5년 정도라는 얘기다.

그렇다면 어떻게 해야 기업이 오랜 기간 지속적으로 성장·발전할 수 있을까?

일회성 성공은 비교적 쉽다. 신제품이나 마케팅 아이디어의 성공, 우연의 일치, 시장 환경 변화 등 여러 가지 내·외부 요소가 맞아떨어지면 성공의 단맛을 체험할 수 있다. 그러나 성공을 지속시키는 일은 결코 쉽지 않다. 장기적 관점에서 지속적인 성공을 이뤄내기 위해서는 무언가 다른 접근이 필요하다. 그렇다고 모든 기업에게 들어맞는 만병통치약을 기대해서는 안 된다. 그보다는 장기적으로 시장수익률을 초과할 수 있는 성공방정식을 찾는 데 집중해야 한다.

나는 그 해답이 행복경영에 있다고 확신한다. 실제로 수십 년간 뛰어난 성과를 유지해온 위대한 기업의 공통적인 성공비결은 행복경영에 있다.

뛰어난 수익성을 유지하며 장기간 생존하려면 시장 친화적 기업, 즉 다양한 이해관계자의 이해를 충족시켜 그들로부터 지속적으로 존경과 사랑, 신뢰에 기반을 둔 응원을 받아낼 수 있어야 한다. 존경받는 기업은 지속적 혁신을 통한 초일류 경쟁력을 바탕으로 탁월한 경영성과를 내고(필요조건), 이를 기반으로 사회 친화적 활동을 전개해 모든 이해관계자를 만족시킨다(충분조건). 이것이 바로 행복경영의 핵심개념이다.

"우리는 돈을 벌려고 노력한 적이 없다. 우리가 파는 것은 바로 행복이다."

성공의 비밀을 알려달라는 질문에 월트 디즈니_{Walt Disney}가 했던 대답이다. 한마디로 말해 고객의 행복을 추구하면 자연스럽게 이익을 얻게 된다는 것이다.

행복경영을 제대로 이해하려면 이윤 극대화와 행복 극대화에 얽힌 비밀을 풀어내야 한다. 경제원론에는 예외 없이 기업의 목적은 '이윤 극대화'라고 되어 있다. 물론 현실 세계에서도 사업 목적을 이윤 극대화, 즉 돈벌이라고 생각하는 경영자가 많다. 그러나 이것은 "인생의 목적은 먹는 것이다"라는 말과 다르지 않다. 먹는 것은 삶의 필수적인 요소지만, 그렇다고 해서 먹는 것이 인생의 목적이 될 수는 없다. 흥미롭게도 이윤 극대화를 추구하는 기업은 대체로 최대 이익을 얻지 못한다.

기업의 목적은 이윤 극대화에 있다는 주장은 크게 두 가지 문제를 내포하고 있다.

첫째, 이윤 극대화를 추구하다 보면 장기적 이익과 단기적 이익이 충돌한다. 많은 경우 단기적 이익을 실현하려면 장기적 이익을 침해할 수밖에 없다. 예를 들어 보자. 직원교육, 브랜드 자산 구축을 위한 마케팅, 사회적 평판을 쌓는 일, 신기술에 대한 투자는 당장은 비용으로 집계되어 이익을 감소시킨다. 그러나 이런 유형의 선행투자가 이뤄져야만 기업은 미래에 이익을 얻을 수 있다. 그런데 만약 경영자가 임기 중에 단기 이익에 집착하면, 단기적으로는 이익을 감소시키지만 장기적으로 큰 이익이 되어 결국 회사의 총이익을 극대화할 수 있는 결정을 내리지 못하는 모순에 빠지게 된다.

둘째, 부도덕한 방법을 활용하거나 주주만을 위한 이윤 극대화를 추구하느라 직원, 고객, 사회의 이익을 침해해 기업을 둘러싼 다양한 이해관계자로부터 질시와 비난의 대상이 될 수 있다. 이윤을 위해 다른 사람의 권리를 침해하고 사회적으로 악영향을 끼치면, 그 기업은 도덕적으로 존재 기반을 잃게 된다. 그렇게 되면 단기적인 이윤 극대화는 가능할지 모르지만, 장기적 생존은 불가능한 상황에 놓이게 된다.

기업 활동에서 이익은 매우 중요하지만 그것은 기업이 세상과 사회에 계속 공헌하기 위해 필요한 것이다. 사람이 음식을 먹음으로써 활동할 에너지를 얻듯, 기업도 이윤을 얻음으로써 사업을 영위할 동력을 얻는다. 이를 위해 기업은 수요가 충분한 고객에게 제품 및 서비스를 제공하고 그 반대급부로 수입을 얻는다. 따라서 이익은 기업을 유지시키는 필요조건이다. 그렇다고 그것이 기업 활동의 최종적인 이념이라는 의미는 아니다.

이익은 나쁜 이익과 좋은 이익으로 구분된다. 고객과의 관계를 희생해가며 얻은 이익이 나쁜 이익인데, 성장에 어려움을 겪는 기업은 대부분 좋은 이익과 나쁜 이익의 차이를 구분하지 못하고 고객관리를 소홀히 하다가 고객을 잃고 만다. 반면, 좋은 이익을 내는 기업은 고객관리에 집중하고 고객은 그 보답으로 친구나 동료들에게 그 회사의 제품 및 서비스를 적극 추천한다. 이러한 결과를 염두에 둔다면 당연히 이익 극대화가 아닌 '좋은 이익 극대화'가 기업의 목표가 되어야 한다.

이제 기업은 직원, 고객, 사회 등 모든 이해관계자의 행복을 추구해야 한다. 나아가 행복 극대화를 통한 장기적 성장 발전을 목표로 삼아야 한다. 실제로 초일류기업의 CEO들은 이윤이 아니라 기업을 둘러싼 이해관계자의 행복을 우선시했다. 대표적으로 세계적인 제약기업 머크Merck사의 조지 윌리엄 머크George William Merck 회장은 "의약품은 환자를 위한 것이지 결코 이윤을 위한 것이 아니다. 이윤은 부수적인 것에 불과하다. 이 사실을 망각하지 않는 한 이윤은 저절로 나타나게 마련이다. 이것이 내 경영이념이다"라고 말했다.

버진Virgin그룹의 리처드 브랜슨Richard Branson 회장 역시 "지금까지 170여 개의 사업을 벌이면서 오로지 사회에 대한 책임과 명성만을 생각했다. 돈은 저절로 따라온 것에 불과하다"라고 기업의 이익에 앞선 사회적 역할을 강조했다.

국내에도 국외 못지않은 훌륭한 경영자가 많다. 남양알로에사의 이연호 회장은 "기업은 인류사회를 풍요롭게 할 수 있는 무언가를 생산하고 그 혜택이 사회 구성원 모두에게 고루 전달되도록 헌신해야 한다"는 경영이념을 밝히고 있다.

얼핏 생각할 때 '행복경영'은 이상적이긴 하지만 현실 속에서 실현하기 어려운 개념으로 보일 수 있다. 그런 점에서 행복경영은 일정 부분 역설적이다. 그러나 그 역설을 하나하나 파헤치다 보면 엉킨 실타래가 풀리듯 행복경영의 마력을 체감할 수 있다.

가장 대표적으로 제기되는 문제가 '행복경영을 추구하면 이익이 절대적으로 감소할 수밖에 없다'는 것이다. 물론 단기적으로는 맞는 말이다. 당장 눈앞에 이익이 보일지라도 그것이 직원과 고객의 행복을 침해하는 것이라면 행복경영에서는 당연히 그 이익을 포기하기 때문이다. 따라서 단기적 이익은 줄어들 수밖에 없다. 그러나 논의의 지평을 크게 확장시키면 얘기는 달라진다.

회사가 당장의 이윤을 포기하고 직원과 고객, 사회의 행복을 추구하다 보면 다양한 이해관계자는 사랑과 신뢰, 존경으로 답례하게 되어 있다. 그러면 회사의 평판과 신뢰, 브랜드 가치는 높아지고 보다 많은 고객이 회사를 찾게 된다. 나아가 그들은 스스로 지속적인 신뢰를 보내는 것은 물론, 주변의 친지나 친구에게 제품 및 서비스를 추천함으로써 회사의 마케팅을 대행해준다. 이를 통해 결과적으로 이윤은 늘어나게 된다. 더욱이 그 이윤은 좋은 이윤인 데다 일회성이 아니라 장기적으로 확대 재생산된다. 결국 행복경영을 추구하면 이윤의 총량은 줄어드는 것이 아니라 크게 확대된다.

세계적인 경영컨설턴트 캔 블랜차드Kenneth Blanchard도 같은 주장을 하고 있다.

"내가 아는 이익에 대한 가장 훌륭한 정의는 '고객을 만족시키고 직원들의 환경을 개선함으로써 받는 찬사'라는 것이다. 당신이 돈을 버는 것에만 집중하고 직원들과 고객을 등한시한다면, 결국 돈을 버는 데도 실패하고 말 것이다."

그런 의미에서 행복경영은 조급하게 서두는 것이 아닌 장기적 관점에서 천천히 가는 것이며, 작은 이익을 탐내는 것이 아니라 큰 이익을 도모하는 것이라고 할 수 있다. 공자가 말한 견소리즉見小利卽 대사불성大事不成, 즉 작은 이익에 치우치면 큰 일을 이룰 수 없다고 하는 사상을 오늘의 경영에 접목한 것이다.

리더와 사원, 주주와 고객이 만족하는 회사

행복경영의 개념은 '기업이 성공하기 위해서는 기업의 목적, 수단, 방법이 모든 이해관계자의 행복 추구에 있어야 한다'는 것이다. 쉽게 말해 기업은 직원, 고객, 주주, 사회의 행복 극대화를 통한 장기적인 성장과 발전을 목적으로 해야 하며, 그 목적을 달성하는 수단 역시 각 이해관계자의 행복을 추구하는 것이어야 한다는 얘기다. 기업과 경영자는 직원의 행복을 위해 최선을 다해야 한다. 그렇게 해서 직원이 행복해지면 직원은 기업의 존립 근거가 되는 고객행복을 위해 최고의 제품과 서비스를 제공하게 된다. 또한 기업과 직원은 힘을 합쳐 사회를 위한 가치를 창출함으로써 사회의 행복에도 기여한다. 이를 통해 만족을 실현한 고객은 지속적으로 그 기업을 찾는다. 그러면 결과적으로 기업의 수익은 높아지고 주주의 행복도 커지게 된다. 이처럼 행복경영은 기업을 이끄는 리더에서부터 주주에 이르기까지 행복의 선순환 구조를 이뤄낸다. 그리고 이런 구조가 반복됨으로써 기업은 성장하고 나아가 이것이 행복한 사회로 이어지게 된다.

이러한 프레임상에서는 직원만족과 고객만족이 대립관계를 이루지 않는다. 고객만족을 위해 직원만족을 희생시키지 않으며 또한 고객에게 절대적 가치를 제공하는 것이 주주 이익을 훼손하지도 않는다. 오히려 직원만족이 고객만족으로 이어지고 이는 다시 주주만족으로 이어짐으로써 승승win-win의 관계를 이끌어낸다.

기존의 경영방법론으로는 행복경영의 많은 부분을 이해하기 어려울지도 모른다. '행복경영'은 발상의 전환을 통해 기업의 경쟁력을 높이고 기업을 성공으로 이끄는 방법이기 때문이다.

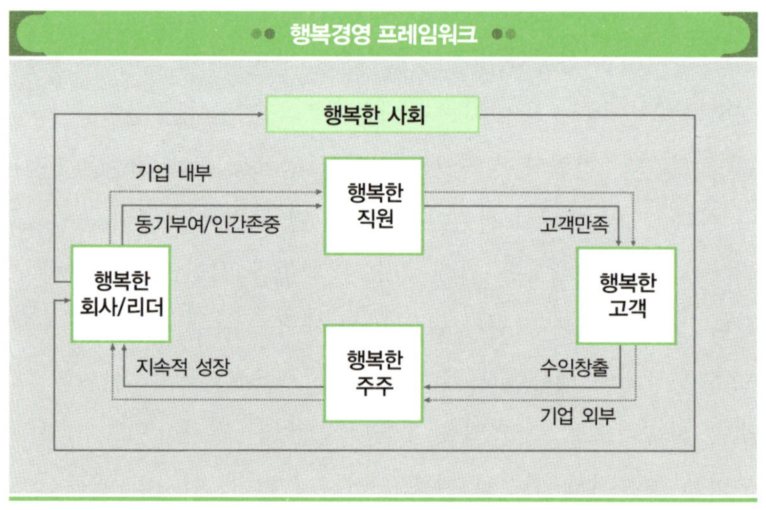

왜 행복경영인가?

　　　　　행복경영은 이미 오래 전부터 몇몇 뛰어난 CEO의 주요 관심 분야였다. 소니 회장을 역임한 모리타 아키오盛田昭夫는 "내 경영이념은 소니와 이해관계에 있는 모든 사람에게 행복을 선사하는 것이다. 그중에서도 특히 직원의 행복이 내 최대 관심사이다. 그들은 한번밖에 없는 인생의 가장 소중한 시기를 소니에게 맡긴 사람들이기 때문에 반드시 행복해져야 한다"라고 말했다. IBM의 창업자 토머스 왓슨Thomas Watson도 "우리가 고객에게 잘 해줘야 그들이 이득을 얻고 IBM 제품을 더 많이 사게 된다. 또한 우리는 직원에게 잘해야 하고 그들에게 적절한 보상을 해주어 사기를 높여주어야 한다. 이 두 요소만 잘 관리하면 세 번째인 주주는 자연스럽게 관리된다. 고객이 만족하고 직원이 열심히 일하면 수익은 당연히 올라가고 이에 따라

주가도 올라간다"라고 행복경영의 핵심을 갈파했다.

또한 《기업성공 6가지 핵심조건》을 저술한 니이하라 히로아키 新原浩朗는 "기업의 목적은 봉사에 있다. 기업은 시장을 통해 가치 있는 상품과 서비스를 고객에게 제공함으로써 세상과 사회에 공헌해야 한다. 세상과 사회를 위해 일하는 것이 기업을 경영하는 이념이고 기업문화여야 한다는 사고방식은 결국 기업을 장기적 발전으로 이끌고 주주의 장기적 이익에도 부합한다"라고 언급했다.

나는 다음과 같은 이유 때문에 성공을 원하는 모든 기업에게 행복경영이 필수적인 경영방법론, 즉 성공방정식이 되어야 한다고 생각한다.

첫째, 현대사회의 여러 기관 중에서 기업이 가장 큰 영향력을 행사하는 기관이기 때문에 기업은 그에 걸맞은 역할을 다해야 한다는 점이다. 현대 경영학의 대가 피터 드러커Peter Drucker는 "현대사회에서 가장 중요한 기관은 정부도 학교도 아닌 기업"이라고 말한다. 물론 우리나라도 예외는 아니다. 2006년 〈중앙일보〉와 〈동아시아연구원〉이 발표한 한국의 24대 파워 기관을 보면 삼성, 현대자동차, LG, SK 등 4대 재벌이 모두 5위권에 포함돼 있다. 헌법재판소가 4위, 경찰 6위, 검찰 7위, 대법원이 8위, 청와대는 13위를 차지했다.

우리가 여기서 주목해야 할 것은 앞으로 점점 더 기업의 영향력이 커질 것이라는 점이다. 미래학자 앨빈 토플러Alvin Toffler는

《부의 미래Revolutionary Wealth》에서 "기업은 100마일의 속도로 미래를 향해 달려가는 데 비해 노조는 30마일, 정부기관은 20마일, 교육기관은 10마일의 속도로 발전한다"라고 주장하고 있다. 이는 곧 해가 거듭될수록 기업과 다른 기관과의 영향력 차이가 벌어질 것이라는 의미다.

영향력은 막중한 역할에 주어지는 보상과 같다. 따라서 사회에서 큰 영향력을 행사하는 기관은 그에 걸맞은 책임을 져야 하고 또한 기여를 해야 한다. 그래야만 지속적으로 영향력을 유지할 수 있기 때문이다. 인류의 궁극적 목적은 행복이고 사회에서 가장 큰 영향력이 있는 것은 기업이므로, 기업은 당연히 인류의 행복을 추구할 책임이 있다. 기업에는 주요활동을 통해 사람들의 삶을 보다 편안하고 안전하게 그리고 행복하게 해줄 책임과 권한이 있는 것이다. 극단적으로 말해 인류행복에 공헌하는 기업은 우량기업인 반면, 인류행복에 공헌하지 못하는 기업은 불량기업이라고 할 수 있다.

기업은 무엇보다 사회와 고객을 위한 가치를 창출함으로써 인류행복에 기여한다. 가치 있는 재화나 용역은 대개 고객이 자신을 좀더 행복하게 해줄 것이라고 인식하는 것들이다. 그리고 사업기회는 고객의 이러한 갈망needs & wants을 해소하기 위한 새로운 방법을 발견하는 데 있다.

예를 들어 휴넷은 교육을 통해 사람들을 성장시키고 그들의 태도를 변화시켜 성공으로 이끎으로써 고객행복을 증진시키는 것을 목적으로 한다. 삼성전자의 애니콜 휴대전화는 먼 거리에 있는 사람들이 자유롭게 소통할 수 있도록 도와줌으로써 고객행복을 증진시킨다. 동네 치킨가게는 허기를 없애주고 미각을 충족시켜줌으로써 사람들을 행복하게 해준다.

이처럼 행복에 기여하는 재화나 용역을 경쟁사에 비해 얼마나 효율적으로 제공하는가에 따라 기업 성공의 정도가 결정된다. 당연한 얘기지만 고객이 느끼는 행복보다 더 낮은 가격에 재화 및 서비스를 제공할 수 있는 기업만이 살아남게 된다.

기업은 고객과 사회를 위한 가치창출이라는 대외적 활동뿐 아니라 회사 내의 직원에게 생활 수단, 자아실현 수단을 제공함으로써 조직 구성원의 행복 증진에 기여해야 한다. 기본적으로 직원이 행복을 느끼는 기업이나 조직은 생산성과 사기가 매우 높을 뿐 아니라 이직률이 낮다. 따라서 장기적인 성장과 발전을 도모하는 경영자는 '고객을 위한 가치창출' 뿐 아니라, 어떻게 하면 직원을 행복하게 해줄 수 있는지를 늘 고민해야 하며 그 결과를 실천에 옮겨야 한다.

둘째, 행복경영이 중요한 또 다른 이유는 지식사회의 진전에 있다. 지식정보사회의 핵심은 지식이 생산력의 가장 중요한 원천으로 떠오른다는 것이다. 즉, 과거에는 토지, 노동, 자본 등이 가장 중요한 생산요소였지만 지식정보사회에서는 그 모든 것을 합한 것보다 더 중요한 생산요소가 지식이다.

지식은 사람의 두뇌에서 나오게 되는데, 흥미로운 것은 사람에 따른 생산성 차이가 5~10퍼센트 단위가 아니라 10배, 100배, 1000배 심지어 수십만 배까지도 날 수 있다는 점이다. 예를 들어 보자. 과거에는 동일 직장에 근무하는 직장인의 생산성 차이가 그리 크지 않았다. 그러나 지금은 지식을 기반으로 하는 상상력의 시대, 창조성의 시대로 누군가가 새로운 무언가를 생각해내면 그것이 새로운 가치를 창출하게 된다. 그 결과로 사람들 간의 생산성 차이가 수십 배, 수백 배, 수천 배, 수만 배까지 커지고 있다.

2006년에 시장에서 성공한 상품을 몇 가지 살펴보면 그 차이를 쉽게 이해할 수 있다. 모토롤라를 위기에서 구해낸 레이저폰, LG전자의 초콜릿폰, 삼성전자의 보르도TV, 광동제약의 비타500, 남양유업의 17차 같은 상품은 사실상 한 사람의 머리에서 도출된 것이다. 그러한 아이디어를 떠올릴 만한 인재가 있느냐 없느냐에 따라 기업의 가치는 크게 달라진다. 또한 동일한 사람일지라도 감정 상태나 몰입, 헌신, 열정에 따라 생산성에 커다란 차이가 나타난다.

이러한 상황에 발맞춰 사람의 가치를 어떻게 극대화할 것인가 하는 차원에서 직원의 행복을 관리해주는 행복경영의 중요성이 더욱 부각되고 있다. 지금은 바야흐로 물질에서 영혼 중심의 사회로 옮겨가고 있는 것이다. 앞으로는 인간 중심의 휴머니즘 경영, 사람의 마음을 사는 경영, 영혼과 가치를 중요시하는 소프트 경영이 크게 각광받을 것이다.

셋째, 현대사회에서 기업과 사회는 떼려야 뗄 수 없는 관계가 되고 있다. 기업과 사회의 관계에 대한 논의는 1970년대 이후 점차 확대되어 왔으며, 특히 최근에는 주주share holder를 넘어 기업을 둘러싼 다양한 이해관계자stake holders에 대한 관심이 증폭되고 있다. 따라서 이해관계자의 다양한 요구에 능동적·적극적으로 대응해 우호적 이해관계자 관계를 경쟁력의 수단으로 삼는 지혜를 발휘해야 한다.

바람직한 이해관계자 관계 관리를 위해서 우선 대주주 중심의 관계에서 벗어나야 한다. 지금은 다양한 이해관계자의 이해를 충족시키는 이해관계자 중시 경영이 글로벌 스탠다드가 될 정도로 그 중요성이 커지고 있다.

미하이 칙센트미하이Mihaly Csikszentmihalyi는 《몰입의 경영Good Business》에서 야외레저용품 및 의류 제조업체 L.L.빈L. L. Bean사의 회장 레온 고먼Leon Gorman의 말을 빌려 기업이 사회에 기여하는 것, 즉 인류행복에 기여하는 것이 곧 기업 활동의 핵심이라는 것을 강조하고 있다.

"우리의 목표는 모든 주주는 물론 고객, 직원에 대한 책임을 철저히 완수하는 겁니다. 나아가 우리가 속한 공동체와 자연환경에 대한 책임, 우리에게 자재를 공급하는 납품업체에 대한 책임을 다하고자 합니다. 우리는 수익 극대화나 주주의 가치 극대화 대신, 우리가 창출하는 가치의 최적화를 중시합니다. 동시에 모든 주주의 삶도 좀더 풍족하게 해주길 기대합니다. 우리의 목

행복
경영

표는 제품이나 서비스를 통해 고객의 질을 향상시키고 아울러 직원의 삶의 질을 높이는 것입니다.”

몰든 밀스_{Malden Mills}사의 기업주이자 CEO인 아론 포이어슈타인_{Aaron Feuerstein}은 수년 전 매사추세츠에 있는 공장이 화재로 타 버렸을 때 막대한 재산 피해를 입었음에도 공장이 다시 가동될 때까지 몇 개월간 일자리를 잃은 근로자에게 계속해서 임금을 지불했다. 그는 “주주를 위한 이익 극대화와 더불어 직원, 공동체, 환경 등에 대해서도 좋은 일을 하겠다는 전략을 조화시키기 위해 늘 노력한다”라고 말했다.

주주, 고객, 사회뿐 아니라 직원에게 선을 베풀고 그들을 섬기는 행복경영 수호자는 이미 도처에서 활발하게 활동하고 있다.

2

행복한 직원은
회사를 춤추게 한다

매출을 올리는 방법에는 두 가지가 있다. 하나는 직원을 쥐어짜 목표를 달성하는 것이고, 다른 하나는 직원을 만족시켜 스스로 열심히 일하게 해 목표를 달성하는 것이다. 고객을 대면하고 고객에게 서비스를 제공하는 사람은 경영자가 아니라 직원이다. 그런데 경영자가 아무리 "고객에게 친절하라"고 강조해도 회사에 불만에 가득한 직원은 이 말을 실천하지 않는다. 다만 그들은 '회사가 나에게 무얼 해줬는데?'라고 생각할 뿐이다.

매출을 올리는 방법에는 두 가지가 있다. 하나는 직원을 쥐어짜 목표를 달성하는 것이고, 다른 하나는 직원을 만족시켜 스스로 열심히 일하게 해 목표를 달성하는 것이다. 고객을 대면하고 고객에게 서비스를 제공하는 사람은 경영자가 아니라 직원이다. 그런데 경영자가 아무리 "고객에게 친절하라"고 강조해도 회사에 불만에 가득한 직원은 이 말을 실천하지 않는다. 다만 그들은 '회사가 나에게 무얼 해줬는데?'라고 생각할 뿐이다.

직원행복이 고객행복보다 우선이다

행복경영의 첫 번째 키워드는 직원행복에 있다. 주주, 고객, 외부환경, 직원을 포함한 이해관계자 중 가장 우선적으로 고려해야 할 대상은 바로 직원이다. 물론 직원을 고객보다 더 소중하게 생각해야 한다는 말은 그리 익숙한 표현이 아니다. 특히 고객과 주주 등 회사의 핵심 이해관계자는 어쩌면 '직원 최우선 원칙'이라는 말에 거부감을 느낄 수도 있다. 그러나 고객과 주주는 자신이 첫 번째가 아닌 두 번째 혹은 세 번째로 대접을 받음으로써 결국 이득을 보게 된다는 것을 알게 될 것이다.

역사적으로 볼 때 대부분의 위대한 경영자는 '이윤 극대화의 유일한 방법은 사람을 극대화하는 것'임을 철저히 믿었다.

직원을 최우선으로 하는 기업들

동서양을 막론하고 세계 초일류기업은 직원을 최우선으로 하는 경영을 펼치고 있다. 그 몇 가지 사례를 살펴보자. 커피 전문 회사 스타벅스의 하워드 슐츠Howard Schultz 회장은 직원 최우선 경영원칙을 공개적으로 밝히고 있다.

"우리 회사의 최우선 순위는 직원이다. 직원이야말로 회사의 열정을 고객에게 전달할 책임을 지는 사람들이기 때문이다. 두 번째 우선 순위는 고객만족이다. 이 두 가지 목표가 이뤄져야 주주에게 장기적인 이익을 안겨줄 수 있다."

이러한 원칙과 철학은 스타벅스의 인사제도에도 고스란히 반영된다. 한 예로 스타벅스는 파트타임으로 일하는 사람을 비롯해 모든 직원에게 빈 스톡(Bean Stock, 원두주식)이라는 스톡옵션과 의료보험 혜택을 제공함으로써 직원의 헌신을 이끌어냈다. 스타벅스에서는 종업원을 직원employee이 아닌, 파트너partner라고 부른다.

1990년대 중반, 점포 관리자가 강도에 의해 처참하게 살해되었다는 소식을 들은 하워드 슐츠 회장은 그날 밤 전세 비행기를 타고 텍사스로 갔다. 그는 현장에 머물며 가족과 종업원을 위로하는 한편, 직접 사망자의 가족을 위해 기금을 조성했다. 그리고 텍사스 점포를 매각한 돈을 사망자의 가족과 아이들 교육을 위해 헌납했다.

이러한 경영원칙 덕분에 다른 소매점이나 패스트푸드 체인점의

이직률이 연간 150~400퍼센트인데 비해, 스타벅스는 60~65퍼센트밖에 안 된다. 매니저급의 경우, 다른 소매점이 50퍼센트에 이르지만 스타벅스는 25퍼센트로 현저히 낮다.

여러 가지 결과가 보여주듯 스타벅스의 직원 최우선 원칙은 직원의 열정과 헌신 나아가 고객의 로열티로 이어졌고, 오늘날 스타벅스는 "커피를 갈아 금으로 만드는 기업", "천 년의 커피 역사를 뒤집는 성공신화"라는 찬사를 듣고 있다.

영국 버진그룹의 리처드 브랜슨 회장 역시 직원행복을 최우선으로 생각하는 경영자이다. 그는 기회가 있을 때마다 공개석상에서 "장기적인 주주가치 극대화도 사람을 최우선시할 때 달성될 수 있다. 나에게는 무엇보다 직원이 최우선이고 두 번째가 고객이며 세 번째가 주주다"라고 과감하게 주장한다.

"일하는 것이 노는 것이고 노는 것이 일하는 것이다"라는 경영철학을 실천하는 리처드 브랜슨 회장은 주5일 근무가 끝나면 전 직원과 함께 컨트리호텔에서 주말 야영을 하며 테니스 혹은 골프를 치거나 수영을 즐긴다. 지금도 해마다 자신의 집에서 버진 직원을 위한 파티를 열고 있는데 이것은 직원의 사기를 높이는 데 큰 도움이 된다고 한다.

특히 그는 직원에게 '칭찬'을 퍼붓는 데 인색하지 않다.

"꽃에게 물을 주면 잘 자라듯, 직원에게는 칭찬을 해줘야 해요."

그는 직원이 자신을 가치 있는 사람으로 느끼도록 만들어야 한다고 강조한다. 덕분에 버진의 직원은 관료화한 기존 경쟁사들의 행동 범위를 넘어서서 창의적이고 활동적인 것으로 알려져 있다.

미국 페덱스사의 기업 철학은 PSP이다. PSP란 '사람People, 서비스Service, 이윤Profit'을 말하는 것으로 여기에는 그 순서에 따라 다음과 같이 중요한 뜻이 담겨 있다.

"경영진이 종업원people을 정성껏 보살피면 그들은 고객이 원하는 완벽한 서비스service를 제공할 것이다. 그러면 고객은 회사의 미래를 확실하게 다지는 데 필요한 이익profit을 가져다준다."

PSP 철학의 첫 번째가 종업원이라는 점에 주목할 필요가 있다. 품질의 서비스 측면을 이해하기 위해서는 무엇보다 품질의 인간적 측면을 이해하지 않으면 안 된다는 것이 프리데릭 스미스Frederick Smith 창업자의 지론이다. 페덱스가 지금껏 무해고 정책을 고수하고 있는 것과 노조가 없는 회사로 유명한 것도 종업원 제일주의 덕분이다.

월마트 창업자 샘 월튼Sam Walton 역시 "종업원이 행복하면 고객도 행복하다. 종업원이 고객을 잘 대하면 고객은 다시 찾아올 것이고, 이것이 사업 수익의 진정한 원천이다"라고 하면서 행복한 직원 만들기에 역점을 두었다.

그러면 성공적인 기업의 경영자가 하나같이 직원을 최우선 순위로 두는 이유는 무엇일까?

새롭게 기업경영을 맡은 CEO는 보통 취임사에서 기업가치 극대화를 부르짖는다. 기업가치는 주식가치의 총합으로 이는 곧 주식가치를 최대한 올리겠다는 의미가 된다. 주식가치 극대화는 주주에게 최고의 선물이지만, 그것이 기업을 둘러싼 다양한 이해관계자에게도 동시에 이익이 된다고 말할 수는 없다.

어떤 경우에는 주주에게 최대의 이익이 되는 것이 직원, 고객, 사회에는 해를 끼치기도 한다. 더욱이 단기적으로 주식가치를 올리는 데 집중하면 고객, 직원 등 이해관계자의 이익을 해칠 수 있는 경우가 얼마든지 발생할 수 있다. 결국 기업가치 극대화를 선언하는 것은 직원, 고객 등의 이익보다 자신을 임명해준 주주의 이해관계에 부합되게 경영을 하겠다는 선언과 다름없다.

다행히 최근에는 기업가치 극대화보다 고객만족, 고객감동경영을 최우선 가치로 내세우는 경영자가 늘고 있다. 이것은 자신을 포함한 모든 기업 구성원의 목적과 사명이 고객을 위한 가치 창출과 제공, 그리고 고객의 성공과 만족을 도와주는 데 있다는 것을 표명한 것이라 할 수 있다. 바람직스러운 일이다.

그런데 하워드 슐츠, 샘 월튼, 리처드 브랜슨을 비롯한 몇몇 경영자는 주주나 고객보다 직원행복을 우선 추구하겠다고 공개적으로 표명하고 있다. 주주보다 고객, 고객보다 직원의 행복을 우선으로 하겠다는 원칙은 듣기에 따라 주주나 고객을 불편하게 만들 수도 있다. 그럼에도 직원 최우선 원칙을 공개적으로 밝히는 경영자는 진정 용기 있고 지혜로운 경영자라 할 수 있다. 그 이유는 다음과 같다.

첫째, 경영자는 다양한 이해관계자의 행복을 책임지는 사람이다. 그중에서 경영자와 더불어 자기 인생의 중요한 시간을 회사에 헌신하는 직원, 하루의 3분의 2가량을 직장에 투자하는 그들의 행복을 먼저 챙겨주는 것은 경영자의 당연한 의무라고 할 수 있다. 기업을 구성하고 있는 사람들이 삶 속에서 혹은 일 속에서 만족하지 못하고 자아실현의 기회를 갖지 못한다면, 아무리 많은 이익을 창출하더라도 진정한 의미에서 기업의 가치를 달성했다고 볼 수 없다.

얼마 전 애경그룹 채형석 부회장은 "거짓말로 들릴지도 모르지만 저는 직원에게 좋은 일이 있으면 행복해지고 좋지 않은 일이 있으면 종일 일이 손에 잡히지 않습니다. 그들은 저와 삶을 함께하는 동료입니다"라고 직원에 대한 애정을 공개적으로 밝힌 적이 있다. 조직의 비전과 사명을 달성하기 위해 함께 투신하는 직원이 행복하도록 돕는 것을 제1의 사명으로 삼을 수 있는 경영자라야 진정한 의미의 경영자라고 할 수 있다.

둘째, 행복하지 않은 직원, 회사생활에 불만이 많은 직원이 고객만족을 위해 헌신할리 만무하다. 따라서 진정으로 고객만족과 감동을 통해 수익을 극대화하고자 한다면 우선 직원의 만족과 행복 수준을 최대한 끌어올려야 한다. 직원행복을 최우선으로 생각하는 경영자는 직원만족 없이는 고객만족은 불가능하다는 사실을 잘 알고 있다.

버진그룹의 리처드 브랜슨 회장은 자신이 직원을 최우선으로 하는 이유를 이렇게 밝히고 있다.

"우리는 회사에 대한 좋은 평판과 권고를 유발하고 또한 반복 구매를 촉진하는 고객만족이 우리 회사의 직원들이 제공하는 서비스 수준에 달려 있다는 것을 잘 알고 있다. 나아가 우리는 최고 수준의 서비스가 직원들의 회사에 대한 자부심에서 비롯된다는 것도 알고 있다. 그것이 바로 우리가 직원을 가장 중요시하는 이유이다."

행복한 직원이 행복한 고객을 만들고 행복한 고객이 수익창출에 결정적으로 기여해 결국 주주를 행복하게 해주는 행복경영의 선순환 메커니즘은 미국 시어스 백화점의 실제 사례를 통해서도 잘 알 수 있다.

서울대 김성수 교수에 따르면 시어스 백화점에서 5년간 축적한 데이터를 분석한 결과 직원만족도가 5단위 증가할 때 고객만족도는 1.3단위가 증가한다는 것이 밝혀졌다고 한다. 또한 고객만족도 1.3단위 증가는 매출액을 0.5퍼센트 증가시켜 이익 증대에 직접적으로 기여하는 것으로 나타났다.

1992년, 시어스 백화점은 소매부문 매출액 520억 달러를 기록하면서 순 손실액 39억 달러라는 창사 이래 최악의 위기상황에 직면하게 되었다. 그때까지 시어스 경영진은 인건비를 고정비용으로 생각해 매출이 감소할 때마다 해고와 파트타이머 고용이라는 독약 처방을 내리곤 했다. 그 결과 고객서비스는 엉망이 되었고 고객과의 신뢰 자산도 무너져 내렸다.

이러한 악순환의 고리에서 탈피하기 위해 시어스 백화점은

ECPEmployee-Customer-Profits모델, 즉 직원만족–고객만족–주주만족
이라는 경영이론을 체계적으로 정립했다. 직원–고객–수익 체인
은 '직원이 일하고 싶은 직장×고객이 쇼핑하고 싶은 점포=투
자자가 투자하고 싶어 하는 기업'이라는 바람직한 순환모델을
현실에 적용시킨 것이다. 시어스가 시행착오 끝에 도달한 이 모
델은 1994년 하버드 비즈니스 스쿨의 얼 새서 주니어Earl Sasser Jr.
와 제임스 헤스켓James Heskett 교수 등이 제창한 '서비스 수익 체
인'과 비슷하다.

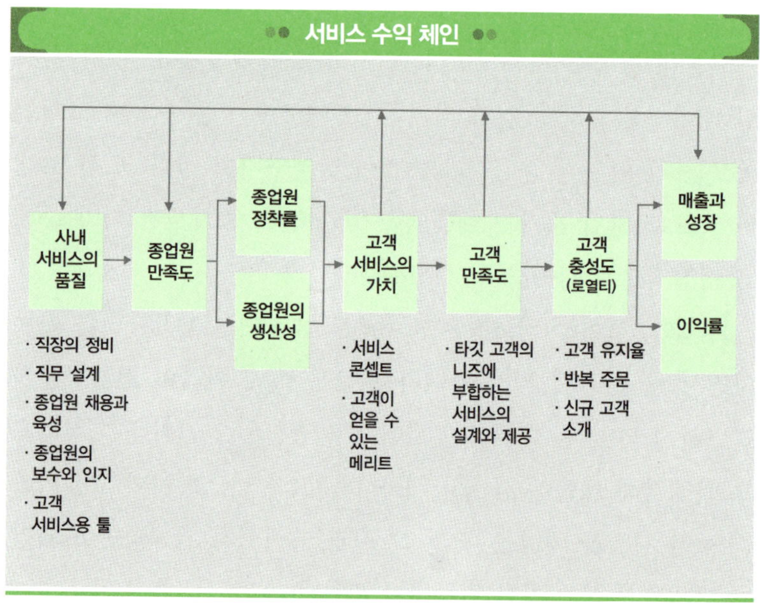

* 출처: 노무라종합연구소 지음, 이상덕 옮김, 《프런티어 전략》, 2007년

이 서비스모델은 재무적 성장 및 수익성 향상에 꼭 필요한 고객 로열티와 만족도, 그 원동력이 되는 서비스 가치, 그 가치를 높이기 위해 요구되는 직원 근속율과 생산성, 그리고 최종적으로 이것을 실행하는 직원에 대한 사내 서비스 질의 인과관계를 파악해 모델로 체계화한 것이다. 이후 사우스웨스트 항공, 타코벨, 뱅크원, MCI 텔레커뮤니케이션 등 널리 알려진 초일류 서비스 기업이 이 모델을 도입해 한 단계 높은 서비스 기업으로 탈바꿈한 것으로 알려졌다.

기업과 경영자는 직원의 행복과 성공을 돕고, 행복해진 직원은 기업의 존립 기반인 고객의 행복과 성공을 돕는 선순환의 시작점은 바로 직원 최우선주의에 있음을 보여주는 좋은 사례이다.

경쟁력의 원천은 사람에게서 나온다

'기업' 하면 보통 제품, 광고, 브랜드, 그 기업의 CEO, 빌딩과 공장 등의 이미지를 떠올린다. 그러나 한마디로 말해 '기업은 사람' 이다. 회사를 뜻하는 'company' 는 뜻 깊은 어원을 가지고 있다. Com은 '함께' 라는 뜻이며, Pan은 라틴어로 '빵' 을 의미한다. 따라서 Company는 함께 먹고살기 위해 사람들이 모여 만든 조직이 된다. Corporation도 마찬가지다. Corpor는 라틴어로 Body 혹은 단결을 의미한다. 따라서 경영자와 직원이 단결해서 일을 해나가는 것이 회사, 즉 Corporation인 것이다.

그뿐 아니라 기업企業을 한자로 풀면 '사람人이 모여止 함께 일業

하는 곳'이 된다. 즉, 일을 이뤄내는 주체인 '사람' 없이는 존재할 수도, 성과를 낼 수도 없는 것이 바로 기업이다.

'기업은 사람'임을 이해하고 이를 실천한 대표적인 경영자로 GE의 전 회장 잭 웰치Jack Welch와 삼성그룹의 창업자 고 이병철 회장을 들 수 있다.

잭 웰치는 "나는 내 시간의 75퍼센트를 사람을 뽑고 배치하고 평가하고 보상하고 내보내는 데 썼다"라고 말했다. 또한 그는 "인적자원이 무엇보다 중요한 미래의 지식기반 경제에서 경영자의 가장 중요한 역할은 인적자원 개발이다. 경영자는 한손에는 물뿌리개를, 다른 한손에는 비료를 들고 꽃밭에서 꽃을 가꾸는 사람과 같다"라고 주장했다. 흥미롭게도 잭 웰치 회장은 한 언론사와의 인터뷰에서 자신이 사람에 대해 깊이 관심을 쏟게 된 것은 한국의 이병철 회장으로부터 배운 것이라고 밝힌 적이 있다.

그 말을 입증하듯 이병철 회장은 1980년 전경련 강연에서 인재육성의 중요성을 이렇게 강조했다.

"기업은 사람이다. 기업企業은 문자 그대로 업業을 기획企劃하는 것이다. 그런데 '사람이 기업을 경영한다'는 이 소박한 원리를 많은 사람이 잊고 있는 것 같다. 나는 내 일생의 80퍼센트를 인재를 모으고 기르고 육성하는 데 썼다."

이러한 사실로 볼 때, 이병철 회장이 직원 투자에 먼저 관심을 보인 것은 사실이라고 할 수 있다. 그렇다면 동서양을 대표하는 경영의 두 거장이 어떻게 그런 내용에 공감대를 형성할 수 있었을까? 나는 최근에야 GE코리아 강석진 전 회장으로부터 이에 얽힌 숨겨진 얘기를 듣게 되었다.

1980년 초, 잭 웰치는 40대 초반의 젊은 나이에 GE그룹 회장 자리에 올랐다. 당시 잭 웰치는 강석진 회장에게 GE코리아를 맡아달라고 부탁했다. 이때 강석진 회장은 잭 웰치 회장이 매년 한 차례 한국을 방문해야 한다는 조건으로 이를 수락했다. 약속대로 매년 한국을 방문한 잭 웰치 회장은 연례행사로 이병철 회장과 두 시간 이상씩 독대하면서 서로의 경영철학과 경영방법론 등을 공유하는 시간을 보냈다. 이 자리에는 이건희 삼성 회장도 늘 함께했다고 한다. 이 만남은 고 이병철 회장이 암으로 사망하기 직전인 1987년 가을까지 계속되었다. 이런 만남을 통해 동서양을 대표하는 실물 경영의 대가들이 '최고경영자는 자신의 자원과 시간의 대부분을 인적자원 관리에 쏟아야 한다'는 명제에 교감을 나누었을 것으로 추측된다.

아주 오래 전, IBM의 토머스 왓슨은 "어떤 기업이 성공하느냐 실패하느냐의 실질적 차이는 그 기업에 소속된 사람들의 재능과 열정을 얼마나 잘 이끌어내느냐에 좌우된다"라고 말했다. 지식경제, 지식근로자라는 말 자체가 없던 시절에 그러한 통찰력을 발휘했다는 것은 매우 놀라운 일이라고 할 수 있다.

기업의 성과는 직원 개개인의 능력과 이들의 협력에 의해 창출된다. 따라서 기업의 경쟁력은 곧 조직 구성원의 경쟁력에서 비롯된다고 할 수 있다. 더욱이 사회는 점차 지식사회로 변모해

가고 있다. 오늘날 기업에 종사하는 사람들은 대부분 더 이상 과거와 같은 육체노동자가 아니다. 피터 드러커는 이들을 지식근로자knowledge worker라고 부르는데, 앞으로 기업의 성공은 이들의 성과에 의존하게 될 것이다.

지식사회에서는 개개인의 생산성 차이가 매우 크게 나타난다. 삼성 이건희 회장의 지적대로 "한 명의 인재가 만 명을 먹여 살릴 수 있는 시대"가 된 것이다. 또한 똑같은 사람일지라도 그 사람의 상태, 즉 그가 조직과 일에 얼마나 몰입하고 헌신하며 열정을 다하느냐에 따라 결과에 엄청난 차이가 나타날 수 있다.

그러므로 지식사회에서 조직 경쟁력을 극대화하는 방법은 핵심인재를 확보하는 것과 더불어 그들이 조직과 일에 열정적으로 헌신과 몰입을 다할 수 있는 조건을 만들어주는 데서 찾을 수 있다. 쉽게 말해 핵심인재로 조직을 구성하고 그들을 행복하게 만들어 자신의 잠재력을 최대로 발휘하도록 하는 것이 탁월한 성과를 창출하는 지름길이라는 얘기다.

사우스웨스트Southwest 항공사 사례를 통해 이를 구체적으로 살펴보자.

사우스웨스트 항공은 1971년에 단 4대의 비행기로 출발했지만, 채 30년도 되지 않아 미국에서 다섯 손가락 안에 꼽히는 대형 항공사로 성장했다. 한때는 시가총액이 미국 전체 항공사의 시가총액을 합친 것보다 많았던 적도 있다. 1991년 걸프전, 2001년 9·11 사태, 2003년 이라크 전쟁 등 굵직한 사건이 일어날 때마다 수많은 항공업체가 도산하거나 부실화하는 와중에도 사우스웨스트 항공은 73년 이후 지금까지 해마다 이익을 창출하는 유일한 항공사이다.

그 성공비결은 불필요한 서비스 제거, 항공료 인하, 단거리 노선 집중 등의 차별화한 비즈니스모델에 있다. 그런데 어찌된 일인지 뱅가드Vanguard, 아메리카웨스트America West, 리노Reno, 키위에어Kiwi Air 같은 신생 항공사도 이 모델을 똑같이 모방했지만 실패하고 말았다. 그뿐 아니라 컨티넨털 항공 같은 메이저 항공사도 단거리 전문 항공사를 자회사로 설립해 사우스웨스트 항공에 도전장을 내밀었으나 2년 뒤 문을 닫았다. 그렇다면 사우스웨스트 항공만의 무언가 특별한 비결이라도 있었던 것일까?

그것은 '사람'에게서 찾을 수 있다. 사우스웨스트의 1998년 좌석 마일당 비용은 7달러 3센트였던 것에 비해 유에스에어 항공 12달러 34센트, 유나이티드 항공 8달러 76센트, 컨티넨털 항공 8달러 93센트 등 경쟁사들은 평균 15~40퍼센트 높게 나타났다. 이러한 가격 경쟁력의 근저에는 직원들의 높은 생산성이 자리 잡고 있다.

예를 들어 사우스웨스트 항공은 비행기가 착륙해서 다시 이륙하기까지 보통 15분이면 준비를 완료한다. 컨티넨털 항공과 유나이티드 항공에서는 약 35분이 소요된다. 또한 비행기 1대당 직원 수는 사우스웨스트 항공이 94명인데 반해, 유나이티드 항공은 160명이고 항공업계 전체 평균은 130명이다. 그뿐 아니라 항공사 평균 수준에 약간 못 미치는 급여에도 불구하고 사우스웨스트 항공은 1999년부터 일하기 좋은 기업에 연속해서 선정되고 있다. 또한 미국 항공사에서는 유일하게 단 한차례의 노사분규도 겪지 않았다. 무엇이 이처럼 경쟁력과 생산성이 뛰어난 직원을 만들었던 것일까?

정답은 허브 켈러허 회장에게서 찾을 수 있다. 허브 켈러허 회장은 '미국에서 가장 웃기는 경영자'로 불릴 정도로 유머경영 혹은 펀경영을 중시했다. 점잖은 오찬장에 엘비스 프레슬리 복장으로 나타나기, 청바지 입고 이사회 참석하기, 토끼 분장을 하고 출근길에 직원 놀라게 하기 등 그의 펀경영 사례는 셀 수 없을 정도로 많다. 경영자의 근엄한 권위를 벗어 던진 허브 켈러허가 펀경영으로 얻으려 한 것은 사람의 마음이었다. 그는 기업들이 종교적 믿음처럼 신봉하고 있는 "고객은 항상 옳다"라는 말은 완전히 틀렸다고 주장하며 "기내에서 폭음을 하고 이유 없이 직원을 괴롭히는 불량(?)고객은 과감히 해고하라"고 말했다.

허브 켈러허는 일요일 새벽 3시에 회사 청소부 휴게실에 들어가 도넛을 나눠주고 그들과 함께 비행기를 청소하기도 했다. 리더가 조직 구성원에게 헌신적으로 봉사할 때 리더의 비전은 조직 구성원의 소원이 된다. 그 영향력은 놀라울 정도로 크다. 또한 직원은 리더로부터 인간적 대우와 사랑을 받을 때 고객에게 똑같은 사랑을 베풀게 된다. 사우스웨스트의 대다수 직원은 "우리가 처리하는 업무량은 다른 항공사보다 많지만, 동료들과 이 곳에서 함께 일하는 것이 즐겁다. 그래서 난 아무리 어렵고 힘든 일이라도 웃으면서 할 수 있다"라고 말한다.

이처럼 직원이 행복감을 느끼며 회사를 다니는 것은 개인과 회사 모두에게 중요한 일이다.

사람, 자산인가? 비용인가?

한때 거대 규모를 자랑하는 기업들 사이에 다운사이징과 대량 감원이 유행처럼 번진 적이 있다. 더 이상의 대안이 없을 만큼 심각한 상황이라면 감원은 불가피한 조치일 수도 있지만, 단지 미봉책일 뿐이라면 그 후유증은 클 수밖에 없다.

구조조정을 단행하는 기업은 대부분 사람을 자산이 아닌 비용 으로 인식한다. 사람이 창출하는 가치를 생각하기에 앞서 사람 으로 인한 비용, 즉 인건비에 초점을 맞추는 것이다. 직원을 해 고하면 인건비를 줄일 수 있으므로 단기적으로는 분명 비용절감 효과를 볼 수 있다. 그러나 퇴직금 지급이나 새로운 인력의 고용 비용 및 훈련비용을 계산해보면 실질적으로 비용절감 효과는 그 리 크지 않다. 그뿐 아니라 그동안 사람들에게 축적된 암묵적 지 식이 소멸되고 기업과 직원간의 신뢰가 붕괴하는 등 눈에 보이 지 않는 비용까지 고려한다면 비용절감 효과는 오히려 마이너스 가 되어 버린다. 비용절감을 위한 해고는 결국 수지타산이 맞지 않는 전략이라는 얘기다.

사람은 비용이 아닌 자산으로 인식해야 한다. 사람이 곧 기업 경쟁력이기 때문이다. 소니의 전 회장 모리타 아키오는 "일시적 경기후퇴로 직원을 해고하는 것은 있을 수 없는 일이다. 회사는 과감히 이익을 희생해야 한다. 그것은 경영자의 리스크이자 책임이다. 직원에게는 죄가 없다. 왜 그들이 고통을 당해야 하는가?"라고 직원에 대한 각별한 애정을 보였다.

경영진이 조직 구성원에게 보이는 애정은 고스란히 회사에 대한 충성과 열정으로 보답을 받게 된다. 미국의 몰든 밀스사가 그 대표적 사례이다. 몰든 밀스는 폴라텍 섬유 제조업체로 이 회사의 CEO 아론 포이어슈타인은 직원에 대한 남다른 철학으로 유명하다. 1995년, 엄청난 화재로 공장 3개가 몽땅 불타면서 몰든 밀스는 심각한 재정위기에 봉착하게 되었다. 공장을 다시 짓는 데 4억 달러가 들어갔고 보험금으로는 공사대금의 75퍼센트만 충당할 수 있었다. 더욱이 고객의 주문납기일이 늦춰지면서 재정상태는 더욱 나빠졌다.

화재발생 이후 두 달 반이 지나서야 70퍼센트 정도의 직원이 일터로 복귀했지만, 포이어슈타인은 일하지 못하는 기간에도 전 직원에게 계속 임금을 지급했다. 이런 조치에 대해 그는 "나는 그저 우리 회사에 생계를 의지하는 전체 지역사회에 의무감을 느꼈을 뿐이다"라고 말했다.

공장 재가동 이후 밀스는 재정적자에서 탈출하기 위해 애썼고 경영자의 조치에 보답하듯 직원들도 최선을 다했다. 화재가 나

행복
경영

기 전 최종 공정처리 공장은 주당 약 12만 미터의 천을 생산했지만, 재가동 후에는 주당 생산량이 21만 미터로 높아졌고 마침내 회사는 기사회생했다.

포이어슈타인이 위기상황에서도 이러한 조치를 밀고 나갔던 이유는 '직원을 비용이 아니라 자산으로 여기는' 그의 경영철학 때문이었다. 그는 경쟁업체가 값싼 노동력을 찾아 공장을 이전할 때도 경쟁력의 차이는 노동비용만으로 메울 수 없다며 "비용 절감만을 따질 경우 회사는 우수한 품질을 잃는 위험을 감수해야 한다"고 주장했다. 경영자의 이러한 의식과 실천 덕분에 몰든 밀스에는 노조가 있어도 노사분규가 발생한 적이 한번도 없고, 고용유지율도 거의 95퍼센트에 이른다.

경영자와 직원의 신뢰관계는 위기상황에서 더욱 빛을 발했다. 2001년, 매출액의 급격한 하락으로 고용주가 벼랑길로 내몰릴 상황에 처하자 약 1,000명의 노조원은 자진해서 유급휴가를 반납하고 2년간 임금인상을 동결하는 데 합의해 거의 200만 달러를 절감할 수 있었다.

'경영의 신'으로 불리는 마쓰시타 고노스케松下幸之助 역시 혹독한 경영난에 처했을 때 직원을 비용이 아닌 자산으로 인식하는 자세로 이겨냈다.

1929년 미국발 대공황의 여파가 일본에 불어 닥치면서 마쓰시타의 한 계열사가 심각한 위기를 맞게 되었다. 판매가 격감하고 재고가 쌓여가자 서른다섯 살의 마쓰시타는 직원들을 모아놓고 위기상황을 알렸다. 동시에 근무시간을 반나절로 줄이고 매주 이틀은 쉬며 생산량도 절반으로 줄인다는 특단의 조치를 발표했다. 직원들은 숨을 죽이며 '이제 해고와 임금삭감을 발표하겠구나'라는 생각을 했다. 그러나 예상과 달리 마쓰시타는 월급을 전액 지급하겠다고 약속했다. 감격한 직원들은 가족을 동원하는 것은 물론 휴일까지 잊고 적극 판매에 나섰다. 덕분에 재고는 두 달 만에 소진되었고 공장은 정상으로 돌아섰다.

직원은 부채도 비용도 아니다. 직원은 자산이다. 다국적 제약업체 바이엘 헬스케어의 아·태지역 총괄사장 겸 중국법인 사장인 이희열 씨는 "경영자의 고객은 직원"이라고 강조한다. 그는 "CEO가 소비자를 만나 물건을 팔고 기술을 개발할 필요는 없다. 리더는 배의 선장처럼 가야 할 방향을 정해주고, 조직이 항로대로 갈 수 있도록 독려해주면 된다. 따라서 리더가 가장 주시해야 할 대상은 외부의 고객이 아니라 직원이다"라고 말한다.

직원을 고객으로 설정하면 직원을 향한 서비스 정신이 고객을 대하는 것처럼 우러나게 된다. 직원이 무엇을 하고 싶어 하는지, 무엇을 필요로 하는지, 회사가 어떻게 해주면 되는지를 고민하게 되는 것이다. 행복경영의 핵심은 경영자가 직원을 섬기고 직원은 고객을 섬기는 선순환 구조를 만들어가는 데 있다.

행복한 직원이 행복한 고객을 만든다

고객만족을 기대한다면 먼저 직원을 만족시키는 조직을 만들어야 한다. 직원이 스스로 행복하지 않으면 고객의 만족과 행복을 위해 최선을 다할 수가 없다.

로즌블러스Rosenbluth 인터내셔널을 세계 3위의 여행사로 성장시킨 핼 로즌블러스는 "왕이 되어본 사람만이 남도 왕으로 모실 수 있다. 회사는 직원을 최우선으로 모셔야 한다. 일부의 우려와 달리 고객은 자신이 회사의 첫 번째가 아닌 두 번째로 대접받음으로써 결국 이득을 보게 된다는 것을 알게 된다"라며 '직원 최우선 원칙'을 내세웠다.

매출을 올리는 방법에는 두 가지가 있다. 하나는 직원을 쥐어짜 목표를 달성하는 것이고, 다른 하나는 직원을 만족시켜 스스로 열심히 일하게 해 목표를 달성하는 것이다. 고객을 대면하고 고객에게 서비스를 제공하는 사람은 경영자가 아니라 직원이다. 그런데 경영자가 아무리 "고객에게 친절하라"고 강조해도 회사에 불만이 가득한 직원은 이 말을 실천하지 않는다. 다만 그들은 '회사가 나한테 무얼 해줬는데?'라고 생각할 뿐이다. 직원의 불만은 불만스러운 고객서비스로 이어지고 결국 기업의 수익성을 악화시키고 만다.

거듭 강조하지만 경영자의 고객은 직원이다. 따라서 경영자는 자사 직원을 왕처럼 소중하게 대해야 한다. 직원에게 고객만족을 외치듯 경영진은 직원만족을 추구하고 직원이 행복하도록 해야 하는 것이다. 행복한 직원이 행복한 고객을 창출해내기 때문이다. 특히 경영진에게 감동한 직원은 상사와 경영진을 신뢰하고, 자신의 일과 조직에 자부심을 느낀다. 이에 따라 일을 즐기고 헌신해 고객을 감동시킨다.

아직은 '경영자는 자신의 이익밖에 모른다'는 편견을 갖고 있는 사람이 많다. 경영자가 직원의 행복을 자신의 사명으로 생각한다는 관점에 익숙하지 않은 탓이다. 하지만 세계적으로 널리 알려진 기업의 많은 경영진이 직원의 행복에 관심을 쏟고 있고, 덕분에 다른 기업과 달리 엄청난 성과를 거두고 있다. 그러면 직원의 행복을 고객만족으로 연결시키고 이를 통해 엄청난 성과를 거둔 대표적 사례를 살펴보자.

창업 16년 만에 세계 최고 가치를 가진 기업으로 등극한 시스코 시스템즈 Cisco Systems 는 〈포춘〉으로부터 미국에서 가장 역동적이고 일하기 좋은 기업으로 선정받기도 했다. 그렇다면 시스코 시스템즈는 무엇을 지렛대 삼아 단기간에 그토록 빠른 성장을 이룩할 수 있었을까?

시스코에는 두 가지의 핵심적인 가치가 있다. 하나는 특정 기술에 집착하는 것은 절대 금물이라는 것이고, 다른 하나는 고객의 목소리에 귀를 기울이라는 것이다. 이러한 가치를 바탕으로 시스코는 고객이 원하는 기술과 장비를 인수합병해 경쟁업체보다 신속하게 제공할 수 있었다. 1993년 이후 시스코는 40개 기업과 합병했으며, 1998년과 1999년에는 각각 9개와 14개 기업을 인수하면서 180억 달러 이상을 투입했다.

인수합병의 성공 확률은 매우 낮다. 일부 전문가는 70퍼센트 정도가 인수합병에서 실패한다고 말한다. 실제로 합병 목적을 달성하기는커녕 이질적인 기업문화와 시스템 및 제품 통합 과정에서 경제적 가치가 사라져버리는 경우도 많다. 시스코 역시 다른 기업과 마찬가지로 합병 과정에서 큰 어려움을 겪었을 것이다.

그럼에도 시스코 시스템즈 직원의 평균이직률은 6퍼센트에 지나지 않는다. 그 비결은 무엇일까? 그것은 바로 시스코 시스템즈의 탁월한 서비스 덕분이다. 그런데 그러한 서비스를 제공할 수 있었던 비결을 좀더 파헤쳐보면 거기에는 역시 사람이 있음을 알 수 있다.

언젠가 〈와이어드Wired〉지 기자가 시스코 시스템즈의 본사를 방문해 직원들의 회사생활을 취재했는데, 그때 한 직원이 "일하는 것이 재미있어서 마치 일에 중독된 느낌이다"라고 말했다고 한다. 또 다른 직원은 "생산성을 보고 스스로도 놀란다. 필요하면 밤을 새워서라도 일할 수 있다"라고 말했다. 믿기 힘들겠지만, 어떤 직원은 퇴근하라고 사정해야 할 정도라고 한다. 입가에서 미소가 떠나지 않는 직원들을 보면서 그 취재기자는 "직원 모두 최고의 직장에 다닌다는 자부심이 있고 스톡옵션을 통해 큰 돈을 벌 수 있다는 확신이 있기 때문"이라는 결론을 내렸다. 실제로 시스코의 모든 스톡옵션 가운데 40퍼센트는 관리자가 아닌 일반 직원의 몫이다.

시스코의 존 챔버스John Chambers 회장은 인수합병을 핵심인재 확보의 주요 수단으로 활용했다. 더불어 그는 피인수 기업의 직원을 양사 CEO 허락 없이는 결코 해고하지 않는다는 '마리오 원칙'을 엄격하게 지켰다. 한번은 비전과 제품, 기술, 인수금액 등 모든 것이 좋았지만 인수를 하면 어쩔 수 없이 그 회사 직원이 필요 없게 되어 인수를 포기한 적이 있을 정도다.

무엇보다 챔버스는 직원이 신명나게 일하도록 하는 데 많은 노력을 기울였고, 덕분에 피인수 기업 최고경영진의 70퍼센트가 시스코에 남았으며 피인수 직원의 이직률이 시스코 직원의 이직률보다 낮았다. 이로써 공격적인 인수합병 전략이 시스코의 성장을 이끌어온 것은 사실이지만, 그것이 성공하게 된 데는 직원 행복경영의 원리가 내재해 있음을 알 수 있다.

행복한 직원이란?

그러면 본격적으로 행복한 직원 만들기를 논하기에 앞서, 최근 들어 부쩍 관심이 높아지고 있는 '행복'에 대해 생각해보자. 행복에 대한 이론이나 주장은 많지만, 여기서는 긍정심리학과 몰입Flow 분야의 대가로 인정받고 있는 미하이 칙센트미하이 등의 견해를 빌어 인간의 행복에 대해 간략히 살펴보겠다.

오래 전부터 철학자들은 행복이야말로 인간 존재의 궁극적 목적이라고 생각해왔다. 하지만 수백 년간의 논란에도 불구하고 행복에 대한 명쾌한 해답은 아직 나오지 않았다. 어쩌면 행복은 더 이상 바랄 게 없는, 도저히 도달할 수 없는 경지를 가리키는 단순한 용어일지도 모른다.

완전한 행복은 환상에 불과할 수도 있지만 사람들은 이따금 다른 사람보다 좀더 만족스럽거나 기분 좋은 상태를 경험하기도 한다. 이런 순간이야말로 개인의 최고선을 구성하는 요소가 아닐까? 물론 행복으로 가는 유일한 길은 존재하지 않는다. 어떤 한 개인에게 환희를 가져다주는 일이 다른 사람에게는 아무런 느낌도 주지 않을 수 있기 때문이다.

일반적인 상식과 달리 재물은 최소한의 임계점(신경이나 근육 등 생체에 반응을 일으키는 데 필요한 최소 자극값)을 넘어서면 행복을 증가시키지 않는 것으로 밝혀졌다. 예를 들어 돈이 좀더 많아지면 극빈자는 행복을 느끼겠지만, 이미 어느 정도 부유하다면 그것은 행복에 별다른 도움이 되지 않는다. 하지만 친구가 많거나 안정적인 결혼생활처럼 강한 인적 유대관계는 행복과 상관관계가 매우 높다.

매슬로우의 '욕구 5단계설'에 따르면 사람의 가장 기본적인 욕구는 의식주로 생존과 관계된 것이다. 그 다음은 안전, 집단에의 소속감, 인정감의 순이고 마지막 단계는 자아실현이다. 행복의 최고 단계인 자아실현은 개인에게 내재된 모든 잠재력을 발휘할 수 있는 것을 의미한다. 이처럼 자신에게 주어진 삶을 100퍼센트 영위할 때 사람은 완전한 행복을 경험할 수 있다.

긍정심리학의 창시자 마틴 셀리그만Martin Seligman 박사는 행복에 세 가지 유형이 있다고 주장한다. 첫째는 행복한 감정, 생활의 즐거움에서 오는 행복이고 둘째는 자신이 좋아하는 일이나 활동에 몰입함으로써 느끼는 행복이다. 마지막은 의미 있는 일에 헌신하고 봉사하면서 얻는 행복이다. 그렇다면 극단적 가난에서 벗어난 다음에는 의미 있는 삶에 더 투자해야 한다는 얘기가 된다. 매일 긍정적 감정을 느끼고 어떤 일이나 활동에 몰입하며 의미를 찾아 헌신하는 것이 행복한 삶이기 때문이다.

좀더 나아가 개인의 행복과 조직이 어떤 관계가 있는지 생각해보자. 미하이 칙센트미하이에 따르면 개인이 행복을 창출하기 위해서는 자신의 잠재력을 완전히 발휘할 수 있어야 한다. 실제로 직원이 행복감을 느끼는 기업은 생산성이 높을 뿐 아니라 이직률이 낮게 나타난다.

그렇다면 일에 대한 몰입과 보다 나은 성과를 이끌어내고 스스로 동기를 유발하는 요인에는 어떤 것이 있을까? 많은 경영자가 헌신과 몰입을 이끌어내는 방법으로 먼저 금전적 보상을 떠올린다. 그러나 《리더십 챌린지Leadership Challenge》의 공저자 제임스 쿠제스James Kouzes와 배리 포스너Barry Posner가 전세계 2만 명의 직장인을 대상으로 실시한 설문조사는 일반적인 생각과 다른 결과를 보여주고 있다.

그들 대다수는 1)나를 존중해주는 사람들과 일하기 2)흥미롭고 도전적인 업무 3)업무성과에 대한 공로 인정 4)자기계발 기회 5)아이디어를 경청해주는 상사 등의 순으로 동기부여가 된다고 대답했다. 반면 최고경영자는 직업의 안정성이나 높은 급여, 훌륭한 복지 등이 직원에게 동기를 부여한다고 믿는 것으로 나타

 행복
경영

났다(제임스 쿠제스 등의 연구 결과 다음의 글상자에 나와 있는 순서대로 동기부여가 된다는 결과가 도출되었다).

사실 아무런 비용 투자 없이 직원의 열정과 헌신, 몰입을 충분히 이끌어낼 수 있는 방법은 수없이 많다. 예를 들어 주인의식을 갖도록 비전에 동참시키는 것도 하나의 방법이 될 수 있다.

당신은 무엇에 의해 동기가 유발되는가? 아래 요인에 순위를 매겨보기 바란다.

- 나를 존중해주는 사람들과 일하기
- 흥미로운 업무
- 업무성과에 대한 공로 인정
- 자기계발 기회
- 업무개선에 대한 아이디어를 낼 때 의견을 들어주는 상사
- 단순한 지시 수행이 아닌 스스로 생각할 수 있는 기회
- 내 업무의 결과물 직접 보기
- 효율적인 경영자
- 그리 쉽지 않은 업무
- 현재 진행 업무에 대해 자신도 잘 알고 있다는 느낌
- 직업의 안정성
- 높은 급여
- 훌륭한 복지

케네스 토머스Kenneth Thomas의 연구에서도 이와 비슷한 결과가 도출되었다. 그는 《열정과 몰입의 방법Intrinsic Motivation at work》에서 사람들은 1)자신이 가치 있는 일을 하고 있다는 느낌sense of meaningfulness 2)그 일을 할 때 자신에게 선택권이 있다는 느낌sense of choice 3)그 일을 할만한 기술과 지식을 갖추고 있다는 느낌sense of competence 4)실제로 진보하고 있다는 느낌sense of progress이 있으면 일 속에서 재미와 열정을 느낀다고 서술하고 있다.

맥킨지 조사에서도 동기부여의 중요한 요소로 '재미있고 도전적인 일', '내가 열정을 갖고 있는 일', '업무 과정에서 내 주장이 반영될 수 있는 일', '주도권을 쥐고 성취감을 느낄 수 있는 일' 등이 꼽히고 있다.

물론 사람들에게 많은 급여나 좋은 복지환경을 제공하는 것은 업무나 회사에 대한 만족도를 높이는 수단이 될 수 있다. 그러나 그것만으로 사람들을 동기부여할 수 있을 것이라고 생각하면 큰 오산이다. 무엇보다 조직 구성원 개개인을 존중·배려하고 비전을 심어주며 성장을 지원하는 것이 조직 구성원의 열정과 헌신을 이끌어내는 핵심요소이다.

최고의 핵심 인재를 확보하라

직원행복을 극대화함으로써 회사의 가치를 극대화하는 데는 전제조건이 따른다. 직원행복을 고객행복으로 연결시키고 고객행복이 주주행복으로 이어지려면 먼저 최고의 핵심인재를 확보하고 유지하는 일이 전제되어야 한다.

직원행복에 대한 주제로 강연을 할 때마다 나는 청중을 향해 "여러분, 직원이 가장 중요한 자산이죠?"라고 묻는다. 그러면 청중은 대부분 "네"라고 큰소리로 대답한다. 하지만 그것은 정답이 아니다. 짐 콜린스Jim Collins가《좋은 기업을 넘어 위대한 기업으로 Good to Great》에서 지적한 것처럼 "사람이 가장 중요한 자산"이라는 말은 틀렸다. '사람'이 가장 중요한 자산이 아니라 '적합한 사람'이 가장 중요한 자산이다!

여기서 한 가지 주의할 것이 있다. 직원행복경영 하면 으레 모든 직원에게 무조건적인 무한의 사랑을 베풀어야 하는 것이라고 생각하지만 그것은 이치에 맞지 않다. 무조건적으로 모든 직원의 행복을 추구해주는 것이 아니라, 버스에 태울만한 적합한 사람을 태워 그들을 행복하게 해줌으로써 탁월한 성과를 이뤄내는 것이 진정한 의미의 직원행복경영이다.

수년 전, 아프리카의 사파리를 체험한 적이 있는데 그로부터 나는 충격적인 사실을 알게 되었다. 겉보기에 평화로운 사파리 내의 여러 사자 가족이 사실은 철저한 자연의 법칙에 따라 살고 있음을 알게 된 것이다. 안내인에 따르면 언젠가 한 가족의 우두머리격인 수컷 사자가 발에 가시가 박혀 힘을 잃게 되자, 다른 사자 가족이 공격해 그 사자 가족은 결국 쫓겨나게 되었다고 한다. 그러고 보면 사자가 언덕 위에서 새끼를 굴려 살아남은 새끼만 키운다는 동화 같은 이야기가 전혀 근거 없는 얘기는 아닌 모양이다.

많은 사람의 사랑을 받고 있는 소설 《삼국지》에는 40대 후반의 유비가 20대 후반의 젊은 제갈공명을 얻기 위해 삼고초려三顧草廬하는 대목이 나온다. 만약 유비가 자신을 만나주지 않는 젊은 제갈공명을 괘씸하게 생각해 그냥 돌아섰다면 삼국의 한 축을 이룰 정도로 승승장구할 수 있었을까? 아마도 불가능했을 것이다.

기업도 마찬가지이다. 용맹스런 사자 같은 자세와 능력을 갖춘 직원들로 구성된 기업은 크게 번성하지만, 그 반대의 경우는 쇠퇴하게 마련이다. 그러므로 직원행복경영을 위해서는 반드시 최고의 핵심인재를 확보해야 한다는 전제조건을 지켜야 한다.

오늘날 핵심인재는 기업의 운명을 좌우할 만큼 중요하다. 따라서 모든 기업의 첫 번째 핵심 경영과제는 핵심인재를 확보하고 양성 및 유지하는 일이 되어야 한다. 사업모델보다, 전략과 비전보다 더 중요한 것이 핵심인재이다.

인재전쟁의 시대

지금은 기업 사이의 인재확보 경쟁이 그 어느 때보다 치열하게 전개되고 있다. 맥킨지 컨설팅에서는 이를 두고 '인재전쟁War for Talent'이라 표현하고 있다. 이는 산업화시대가 정보화시대로 넘어가면서 기계나 공장 같은 유형자산보다 지적자본, 인재, 브랜드 등 무형자산의 중요성이 더 커졌기 때문이다. 1900년대만 해도 전체 직업 중에서 지식노동자는 17퍼센트에 불과했지만, 지금은 그 비율이 60퍼센트가 넘고 있다. 맥킨지 조사 후 10년이 지난 지금은 지식노동자의 비율이 100퍼센트에 가깝다고 해도 과언이 아닐 것이다.

지식노동자가 증가하면서 훌륭한 인재를 얻는 일은 매우 중요해졌다. 경영석학 톰 피터스Tom Peters는 기업전략에서 1순위에 놓아야 할 것으로 '인재문제'를 꼽고 있다. 그러나 현실적으로 대다수의 기업이 가장 먼저 고려하는 것은 바로 전략과 예산이다. 지식정보화사회에서도 여전히 '인재문제'를 가장 마지막에 검토하는 것이다. 이런 상황이라면 인재에 목말라 있다 할 수 없으며, 당연히 인재전쟁에서 살아남기 어렵다. 맥킨지 조사에 따르면 인재관리지표 점수가 상위 20퍼센트에 속하는 기업은 같은 산업의 다른 기업에 비해 평균 22퍼센트나 많은 수익을 주주에게 돌려주고 있다고 한다.

그런 의미에서 '팩커드의 법칙'은 기업 성장의 핵심이 어디에 있는지 확실히 보여준다. HP의 공동창업자 데이비드 팩커드David Packard는 "어떤 회사도 성장을 실현하고 나아가 위대한 회사를 만들어갈 적임자를 충분히 확보하는 능력 이상으로 수익을 지속적으로 빠르게 늘려갈 수는 없다"라고 말했다.

위대한 회사를 만드는 사람은 성장의 궁극적인 동력은 시장도 기술도 경쟁도 상품도 아닌 인재에 있음을 이해한다. 적합한 사람을 충분히 확보하고 붙들어 두는 능력이 기업 성장을 담보하는 것이다. 크라이슬러의 전 회장 아이아코카Iacocca 역시 "궁극적으로 모든 사업 활동은 사람, 제품, 이익 세 가지로 압축할 수 있는데 이 중에서 사람이 가장 중요하며 만약 훌륭한 인재를 얻지 못한다면 나머지 둘만으로는 큰일을 할 수 없다"고 강조했다.

세계적으로 성공을 거둔 기업은 누구보다 경영자가 인재확보와 육성에 확실한 신념을 갖고 있는 경우가 많다. 골드만삭스의 회장 헨리 폴슨Henry Paulson은 "나는 어떤 업계에 있든 최고의 인재를 채용하기 위해 우리와 경쟁하는 자를 우리의 경쟁자로 생각한다"라고 말했다. 빌 게이츠도 "앞으로는 인재 영입을 위한 전쟁, 즉 IQ 싸움이 가장 중요하다"라며 그런 의미에서 골드만삭스가 자신들의 가장 강력한 경쟁자라고 100번도 넘게 말했다.

삼성전자의 경쟁자는 LG전자나 소니가 아니다. 마찬가지로 현대자동차의 경쟁자는 GM이나 도요타가 아니다. 오늘날의 경쟁자는 전통적 의미의 동종업계 업체가 아니라, 핵심인재를 놓고 경쟁하는 모든 업체이다. 마이크로소프트나 골드만삭스 등 세계적인 기업이 오랫동안 그 자리를 차지하고 있는 것은 뛰어난 기술과 제품 때문이 아니라 최고경영자의 핵심인재에 대한 사랑과 인재확보를 위한 투자에서 비롯된 것이다.

선진 기업은 이미 오래 전에 국경 없는 인재전쟁을 선언했다. 그들은 지구촌 구석구석을 누비며 인재를 확보하기 위한 전쟁을 치르고 있는 것이다. 실제로 미국의 시스코 시스템즈, IBM, 오라클 등은 인도에 진출해 우수 인재를 입도선매立稻先賣하려는 움직임을 보이고 있다. 삼성전자도 미국, 캐나다 등에서 학사급 인력까지 현지 채용할 계획이며, LG전자는 북미에 한정되었던 인재풀을 유럽, 일본, 인도, 러시아 등으로 확대했다. 국내 기업의 인재확보를 위한 경쟁도 이미 글로벌화하고 있는 것이다.

한 가지 기억해야 할 점은 최고의 핵심인재는 금전적 조건에 따라 움직이지 않는다는 것이다. 그들은 그 회사가 지닌 핵심가치에 따라 움직인다. 그런 의미에서 이해관계자의 행복을 추구하는 행복경영 이념과 사명은 핵심인재를 확보하는 데 큰 도움을 줄 수 있다.

경영자가 직면하는 수많은 의사결정 중에서 가장 어려운 것은 채용, 해고, 승진처럼 사람과 관련된 것이다. 일반적인 기계, 설비 등과 달리 사람에 관한 의사결정은 원상태로 되돌리기가 매우 어렵기 때문이다. 하버드대 빌 프롬 교수와 짐 헤스켓 교수에 따르면 직원채용, 훈련, 대우방식이 뛰어난 기업은 경쟁자에 비해 60~300퍼센트 높은 성장률과 150~300퍼센트 높은 자산수익률을 얻게 된다고 한다. 그만큼 좋은 인재를 잘 확보해 제대로 활용하는 기업의 성공 가능성이 크다는 얘기다.

소니의 전 회장 모리타 아키오는 직원채용의 중요성을 쇼핑에 비유해 강조하고 있다.

"직원채용은 중요한 쇼핑이다. 가령 한 사람이 정년퇴직할 때까지 10억 원을 받는다고 해보자. 그러면 회사에서 한 직원을 채용한다는 것은 10억 원짜리 물건을 사는 셈이 된다. 이것은 상당히 고가이므로 함부로 살 수 있는 것이 아니다."

43명의 직원을 백만장자로 만들었던 철강왕 앤드류 카네기의 사례는 인재확보와 그에 대한 투자의 중요성에 커다란 시사점을 던져준다. 물론 그 직원들은 처음부터 백만장자였던 것이 아니라 카네기가 고용한 후에 백만장자가 된 것이다. 카네기의 다음과 같은 말이 인재에 대한 그의 사고방식을 확실히 설명해준다.

"인재를 확보하고 개발하는 것은 금을 캐는 것과 같다. 금 1온스를 캐내려면 수 톤의 흙을 파내야 한다. 하지만 흙을 파낸다고 해서 우리에게 흙이 필요한 것은 아니다. 우리는 금을 얻으려고 흙을 파는 것이다."

훌륭한 인적자원을 유지 및 개발하는 첫 단계는 바로 채용이다. 그런데 회사의 미래를 이끌어갈 핵심인재를 찾는 것은 중요하고도 어려운 일인 만큼 그에 상응하는 투자를 해야 한다. 고가의 기계장치에 투자하는 것과 같은 정도로 신중하게 투자 의사결정을 해야 하는 것이다. 일선 경영진에 따르면 아무리 신중을 기해도 채용에서 성공할 확률은 채 3할을 넘기기가 힘들다고 한다.

그러면 핵심인재 채용에 도움이 될만한 몇 가지 방법을 살펴보자.

첫째, 적합한 사람만 버스에 태운다. 짐 콜린스는 "많은 사람이 노래를 부르게 하려고 돼지를 때리는 우를 범한다. 그래봤자 사람은 지치고 돼지는 괴로울 뿐이다. 차라리 돼지를 팔아 카나리아를 사는 편이 낫다"라며 적절한 재능을 갖춘 사람을 채용해 일을 맡기라고 강조했다. 직원을 동기부여하고 보다 높은 성과를 올리도록 이끄는 것도 중요하지만, 회사라는 버스에 적합한 사람만 골라서 태우는 것을 우선시해야 한다는 것이다.

기업의 경쟁력은 보통 특유의 조직문화를 기반으로 하고 있다. 그런데 그러한 조직문화에 적합하지 못한 사람이 입사하면 그로 인해 팀워크가 저해되거나 조직문화를 경직시키는 등의 문제가 나타나게 된다. 이에 따라 기업은 저마다 자사에 적합한 인재기준을 명확히 해두고, 때로는 적합하지 못한 사람을 버스에서 내리도록 하기도 한다.

둘째, 엄격한 채용절차를 지킨다. 회사에 적합한 인재를 보다 정확히 선별하려면 채용절차를 엄격하게 해야 한다. 마이크로소프트의 경우 'N 마이너스 1'이라는 원칙을 지키는데, 이는 올해 채용목표가 N명이라면 실제로는 1명 부족한 'N-1'명만 채용한다는 것이다. 한마디로 최고 중의 최고만을 뽑겠다는 의지의 표현이다. 더욱이 채용과정에서 한 지원자가 최소 3명에서 최대 10명 정도의 자사 직원과 인터뷰를 하도록 하고 있다.

만약 10억 짜리 물건을 산다고 한다면 슈퍼마켓에서 물건을 고르듯 쉽게 선택할 수 있을까? 분명 그렇지 않을 것이다. 사람을 채용하는 것은 그만큼 비싸고 중요한 쇼핑인 만큼 까다롭고 신중하게 골라야 한다. 더욱이 어려운 과정을 통과해 채용이 확정된 사람은 자부심과 회사에 대한 충성도가 높아지는 이점이 있다.

엄격한 채용을 위한 실천방안 중 하나가 소위 '채용의 333법칙'이다. 이것은 한 직무에 최소한 3명까지 후보를 선발하고 면접관 3명이 3번에 걸쳐 면접하는 것을 의미한다. 짐 콜린스는 사람을 엄격하게 판단하기 위한 몇 가지 실천 지침을 소개했는데, 그중 하나가 의심스러울 경우에는 채용하지 말고 계속 지켜보라는 것이다. 또한 회사가 설립 초기라 적합한 사람을 채용하기 어려울 경우에는 그보다 낮은 사람을 채용하는 대신 적합한 사람을 충분히 끌어들일 수 있는 능력에 맞춰 성장을 제한해야 한다고 주장한다.

셋째, 능력보다 태도를 보고 채용한다. 기업은 대체 어떤 인재를 원하는 것일까? 사실 '좋은 인재, 적합한 사람의 기준'을 한마디로 단정하기는 어렵다. 특정 기업이 속한 산업의 특성은 물론 기업의 비전과 조직문화가 각각 다르기 때문이다. 특이한 것은 많은 경영학자나 기업의 CEO가 전문지식, 배경, 기술보다 성격상의 특질이나 타고난 소양에 더 무게를 두는 경향이 있다는 점이다.

마쓰시타 고노스케는 "60점의 능력을 갖춘 사람이라면 일을 맡기기에 충분하다. 60퍼센트의 확신이 있다면 그 판단은 확실하다고 할 수 있다. 사람이 예측할 수 있는 것은 기껏해야 60퍼센트에 지나지 않는다. 나머지는 그 사람의 열정과 용기 그리고 실행력에 달려 있다"라고 말했다. 페이첵스Paychex의 CEO 토머스 골리사노Thomas Golisano 역시 "의욕이 넘치고 태도가 올바른 사람은 필요한 기술을 문제없이 습득할 수 있다. 하지만 의욕이 없거나 집중하지 않는 직원은 결코 기술을 배우지 못한다"라고 말하며 능력보다 태도를 강조하고 있다.

투자의 귀재 워렌 버핏Warren Buffett은 세 가지 기준에 따라 직원을 채용한다고 한다. 그것은 바로 성실(Integrity: 정직, 윤리, 도덕적 성향), 지능Intelligence, 에너지Energy다. 특히 그는 "세 가지 중에서 성실하지 않고 지능과 에너지만 있는 사람을 채용하면 그가 결국 당신을 죽이고 말 것이다"라고 말했다.

세계 최대의 온라인 서점인 아마존Amazon의 창업자 제프 베조
스Jeff Bezos는 직원 채용에 앞서 자기 자신에게 이런 질문을 한다
고 한다.

많은 경영자가 능력보다 태도 및 자세, 가치관을 중시하는 채용
기준을 세워두고 있는 이유는 사람의 태도나 가치관은 10~20년
에 걸쳐 형성된 것으로 쉽게 고치기 어렵기 때문이다.

자신보다 뛰어난 사람을 뽑아라

안타깝게도 핵심인재에 대한 기준이 있고 뛰어난 인재를 뽑으
려는 의지도 있는 기업이 이를 제대로 실행하지 못하는 경우가
매우 많다. 그 이유는 해리의 법칙Harry's Rule이 잘 설명해준다. 해
리의 법칙에 따르면 사람들은 대부분 자신보다 못한 사람을 고
용하는 경향이 있다고 한다. 뛰어난 사람은 자기보다 약간 못한
사람을 고용하고, 약간 못한 사람은 자기보다 훨씬 못한 사람을
고용하는 경향이 있다는 것이다.

넷스케이프Netscape의 공동창업자 마크 앤드리슨Marc Andreessen은 이를 '무능력자의 법칙Rule of Crappy People'이라고 불렀다. 무능력한 관리자는 자신보다 더 무능력한 직원을 고용하는데, 그 이유는 자신만큼 자질이 있는 사람이 있다는 것만으로도 위협을 느끼기 때문이라고 한다. 세계적으로 유명한 광고인 데이비드 오길비David Ogilvy 역시 같은 맥락의 얘기를 하고 있다. 오길비는 "언제나 여러분보다 작은 사람만 채용하면 회사는 난쟁이로 넘쳐날 것이고, 여러분보다 큰 사람을 채용하면 거인으로 넘쳐날 것이다"라고 말하면서 경영자는 의도적으로 자신보다 뛰어난 사람을 채용하려는 노력을 계속해야 한다고 충고하고 있다.

다시 한번 강조하지만 기업의 성장과 성공의 핵심은 그것을 이끌어갈 핵심인재를 얼마나 확보하느냐에 달려 있다. 이는 비전이나 전략보다 또한 직원에 대한 동기부여보다 훨씬 더 중요하다. 그렇기 때문에 경영자가 핵심인재 확보에 가장 많은 시간과 관심을 쏟는 것이 당연하다.

핵심인재는 스스로 비전을 만들고 전략을 세우며 학습과 성장을 통해 자기 자신에게 동기를 부여하면서 조직의 성과를 만들어간다. 따라서 일단 핵심인재를 확보한 경영자는 모든 일에서 자유로워질 수 있다. 물론 갈수록 핵심인재를 확보하는 일이 어려워지고 있지만, 어떤 경우에도 타협하거나 포기해서는 안 된다.

핵심인재를 내 사람으로 만드는 법

군이 잭 웰치 회장의 말을 빌리지 않더라도 조직의 핵심인재는 사랑받아야 하고 육성되어야 하며 영혼과 지갑에 보상을 받아 마땅하다. 왜냐하면 그들은 기적을 일으키는 사람들이기 때문이다. 그들을 잃는 것은 리더의 가장 큰 실패이다.

최고경영자가 모든 것을 버리고 단 하나만을 선택해야 한다면 그것은 단연코 핵심인재 확보, 양성, 유지에 관한 것이어야 한다. 단순히 인재를 확보하는 것만으로는 부족하다. 어렵게 확보한 인재를 양성하고 유지할 수 있어야 한다.

SAS의 CEO 제임스 굿나이트James Goodnight는 "회사의 자산 중 95퍼센트가 밤마다 회사 정문을 빠져나간다. CEO는 그들이 내일 다시 돌아오도록 해야 한다"며 인재 유지의 중요성을 강조했다. 인재는 언제든 경쟁사로 옮겨갈 수 있는 유동자산(?)으로 애써 키워 놓은 인재를 잃는 것은 그동안의 투자를 순식간에 잃는 것과 같다. 삼성경제연구소의 연구 결과에 따르면, 발굴한 핵심인재가 회사에 기여하기 시작하는 데는 6.2개월이 소요된다고 한다. 핵심인재 중 40퍼센트는 조직 적응 실패로 18개월 내에 퇴사하는데, 이때 기업비용은 관리직 평균 월급여의 24배에 달한다. 채용, 교육비용, 급여, 퇴직금, 추가 신규채용, 기회비용이 그 정도라는 얘기다.

그러므로 핵심인재 확보에 못지않게 그들을 관리 및 유지해 실질적인 기업성과로 이어지도록 하는 것도 중요하다. 휴잇 어

행복
경영

소시에이츠Hewitt Associates의 조사 결과에서는 핵심인재로 평가되는 인력의 25퍼센트는 늘 이직을 염두에 두고 있다고 한다. 흥미로운 점은 핵심인재는 다른 인재와 함께 성장해간다는 상호간의 감정적 유대와 자부심을 중요한 가치의 하나로 여긴다는 것이다.

이와 관련하여 워튼 경영대학원의 피터 캐펠리Peter Cappelli 교수는 이렇게 강조한다.

"동료간의 유대는 우수한 인재를 유지하는 중요한 전략이다. 회사에 대한 충성은 사라질지 몰라도 동료간의 유대는 쉽게 사라지지 않는다. 따라서 핵심인물간의 감정적 유대를 발전시키면 우수한 인재의 이직률을 현저히 감소시킬 수 있다."

핵심인재간의 존경과 신뢰, 유대강화가 핵심인재 유지의 한 방편이 될 수 있다는 것이다. 이를 확대 해석하면 핵심인재가 많은 곳에 또 다른 핵심인재가 모일 가능성이 크다는 얘기가 된다.

중국 청나라 시절의 거상이던 호설암胡雪巖은 "능력 있는 사람을 찾으면서 돈을 아껴서는 안 된다. 내 비결은 돈으로 인재를 사는 것이다. 사물을 대하는 눈이 날카롭고 사람됨이 믿을 만하면 급여는 아무리 많이 줘도 아깝지 않다. 그러나 정말로 걸출한 인재를 얻으려면 돈을 많이 주는 것만으로는 충분치 않다. 정情과 의義로 사람을 감동시켜야 진정한 인재를 내 사람으로 만들 수 있다"라며 인재확보 못지않게 유지와 육성에 대한 투자가 필요함을 역설하고 있다. 특히 '정과 의로 사람을 감동시키라'는 점은 깊이 되새겨볼 만하다.

적합하지 못한 사람, 버스에서 내리게 하기

적합하지 못한 사람을 버스에서 내리게 한다는 것은 곧 해고한다는 말이다. 직원을 해고하라는 것은 지금까지 강조한 직원행복이라는 주제와 일견 부합되지 않는 내용이라 할 수 있다. 최고경영자는 사업상의 판단 잘못으로 채용한 사람에 대해 책임을 져야 한다. 즉, 새롭게 신규사업을 벌이기 위해 사람을 채용했는데 그 사업이 갑자기 취소되었다면 신규사업을 위해 채용된 직원에 대해 최고경영자는 무한책임을 질 수 있어야 한다. 지금부터 말하는 '해고'는 버스, 즉 자사에 적합하지 못한 사람을 내리게 하는 것을 의미한다.

잭 웰치는 재직 당시 활력곡선Vitality Curve이라는 인재관리 방식을 고안해냈다. 이는 직원을 상위 20퍼센트, 중위 70퍼센트, 하위 10퍼센트로 나누어 평가한 다음 그에 걸맞은 대우를 해주는 것이다. 구체적으로 상위 20퍼센트에게는 다른 계층에 비해 수배에 이르는 연봉과 크론톤빌 연수원에서 핵심인재로 성장할 수 있는 교육을 받게 하는 대신, 하위 10퍼센트는 회사를 그만두게 했다. 무엇보다 놀라운 사실은 이러한 평가를 매년 실시했다는 것이다.

이에 대해 C등급을 받고 회사를 나가야 하는 사람은 물론, 평가를 내리는 관리자도 잔인한 조치라며 비난을 했지만 잭 웰치는 강경하게 의견을 피력했다.

"내가 생각하는 잔인하고 거짓된 친절은 스스로 더욱 발전하기 위해 노력하지 않는 사람을 회사에 계속 붙잡아두는 것이다. 진정으로 잔인한 것은 그들이 나이가 들어 직업을 선택할 수 있는 기회가 줄어들고, 자녀가 성장해 교육비가 엄청나게 늘어날 때까지 기다렸다가 그제야 회사를 그만두게 하는 것이다.”

잭 웰치의 활력곡선에 따라 하위 10퍼센트를 그만두게 하는 것이 옳은가 그른가에 대해서는 정답을 말하기가 쉽지 않다. 그러나 여기서 한 가지 짚고 넘어갈 것은 한국 사회에 만연했던 평등에 대한 인식이 많이 변화하고 있다는 점이다. 지금까지는 보통 모두가 공평한 대접을 받는 것이 인간존중이라고 생각했지만, 사실 능력과 성과에 관계없이 누구나 똑같은 대접을 받는다면 누가 열심히 일하고 성과를 내려고 하겠는가?

회사에서 인재는 정말 중요한 자산이다. 그러나 A급 인재와 C급 인재가 같을 수는 없다. A급 인재 한 명이 C급 인재 수백 명의 성과를 낼 때, 이들을 똑같이 대접하면 결국 A급 인재를 놓치게 되고 이는 기업의 경쟁력 기반을 뒤흔들게 된다.

물론 사람마다 기회와 관심은 균등해야 하지만 결과에 대해서는 차별대우를 하는 것이 진정한 공평이다. 같은 맥락에서 회사에 적합하지 못한 인재를 내보낸다는 사실을 표면적으로만 바라보아서는 안 된다. 우리 회사에 적합하지 못한 사람이 다른 회사에서는 적합한 인재가 될 수도 있다. 그런 사람을 내보냄으로써 이들이 보다 적합한 회사를 찾아가도록 하는 것은 오히려 그에게 더 나은 결정이 될 수 있다.

짐 콜린스는 버스에서 내려야 할 사람, 즉 떠날 사람을 파악하는 것과 관련하여 두 가지 질문을 제시하고 있다.

적합한 사람만 버스에 태우라는 것은 매우 유용한 가르침이다. 다시 강조하지만 이것은 결코 행복경영의 개념에 위배되는 것이 아니다. 물론 행복경영의 첫 단계는 직원행복이다. 그러나 무능력하고 더욱이 아무런 의욕도 없는 사람, 회사에 부정적 사고와 냉소주의를 전염시키는 사람, 회사 일을 좋아하지 않는 사람을 행복하게 만들기 위해 노력하는 것은 모두가 공멸하는 지름길이다. 회사에 적합한 사람을 태우고 그들과 함께 행복을 찾아가려 노력하는 것이 행복경영의 대명제이다.

직원행복경영의 5가지 법칙

일반적으로 경영자는 직원행복을 최우선시하라는 말을 들으면 움찔하는 경향이 있다. 가장 큰 이유는 직원행복을 돈과 직결되는 것으로 생각하기 때문이다. 그러나 앞서 살펴본 것처럼 직원의 행복을 높이는 것과 돈과는 큰 상관관계가 없다. 오히려 직원을 진심으로 존중해주는 것, 직원의 의견을 들어주는 것, 칭찬해주는 것, 직원이 회사생활을 통해 자기 성장을 동시에 이뤄내도록 하는 것, 일에 몰입할 수 있게 하는 것 등 비금전적인 요소가 직원행복에 보다 직접적인 영향을 끼친다. 물질적 보상이 아니라 최고경영자나 회사의 관심 및 사랑이 직원행복의 원천이라 할 수 있다.

그러면 직원행복을 위한 핵심적인 법칙이 무엇인지 살펴보기로 하자.

인사문제가 가장 중요하면서도 어려운 이유는 그것이 사람과 관련된 일이기 때문이다. 사람은 나름대로의 감정과 저마다 개성이 있는 대단히 복잡한 존재이다. 따라서 리더는 부하직원에게 어떤 과업을 주는 것은 가능하지만 그의 행동과 생각까지 통제하는 것은 불가능하다. 주어진 과업에 얼마나 몰입해 어느 정도 수준까지 해내느냐 하는 것은 그 사람의 몫이다. 리더가 할 수 있는 것은 직원 스스로 동기를 유발해 보다 높은 성과를 내도록 영향력을 행사하는 것뿐이다.

그렇다면 사람들이 동기부여 되어 일에 몰입하도록 하려면 어떻게 해야 할까? 일반적인 생각과 달리 조직 구성원은 급여나 복지 같은 물질적 혜택보다 존중받기, 다양한 업무경험, 자기계발 등에 의해 더 많이 동기부여 된다. 특히 타인으로부터 존중받고자 하는 욕구는 그 무엇과도 비교할 수 없을 정도로 중요하다. 따라서 리더가 조직 구성원의 진정한 헌신과 몰입을 이끌어내려면 가식이 아닌 마음속으로부터 우러난 존중과 배려를 실천해야 한다.

알퍼와 맨델은 이미 1984년에 효율적인 기업의 특징으로 사람에 대한 관심이 높고 종업원을 자산으로 간주하며 다양한 훈련 기회와 경력개발 기회 그리고 경영참여율을 높임으로써 결과적으로 종업원의 이직률이 낮다는 것을 꼽았다. 반면 비효율적인 기업은 종업원에 대한 관심이 낮고 종업원을 자산이 아닌 부채로 간주하며 직원에 대한 투자비율이 낮다고 밝혔다.

위대한 경영자는 사람이야말로 최고의 자산임을 깨닫고 이를 실천한다. 그런 의미에서 리더십의 대가로 불리는 워렌 베니스Warren Bennis의 "직원을 소중히 여기지 않는 기업은 곧 무너지고 말 것이다"라는 말은 시사하는 것이 크다. 경영에서는 기업의 중심에 있는 사람을 존중하는 일이 핵심 중의 핵심이기 때문이다.

MGM 스튜디오의 루이 메이어Louis Mayer 사장은 "기업의 가장 중요한 자산은 저녁에 집으로 간다. 재능 있는 매니저, 작가, 배우들의 도움이 없으면 MGM은 아무것도 아니다"라고 말했는데, 여기에는 크게 두 가지 뜻이 담겨 있다. 하나는 기업의 구성원이 기계장치나 스튜디오 등의 유형자산보다 훨씬 가치 있는 자산이라는 것을 공개적으로 밝힘으로써 직원의 자긍심을 높여준 것이고, 다른 하나는 가장 중요한 자산인 직원만족을 위해 최선을 다하겠다는 다짐이 포함되어 있다는 것이다.

메리케이 화장품사의 메리 케이 애시Mary Kay Ash 회장은 인간존중경영으로 유명하다. 그녀는 황금률Golden Rule system of management이라 부르는 경영방침을 따르는데, 황금률이란 자신이 대우받기를 원하는 대로 다른 사람을 대하라는 것이다. 항상 상대방을 가장 중요한 존재로 느끼게 해주는 그녀는 "상사, 부하직원, 동료, 독립 컨설턴트, 우편배달부 등 모든 사람이 '내가 가장 중요한 사람으로 느끼도록 만들어 달라'는 주문을 목에 걸고 있다고 생각하십시오. 그러면 그들을 진심으로 가치 있는 존재로 대할 수 있으며 그것은 그들에게 온전히 전해질 것입니다"라고 말했다.

사람을 잘 다루면 마법 같은 일이 일어나는 법이다. 메리 케이 애시는 말뿐이 아닌 행동으로 직원 사랑을 보여주었다. 신규 뷰티 컨설턴트들과의 선약을 지키기 위해 대통령 주재 리셉션 초청을 거절한 것은 유명한 일화다. 또한 그녀는 "북적대는 방에서 누군가와 이야기를 할 때 그 방에 둘만 있는 것처럼 그를 대한다. 모든 것을 무시하고 그 사람만 쳐다본다. 고릴라가 들어와도 나는 신경 쓰지 않을 것이다"라고 말할 만큼 경청을 중요시했다.

그녀는 진심으로 인간을 사랑하고 존중하고 성장을 도와준다면 적은 비용으로도 얼마든지 직원의 잠재력을 극대화시킬 수 있다는 것을 단적으로 보여주고 있다. 덕분에 메리케이사는 직원들이 "다시 태어나도 이 회사에 근무하고 싶다"고 자랑스럽게 말하는 곳으로 유명하다.

모든 사람은 일에 대한 자신의 공로를 인정받고 싶어 한다. 사람들은 칭찬과 인정받기에 굶주려 있다. 따라서 자신의 가치를 인정받으면 더욱 생산적으로 일을 한다. 인정은 가장 강력한 동기부여 자극제 중 하나인 것이다. 돈은 우리를 계속 달려가게 해주지만, 우리의 열정에 불을 붙이는 것은 바로 인정이다. 결국 직원행복을 위해서는 모든 구성원을 하나 같이 존중하되 그러한 존중과 배려를 구성원이 실제로 느낄 수 있도록 적극적인 행동으로 보여주어야 한다.

지식정보화사회, 창조사회가 진전되면서 점점 직원의 두뇌활용을 극대화하는 것이 경영의 핵심 쟁점이 되고 있다. 하버드 대학 로자베스 모스 캔터Rosabeth Moss Kanter 교수는 이를 두고 "성공기업의 비결은 첫째도 사람, 둘째도 사람, 셋째도 사람이다. 그러나 중요한 것은 그들의 육체가 아니라 두뇌이다"라고 말한다.

사람의 두뇌를 최대로 활용하려면 먼저 마음을 얻어야 한다. 그런데 안타깝게도 대부분의 리더는 직위를 이용해 지시나 명령을 일삼을 뿐 사람의 마음을 움직이려 하지 않는다. 유한킴벌리의 문국현 전 사장은 이를 손Hand, 머리Head, 마음Heart이라는 '3H 이론'으로 설명한다.

"직원의 손을 움직이도록 하면 잠재능력의 20~30퍼센트를 끌어낼 수 있지만 머리를 움직이는 지식노동자로 양성하면 40~50퍼센트의 잠재력을 발휘하게 할 수 있다. 그리고 마음까지 움직인다면 잠재력의 120퍼센트를 끌어내는 것이 가능하다. 사람의 능력은 손에만 있는 것이 아니라 머리 그리고 마음에도 있다."

웅진그룹의 윤석금 회장은 직원 사랑을 몸소 실천하는 것으로 유명하다. 1980년대 창업 초반, 직원이 7명이었을 때의 일이다. 아침에 출근하는 부하직원의 표정이 어두웠다. 윤 회장은 오전 일을 서둘러 마무리 짓고 그 부하직원을 불러 설렁탕에 반주로 소주 한 잔을 기울이며 고민을 진지하게 들어주었다. 그리고 함께 대중목욕탕에 들어가 사우나를 하고 나왔다. 리더가 이처럼 마음을 헤아려주고 고민을 진지하게 함께 나누는데 어떤 사람이 마음을 열지 않겠는가? 결과적으로 윤 회장은 신바람으로 똘똘 뭉친 강한 조직을 만들어냈고 그들을 통해 오늘의 웅진그룹을 일군 것이다. 맥도날드의 창업자 레이 크록Ray Kroc 역시 성공의 척도를 직원의 성공에 둔 대표적인 인물이다. 성공의 척도를 '얼마나 많은 사람을 백만장자로 만들었느냐'에 두고 있다고 했던 그는 "나는 직원이 성공할 수 있도록 싸우고 방어하며 간섭을 배제할 것이다. 왜냐하면 직원이 성공해야 내가 성공하기 때문이다"라고 말했다. 이러한 직원 존중 정신은 맥도날드의 인사정책에 고스란히 반영되어 있다.

맥도날드의 인사관리 5원칙

1. 상대방을 존중하라 Respect People

2. 상대방의 이야기를 경청하라 Listen to People

3. 상대방과 대화를 나누어라 Talk to People

4. 상대방을 인정해주고 키워주어라 Let People Grow

5. 상대방에게 모범을 보여주어라 Initiate Spirit

맥도날드가 오늘날 전세계 115개 나라에서 성공적으로 사업을 지속하고 있는 가장 큰 원동력은 인적자원, 즉 사람이 핵심이라는 것을 인식했기 때문이다. 이러한 인식을 반영하듯 맥도날드는 자신들이 'People Business'를 한다고 말한다. 이는 맥도날드의 경영이념이기도 하다.

법칙3 ┃ 진심으로 섬기고 정성을 다해 봉사하라

〈월스트리트〉지가 조사한 결과에 따르면 16,000명의 CEO 중에서 높은 성과를 창출한 13퍼센트는 이익뿐 아니라 사람에 대해서도 관심을 기울였다고 한다. 중간 정도의 성과를 올린 CEO는 제조에만 집중했고, 성과가 낮은 CEO는 오로지 자신의 지위에만 관심이 있었다고 한다. 어떤 의미에서 이는 높은 성과를 창출한 CEO는 부하직원을 낙관적으로 보는 반면, 성과가 낮은 CEO는 부하직원의 능력을 불신하고 있음을 뜻한다. 이것은 사람을 중히 여기면 자연스럽게 이익이 따라온다는 것을 보여주는 또 다른 결과라고 할 수 있다.

그러나 아무리 직원을 사랑한다고 외칠지라도 혹은 좋은 인사관리 원칙이 있더라도 그것이 진심이 아니면 사람들은 금방 알아차린다. 마음을 움직이려면 계산된 친절이 아니라 진심으로 개개인을 존중해야 한다. 그런데 안타깝게도 많은 경영자가 겉으로는 직원에게 한가족이라고 외치며 힘든 시기에 같이 고통을 인내하자고 하면서 정작 자신은 엄청난 연봉과 인센티브를 가져간다. 이런 행동을 보면서 직원이 과연 그 말을 믿어줄까?

커민스엔진의 CEO 헨리 샤흐트Henry Schacht는 "무엇보다 공평한 행동은 불황기에 최고경영진이 가장 많이 급여를 삭감하는 것"이라고 말했다. 크라이슬러의 리 아이아코카, 시스코의 존 챔버스, 한국전기초자의 기적을 일으킨 서두칠, 애플의 스티브 잡스Steve Jobs는 모두 불경기에 자신의 연봉을 1달러로 낮추는 과감성을 발휘했다. 리더가 앞장서서 고통을 감내하는데 직원이 어찌 그들을 진심으로 따르지 않겠는가? 진심어린 사랑이야말로 다른 사람의 마음을 움직일 수 있는 법이다.

마쓰시타 고노스케는 사람 다루는 솜씨가 능숙하다는 주위의 평에 대해 다음과 같이 말했다고 한다.

"나는 결코 그런 사람이 아니지만, 생각해보니 짐작되는 것이 하나 있다. 그것은 내 눈에 모든 부하직원이 위대하게 보였다는 것이다. 그들은 모두 나보다 배운 것이 많고 재능도 뛰어나다."

이런 것이 진심에서 우러나온 존중이 아닐까? 권위의식을 버리고 직원 개개인의 개성과 능력을 존중한다면 그들은 진심으로 상사를 따를 것이다. 이렇게 함으로써 급여나 인센티브 같은 물질적인 수단으로는 할 수 없는 사람의 진심을 끌어낼 수 있다. 이처럼 자신을 낮춰 부하직원을 존중하고 섬기는 리더를 '서번트 리더Servant Leader'라고 부른다.

여성전용 헬스클럽 커브스Curves는 전세계적으로 세 번째로 빠르게 성장하는 프랜차이즈 업체다. 이 회사는 지난 1992년 프랜차이즈를 시작한 이후 영국, 스페인, 멕시코 등 전세계 30개 나라 9,300개 지역에서 400만 명의 회원을 확보했고, 연간 총수입이 10억 달러에 달한다. 이러한 결과는 위대한 리더가 되고 싶다면 섬기는 리더가 되어야 한다고 강조하는 게리 헤빈^{Gary Heavie} 회장의 서번트 리더십 덕분이다. 그는 스스로 회사 조직을 역피라미드 구조로 만들고 자신을 가장 밑바닥에 위치시킴으로써, 자신의 일은 조직구성원을 섬기는 데 있음을 보여주었다.

그렇다면 서번트 리더는 어떻게 사람의 마음을 움직일까? 오기 장군의 일화가 그 단면을 보여준다.

중국 위나라의 오기 장군은 군사를 이끌고 전장에 나가면 가장 낮은 계급의 병졸들과 함께 음식을 먹고 같은 잠자리에 들었다. 하루는 한 병사가 다리에 난 종기가 곪아 잘 걷지 못하자 오기 장군은 손수 종기를 짜주고 입으로 고름을 빨아냈다. 그 소식을 듣고 그 병사의 어머니가 슬피 울었다. 사람들이 이상히 여겨 그 까닭을 묻자 그 여인이 대답했다.

"수십 년 전에도 지금처럼 오기 장군이 애 아비의 종기를 짜주었습니다. 애 아비는 감격한 나머지 싸움터에서 한 발짝도 물러서지 않고 싸우다 전사했습니다. 이제 또 오기 장군이 제 아들의 종기를 짜주고 고름을 빨아냈으니 제 아들도 아비처럼 전사하지 않을까 두렵습니다."

'서번트 리더' 하면 생각나는 사람 중 하나가 허브 켈러허 회장이다. 1994년 경영자의 날에 〈USA투데이〉지에 다음과 같은 전면광고가 실렸다.

"우리의 이름을 모두 기억해주시고 맥도날드 하우스 재단을 지원해주시고 추수감사절에 선물을 주시고 모든 사람의 얘기를 들어주시고 이윤이 남는 항공사로 키워주시고 휴일 파티에서 노래를 불러주시고 보스가 아니라 친구가 되어주신 것에 대해 16,000명의 임직원 모두가 경영자의 날을 맞아 허브 씨에게 감사를 드립니다.”

이 광고는 허브 켈러허의 서번트 리더십에 감복한 16,000명의 직원이 스스로 비용을 갹출해 실은 것이다. 이러한 애정 표현은 리더가 직원과 친밀해지려는 특별한 노력을 했을 때만 나타날 수 있다. 주변 사람을 통제하기보다 봉사함으로써 그들의 마음을 사고 나아가 더 큰 조직의 성장과 번영을 이끌어내는 사람, 이러한 리더야말로 미래형 리더의 참모습이라 할 수 있다.

법칙 4 │ 사람에게 투자하라

'기업을 위대하게 만드는 요소'라는 주제로 〈포춘〉지가 조사한 결과에서도 사람에 대한 투자가 최선의 투자라는 것이 입증되었다. 그 조사를 진행한 와튼스쿨의 페트릭 하커 교수는 “경쟁에서 뒤지지 않으려면 전략적으로 자본을 투자해야 한다. 그중에서 직원에 대한 투자가 가장 큰 보상을 가져다준다. 기계는 여러분에게 경쟁력을 제시하지 못한다. 사람이 중요하다”라고 말했다.

바람직한 기업 활동을 영위하는 기업은 직원을 존중하고 공동의 목적의식을 고취할 뿐 아니라 개개인의 발전에도 관심을 기울인다. 그 대표적인 것이 평생교육 기회를 제공하는 것이다. 하루의 대부분을 직장에서 보내는 직원에게 성장기회를 제공하지 않는 직장은 직원에 대한 배려가 충분하지 않은 것이라고 할 수 있다.

직원은 회사의 성장과 더불어 개인적인 성장이 이루어질 때 크게 동기부여 된다. 이는 곧 조직 구성원이 자신의 노력과 회사로부터 얻는 것 사이의 불균형을 느끼면 감정적 헌신이 이루어지기 어렵다는 것을 의미한다. 따라서 직원의 헌신과 열정을 기대한다면 기업성과와 개인적 만족도 사이에서 균형을 유지해야 한다. 일부 경영자는 교육을 시켜 놓으면 다른 회사로 훌쩍 떠나버린다는 이유로 혹은 교육투자가 시급하지 않다는 이유로 인재에 대한 투자를 꺼리기도 한다. 그러나 회사에서 교체가 불가능한 유일한 재산은 직원의 지식과 능력뿐이다. 특히 지식정보화 사회에서는 직원교육에 투자하는 것이 경쟁력을 높이는 최선의 방안이다.

사람들은 직업을 통해 사회에 기여하는 데서 보람을 느낀다. 나아가 직업을 자아실현의 장으로 삼으려는 욕구를 가지고 있다. 즉, 사람들은 직업을 통해 자아실현과 자기 발전이 이루어질 때 일에 몰입하고 그 속에서 행복을 찾게 되는 것이다.

따라서 경영자는 직원들의 평생학습과 평생재충전을 자신의 첫 번째 임무로 받아들이고 그들의 성장을 지원함으로써 감동과 헌신을 이끌어내 위대한 성과를 창출할 수 있어야 한다. 피터 드러커는 "모든 기업은 배우는 기관_{learning institution}이자 가르치는 기관_{teaching institution}이다. 훈련과 개발은 모든 경영계층에서 확립되어야 한다. 그리고 훈련과 개발은 절대 중단되어서는 안 된다"라고 강조했다. 이제 조직 구성원의 성장과 발전을 지원하는 것은 경영수단이 아닌 기업의 목적이 되어야 한다.

직원교육에 대한 투자는 직접적인 생산성 향상 외에 다양한 간접효과를 유발한다. 예를 들면 교육투자가 많을수록 회사에 대한 애사심과 충성도 나아가 업무 몰입도가 높아진다. 따라서 좀더 과감한 교육투자가 필요한데, 현실적으로 기업은 어려움에 처할 때마다 가장 먼저 교육예산을 줄여버린다. 이러한 조치는 미래의 성장 동력을 줄이는 것과 같다.

교보생명의 신창재 회장은 "우리 회사의 총가치는 직원이 회사를 그만두고 나갔을 때 외부 노동시장에서 받을 수 있는 총연봉의 현재가치와 같다"라고 말했다. 회사가 보유한 인재의 총가치가 바로 회사의 가치라는 얘기다. 그렇다면 회사가치를 높이기 위해서는 인재의 가치를 높이는 데 투자를 해야 한다.

이와 관련하여 빌 게이츠는 아주 흥미로운 말을 했다.

"우리 회사에서 최고의 직원 서른 명을 골라 다른 팀으로 보내보라. 그러면 그 팀은 곧바로 또 하나의 마이크로소프트로 비상할 것이다. 더불어 유능한 인력이 빠지고 나면 우리의 모든 상품은 순식간에 퇴물이 되고 말 것이다."

같은 맥락에서 P&G 회장이던 리처드 듀프리_{Richard Deupree} 역

시 "누가 우리의 돈, 건물, 브랜드를 남겨 놓고 직원을 데리고 떠
난다면 우리는 망할 것이다. 그러나 모든 것을 가지고 가더라도
직원을 남겨둔다면 우리는 10년 안에 반드시 일어선다"라고 말
했다.

기업을 구성하는 인재가 없으면 그 기업은 빈껍데기일 뿐이
다. 이러한 사실을 잘 알고 있는 세계 최고 수준의 경영자는 물
건 만들기에 앞서 제대로 된 사람을 만드는 것에 우선 투자한다.
품질, 신제품, 마케팅 등은 단지 사람들이 만들어내는 부산물(?)
일 뿐이다. 따라서 기업은 물건을 만드는 데가 아니라 사람을 만
드는 데 초점을 두어야 한다.

마쓰시타 고노스케는 마쓰시타 전기를 창립하고 얼마 지나지
않았을 때, 직원들에게 "사람들이 너희 회사는 무엇을 만드는 회
사인가라고 물으면 우리 회사는 우선 사람을 만들고 그런 다음
전자제품을 만든다"라고 대답하라고 가르쳤다.

물건을 바르게 만들고 싶다면 먼저 사람을 올바르게 양성해야
한다. 특히 머리로 생각하는 것뿐 아니라 손발을 써서 실제로 일
을 하는 인재를 양성하는 것이 중요하다. 경영자의 으뜸가는 역
할은 인재 양성에 있다. 유한킴벌리 문국현 전 사장의 주장처럼
경영자는 'Chief Executive Officer'를 뜻하는 CEO가 아닌,
'Chief Education Officer'로서의 CEO가 되어야 한다.

직원교육 투자에 대한 우리나라 기업의 인식은 아직 부족한 실정이다. 미국의 기업들은 평균적으로 매출액의 3퍼센트를 직원교육에 투자한다. 대표적으로 인텔은 리더십 개발에 연간 130시간의 근무시간을 할애하고 1인당 연간 5천 달러를 투자한다. 물론 우리나라에도 인재 양성을 위한 투자를 확대하고 있는 기업이 있다. 포스코와 유한킴벌리는 생산직을 포함한 전체 직원의 연평균 교육시간이 360시간을 초과해 세계적 수준에 이르고 있다. 그러나 우리나라 전체 기업의 교육투자는 전체 매출액의 0.3퍼센트에 불과하다.

최근에 미국 펜실베이니아 대학이 3,000개 기업을 대상으로 조사한 내용에 따르면, 자산 개발을 위한 총수익 대비 10퍼센트 투자는 생산성을 3.9퍼센트 끌어올린 반면 인적자원 개발에 대한 유사한 투자는 생산성을 8.5퍼센트 끌어올렸다고 한다.

직원교육비는 비용이 아니라 설비투자나 R&D투자처럼 기업 경쟁력을 결정짓는 투자에 속한다. 배터리를 재충전하듯 인력도 재교육시키지 않으면 효용가치가 떨어지게 된다. 최고의 자산, 즉 인적자원 개발을 위한 투자는 어떤 명목으로도 회피되어서는 안 된다. 그럼에도 교육투자가 당장 눈에 띄는 성과로 나타나지 않는다는 이유로 경영자들은 교육에 따른 효과를 크게 믿지 못하는 경향이 있다.

교육에 대한 투자는 콩나물에 물을 주는 것과 같다. 콩나물에

물을 부으면 모두 콩나물시루 밑으로 빠져나가는 것 같지만, 그 속에서 콩나물은 서서히 자라난다. 마찬가지로 교육에 대한 투자는 당장의 작은 변화가 아닌 훗날 큰 성과로 돌아오게 된다.

모든 경영자는 톰 피터스의 "경기가 좋을 때 교육예산을 2배 늘리고, 나쁠 때 4배로 늘려라"라는 말을 되새겨보아야 한다. 잭 웰치 회장은 유명한 크론톤빌 연수원을 건설할 때 투자회수 기간을 무한대infinite로 적어 넣어 화제가 된 적이 있다.

오늘날에는 자본보다 사람의 기술, 능력, 지식이 더 중요하다. 따라서 성공을 기대한다면 교육투자에 관심을 기울여야 한다. 학습이야말로 미래의 자본이기 때문이다. 직원교육은 학습과 교육훈련은 물론 현장에서의 OJT, 도전적이고 흥미로운 업무기회 제공 등으로 경험과 지혜를 축적하도록 배려해야 한다.

미래학자 앨빈 토플러는 "21세기 문맹자는 글을 읽을 줄 모르는 사람이 아니라, 학습하고 교정하고 재학습하는 능력이 없는 사람이다"라고 말했다. 그만큼 지금은 끊임없이 학습하지 않으면 경쟁력을 얻기 힘든 세상이다. 현대는 지식의 반감기이기 때문이다.

작년에 익힌 새로운 지식도 올해에는 절반의 효과밖에 볼 수 없고 내년에는 4분의 1, 내후년에는 8분의 1로 줄어들다 결국 아무런 쓸모가 없어진다. 아무리 훌륭한 교육을 받은 사람도 3년만 공부하지 않으면 그의 지식은 무용지식obsoledge이 되는 무서운 세상이 되었다. 그런데 안타깝게도 교육의 중요성을 깨닫지 못하

세상에서 가장 공부 많이 하는 회사

휴넷은 2006년부터 365학점제를 시행하고 있는데, 이것은 매일 하루에 한 시간씩 공부할 수 있도록 배려하고 독려하겠다는 취지에서 비롯된 제도이다. 아직은 시행 초기지만 거의 모든 직원이 365학점을 초과해서 이수했고 어떤 사원은 1,100학점을 취득해 연말에 학습왕 상과 더불어 50만 원 상당의 부상을 받기도 했다.

또한 매주 금요일 아침 8시 30분부터 9시 30분까지 외부 전문가를 초빙해 강의를 듣는 휴넷 혁신 아카데미를 시행하고 있다. 나아가 직원들은 '세상에서 가장 공부를 많이 하는 회사'라는 전략적 목표에 따라 원하는 책을 무한대로 사서 볼 수 있다. 휴넷에서 직원들의 학습과 성장에 매출액의 3퍼센트 이상을 투자하고 있기 때문이다.

시간이 흐르면서 직원들은 서서히 회사의 투자에 보답하고 있다. 스스로 동기부여 되고 성장하고 애사심이 높아지고 상상력을 발휘하는 사례가 늘고 있는 것이다.

는 기업처럼 많은 사람이 자기계발의 중요성을 심각하게 받아들이지 않고 있다.

경영혁명가로 인정받고 있는 톰 피터스는 이 문제를 진지하게 풀어 헤치고 있다.

"지적자본시대를 살아가는 미국의 일반 직장인이 매년 자기계발에 투자하는 시간은 평균 26.3시간이다. 자기계발을 위해 하루에 6분을 투자하는 셈이다. 문제는 화이트칼라의 75~90퍼센트가 10년 후에 239달러짜리 마이크로프로세서에게 자리를 빼앗길 것이라는 점이다. 이런 상황에서 우리는 몸값을 올리기 위해 어떤 노력을 기울이고 있는가? 인재라고 불리는 사람들이 얼마나 많은 훈련을 하는지 생각해보라. 프리마돈나나 바이올리니스트, 단거리 선수, 골프 선수, 파일럿, 우주비행사가 1년에 26.3시간만 훈련할까? 당연히 그런 인재는 없다. 창조적 인재들은 그토록 열심히 연습하는데, 왜 '비즈니스맨'만 훈련에 게으른 것일까? 비즈니스맨이 훈련에 게으른 것은 망신스러운 일이다. 보다 중요한 것은 조만간 남에게 따라잡히게 된다는 것이다."

직원이 열심히 학습하면 기업에 어떤 영향을 줄까? 우선 직원 자신이 성장함으로써 인생에서의 성공과 행복에 한 걸음 더 다가갈 수 있다. 더불어 직원의 능력이 증대되고 행복도가 높아지면 결과적으로 회사의 성공 가능성도 커진다. 그러므로 직원이 열심히 자기계발에 나설 수 있도록 환경을 조성하고 적극 투자하는 것은 직원 개개인과 회사의 공동 임무이다.

일하기 좋은 기업의 조건

일터를 직원이 일하기 좋은 환경으로 만들어주는 것은 기업과 경영진의 몫이다. 직원이 아무리 일과 기업에 대한 열정이 있어도 일에 몰입할 수 있는 환경이 주어지지 않으면 생산성이 떨어질 수밖에 없다. 행복감과 자부심으로 가득 찬 직장인이 넘쳐나는 기업이 높은 성과를 내는 것은 당연한 일이다. 직장생활에서 행복을 느끼면 업무에 대한 만족도가 높고 모든 일에 긍정적이고 적극적으로 임하기 때문이다.

직장의 규모, 연봉의 크기가 직원의 마음을 사로잡는 최우선 조건은 아니다. 오히려 그들은 일에 재미를 느끼며 신바람 나게 일할 수 있는 일터를 선망한다. 업무의 양, 강도가 비슷해도 일터의 환경이나 상사, 동료와의 관계가 다르다면 직원이 느끼는 심리적 만족감은 다를 수 있다.

2006년, 워싱턴에서 열린 SHRM_{Society for Human Resource Management}에서 일하기 좋은 기업으로 소개된 애널리티컬 그래픽스_{Analytical Graphics Inc.}의 한 직원은 들뜬 표정으로 "경영진은 '행복한 직원이 생산성 높은 회사를 만든다'는 경영철학을 실천하기 위해 노력한다. 그 결과 모두들 즐겁게 일하고 있으며 기업성과도 매년 크게 향상되고 있다"라고 말했다.

최근에는 기업마다 노동 강도가 심해져 직장인이 직장과 가정의 조화를 이루기가 점점 어려워지고 있다. 실제로 직장인은 "집에 다녀오겠다"는 말이 더 어울릴 만큼 직장에서 더 많은 시간을 보낸다. 그렇다면 그들은 그만큼 성과를 올리고 있는 것일까? 결론부터 말하자면 일하기 좋은 환경을 제공하는 기업은 보통의 기업보다 높은 성과를 올리고 있다. 이 사실은 훌륭한 일터_{Great Work Place}라는 개념을 창시한 로버트 레버링_{Robert Levering}의 연구 결과가 확실히 보여주고 있다.

로버트 레버링은 '조직 구성원이 상사를 믿고 자신이 하는 일에 자부심이 있으며 동료들과 즐겁게 일하는 곳'을 일하기 좋은 기업_{GWP}으로 정의하고 있다. 그는 1998년부터 매년 〈포춘〉지와 함께 '미국에서 일하기 좋은 100대 기업'을 선정했는데, 일하기 좋은 기업이 성과 면에서 높은 실적을 달성하는 것으로 나타났다. '미국에서 일하기 좋은 100대 기업'과 'S&P 500' 기업의 7년간 연평균 주가수익률을 비교하자 전자가 후자에 비해 3배 정도 높은 것으로 나타났던 것이다.

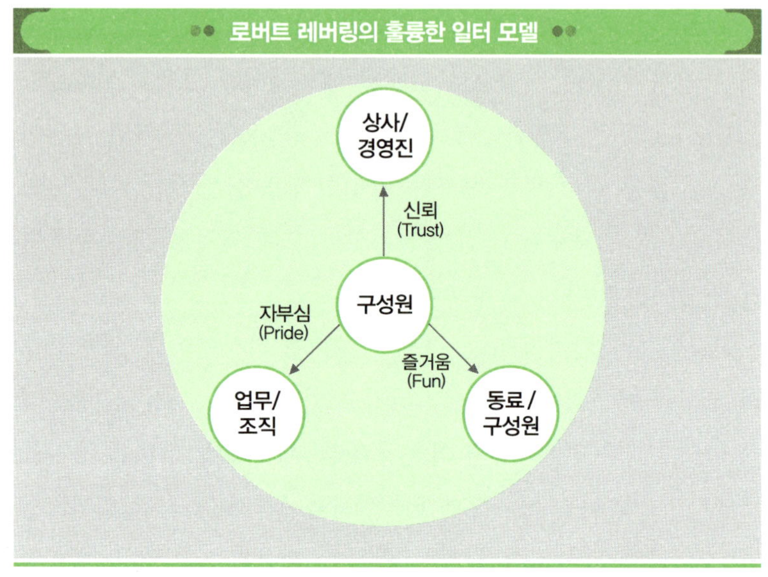

*출처: 박재림·한광모 지음, 《일하기 좋은 기업》, 거름, 2003년, 122쪽

그러면 일하기 좋은 환경을 제공하는 기업 사례로 SAS를 살펴
보자.

SAS에 들어서면 정문을 관리하는 경비원은 "SAS 캠퍼스에 오
신 것을 환영합니다"라고 인사한다. SAS는 데이터 처리용 소프
트웨어 개발 및 임대 관련 서비스를 제공하는 회사로, 울창한 숲
속에 자리 잡은 본사는 대학 캠퍼스라는 표현이 더 어울릴 정도
로 조경이 잘 되어 있다.

흥미로운 점은 SAS가 대도시나 첨단 실리콘밸리에 위치한 것
도 아닌데 2001년에 584개의 신규 일자리에 무려 3만 4천 명 정

	2003년 포춘 100대 기업	2002년 포춘 100대 기업
	포춘 100대 기업 중 상위 20개 기업	
1	Edward Jones	Edward Jones
2	The Container Store	The Container Store
3	Alston & Bird	SAS Institute Inc.
4	Xilinx, Inc.	TD Industries
5	Adobe System Inc.	Synovus Financial
6	American Cast Iron Pipe Company	Xilinx, Inc.
7	TD Industries	Plante & Moran
8	The J.M. Smucker Company	Qualcomm, Inc.
9	Synovus Financial	Alston & Bird
10	Wegmans Food Markets, Inc.	Baptist Healthcare
11	Plante & Moran	Frank Russell
12	Pella Corporation	Hyperthem
13	CDW Computer Centers, Inc.	CDW Computer Centers, Inc.
14	JM Family Enterprises, Inc.	Fenwick & West
15	Baptist Healthcare	시스코 시스템즈
16	Vision Service Plan	Graniterock
17	Republic Bancorp Inc.	Beck Group
18	Qualcomm, Inc.	East Alabama Medical Center
19	SAS Institute Inc.	골드만 삭스
20	마이크로소프트	JM Family Enterprises, Inc.

* 출처: 박재림·한광모 지음, 《일하기 좋은 기업》, 거름, 2003년, 88쪽

도가 지원을 했다는 것이다. 왜 이렇게 많은 사람이 몰려드는 것일까? 더욱이 미국 IT업계의 평균 퇴사율이 17~20퍼센트인데 비해 SAS는 겨우 5퍼센트에 불과하다. 대체 SAS의 인기 비결은 무엇일까? 그것은 공동창업자 겸 회장인 제임스 굿나이트의 경영철학이 빚어낸 근무환경 덕분이다.

SAS는 복리후생은 기본이고 직원의 창의성을 키우는 투자에 힘을 쏟는다. 탁아시설, 의료지원, 피트니스센터 등 총체적 편의를 제공하는 것은 물론 미국에서는 드물게 주 35시간 근무제를 도입해 오후 5시면 모든 직원이 퇴근한다.

의료시설에는 외과의사, 물리치료사, 마사지사가 상주해 언제든 직원의 건강을 돌볼 태세를 갖추고 있다. 의료비는 직원 1인당 100달러, 가족당 350달러, 외부 진료기관을 이용할 때는 1,000달러까지 보조해준다. 또한 직원 1인당 자녀 세 명까지 사내 몬테소리 탁아시설을 무료로 이용할 수 있다. 부득이하게 퇴근이 늦어져 저녁식사를 못 챙기는 직원을 위해 식사 가져가기Meals to go 프로그램도 운영하고 있는데, 이는 집에 가서 곧바로 요리해 먹을 수 있도록 저녁식사 재료를 챙겨주는 프로그램이다.

모든 직원에게는 개인사무실이 있고, 직원들은 체계적인 교육 프로그램을 거쳐 다른 부서로 자유롭게 이동할 수 있다. 실제로 직원의 3분의 1이 이러한 프로그램에 따라 자신의 능력을 계발해 성과를 높이고 있다. 나아가 직원은 전세계 어느 지점에서든 웹캐스트라는 온라인을 통해 최고경영진과 의사소통할 수 있다.

한편 SAS의 경영진은 특별한 혜택을 누리는 것이 아니라 카페테리아에서 직원과 함께 식사를 한다. 특히 금전적 보상보다 전반적인 근무환경의 질을 높이는 데 더 큰 비중을 두기 때문에 스톡옵션 제도도 도입하지 않았다. 이처럼 직원에 대한 투자와 신뢰로 SAS는 초일류기업을 향해 꾸준히 나아가고 있다.

이 정도의 일터 환경이라면 기대감으로 출근하고 신바람 나게 일한 뒤에 즐거운 마음으로 퇴근할 수 있지 않을까? 로버트 레버링은 일하기 좋은 기업의 조건으로 즐거움fun, 신뢰trust, 자부심pride을 들고 있다. 〈LG경제연구소〉 자료를 바탕으로 이를 간략히 살펴보면 다음과 같다.

조건1 | 'Fun'을 제조하는 조직문화

사람들 사이의 긴장을 완화하고 갈등을 해소하는 데 유머만한 도구가 또 있을까? "웃는 얼굴에 침 못 뱉는다"는 옛 속담은 오늘날의 치열한 기업 현장에서도 여전히 유효하다. 즐거움은 아무리 힘든 일도 감당할 수 있게 해주는 치료제의 역할을 한다. 아침에 일어나 출근하는 것이 즐겁지 않은 사람에게 회사의 손익상태가 안중에 있을 리 만무하다. 그런데 인생은 직장생활의 재미를 경시해도 될 만큼 그렇게 길지 않다.

직원이 회사를 위해 자신을 희생하면서까지 일을 하는 멸사봉공滅私奉公의 시대는 지났다. 일터가 회사와 직원 모두에게 득이 되는 활사봉공活私奉公의 장소가 되어야 매일 아침 출근하는 것이 즐거워진다. 그러기 위해 회사는 직원이 즐겁게 일할 수 있도록 해주고, 직원은 열심히 일해 회사의 성과를 높여주는 선순환이 이루어져야 한다.

플래닛 혼다Planet Honda의 CEO 팀 시아술리Tim Ciasulli는 "Fun이 조직문화의 일부로 알려지면 인재들은 그 회사에 들어가려 하고 그곳에 오래 남으려고 한다. 따라서 직원이 즐겁게 일할 수 있는 복지와 환경을 제공하는 것이 내 임무다"라고 말했다. 또한 브랜드 전문기업 메타브랜딩의 박항기 사장은 월요병에 시달리는 직원을 위해 매주 월요일 조조영화를 감상하고 출근할 수 있도록 '월요 시네마 제도'를 제안하여 시행하는가 하면, 1년 중 한 달은 휴가를 다녀올 수 있도록 지원하고 장려함으로써, 직원들이 새로운 문화와 모습으로 자신을 충전할 수 있게 한다.

LG마이크론의 경우에는 각 팀의 대리와 사원을 '비타민 氏'로 임명하여 이들이 팀 내에 활력을 불어넣기 위한 각종 이벤트를 기획하고 주도하는 역할을 한다. 이 밖에도 많은 기업이 직원에게 심리상담실, 사내 보육시설, 임산부 쉼터, 기공치료 등의 다양한 서비스를 제공하고 있다.

조건2 ı 강력한 신뢰를 심어주는 리더

신뢰는 인재의 마음을 사로잡는 가장 중요한 요소 중 하나다. 만약 직장상사가 자신이 말한 것을 지키지 않고 부하직원의 성과를 가로채 자신의 이익만을 꾀하고자 애쓴다면, 부하직원은 일에 대한 보람을 느낄 수 없을 것이다. 이렇게 믿음을 주지 못하는 상사의 말과 지시에 부하직원이 따를 리 없고, 이는 의견 충돌과 갈등을 불러일으켜 이들을 회사에서 내모는 결과를 초래할 것이다. 실제로 컨설팅 회사 Talent Keepers의 조사 결과에 따르면 인재의 이직 1순위는 '보상에 대한 불만족(23퍼센트)'이 아니라 '신뢰할 수 없는 리더(38퍼센트)'라고 한다.

리더가 직원들에게 믿음을 주기 위해서는 무엇보다 말과 행동이 일치해야 한다. 직원들에게 '어떠해야 한다'라고 말해 놓고정작 자신은 그것을 지키지 않는다면, 직원들은 그 말을 따르지 않을 뿐더러 리더를 신뢰하지 않게 된다.

또한 구성원들에게 균등한 기회를 제공하고 그 성과를 제대로 평가해 보상하는 것 역시 중요하다. 특히 보다 많은 성과를 올린 유능한 인재일수록 그에 합당한 대우를 원한다. 그런데 리더가 공정하지 못한 평가를 내리면 직원들은 리더나 조직에 대한 믿음을 거둬들이고 만다. 심지어 자신이 아무리 성과를 내도 그에 대해 제대로 평가받지 못할 것이라 여기고 다른 회사로의 이직을 서두를 수 있다.

조건3 ｜ 자신의 업무에 자부심이 높은 직원

직원이 자기 업무에 대한 자부심이 높으면 '회사 일'이 아닌 '내 일'처럼 일하고, 끊임없이 새로운 아이디어를 찾아내 성과를 개선하려 노력한다. 반면 직원이 단순 반복적이고 틀에 박힌 업무 때문에 스스로 쳇바퀴에 갇혀 있다고 생각하면 업무에 흥미를 느끼지도 못하고 일에서 즐거움을 찾지도 못한다.

직원의 업무만족도가 높은 것으로 알려진 사우스웨스트 항공사는 재정상황이 좋지 않았던 초창기에 한 직원의 아이디어로 큰 혁신을 이뤄 어려움을 극복할 수 있었다고 한다. 당시 그 회사는 3대의 비행기로 4개 노선을 감당해야 하는 어려움에 처해 있었는데, 한 직원이 비행기의 지상계류시간을 15분으로 단축할 수 있는 아이디어를 제안해 큰 효과를 보았던 것이다.

직원이 자기 업무에 자부심을 갖도록 하는 첫 번째 방법은 각자의 업무가 얼마나 중요한지 알게 하는 것이다. 9년 연속 미국에서 일하기 좋은 100대 기업에 선정된 티디 인더스트리 TD Industries 는 모든 직원에게 서로의 업무가 어떻게 연결되고, 그것이 회사성과에 어떤 영향을 미치는지 자세히 알려준다고 한다. 특히 각자의 성과가 회사성과 창출에 직결된다는 점을 강조하기 위해 서로를 '파트너'라고 부르고 있다.

두 번째 방법은 학습기회를 줄 수 있는 새롭고 도전적인 일을 제시하는 것이다. 세 번째는 회사가 사회적 가치를 창출하고 고객에게 행복을 심어주고 있다는 대외적 가치를 알리는 것이다.

조건4 ㅣ 일에 몰입할 수 있게 만드는 업무환경

직원이 행복감을 느끼는 기업은 생산성이 높을 뿐 아니라 이직률이 낮다. 따라서 직원이 일을 통해 행복을 느끼고 삶의 의미를 찾을 수 있도록 개인과 조직 모두가 공동의 노력을 기울여야 한다. 존경받는 벤처기업가로 미래산업을 창업한 정문술 회장은 자신의 저서에서 이렇게 말하고 있다.

"직장에서 일하는 행복을 느끼는 사람은 성공한 인생이고, 일하는 행복을 모르면서 그저 먹고살기 위해 고달프게 일하는 사람은 실패한 인생이다. 성공적인 기업문화란 직원들이 가장 즐겁고 의욕적으로 일할 수 있는 '무형의 환경'을 말한다. 그리고 기업에서 가장 중요한 것은 조직관리가 아니라 행복관리이다."

미국인 중 역대 최고의 부자로 꼽히는 록펠러John Rockefeller는 "행복으로 가는 길은 두 가지 원리에 있다. 먼저 자신에게 흥미를 불러일으키는 것 그리고 자신이 잘 해낼 수 있는 것을 알아내라. 그것을 알아냈으면 모든 정신, 에너지, 야망, 타고난 능력을 거기에 쏟아 부어라"라고 말했다. 《적극적 사고방식》을 저술한 노먼 빈센트 필Norman Vincent Peale도 "좋아서 하게 되는 그런 일을 하라. 그러면 성공은 저절로 따른다"라고 말했다. 자신이 좋아하는 일을 하는 사람은 누구나 열정과 에너지를 그것에 쏟아 붓게 된다. 진정한 의미의 행복이란 자신이 하고 싶은 일을 찾아 거기에 몰입하는 것이다.

열정은 많은 경우 일을 즐기는 데서 생겨난다. 억만장자 도널드 트럼프는 "억만장자들은 자신의 일을 사랑한다. 일이 돈을 벌어다주기 때문이 아니다. 자신이 싫어하는 일을 통해 그처럼 부자가 될 수는 없다. 부자가 되려면 먼저 당신이 하는 일을 사랑해야 한다. 사랑이 이윤을 얻기 위해 필요한 에너지를 가져오기 때문이다. 어떤 일이든 열정만으로 90퍼센트의 문제를 해결할 수 있다"라고 강조한다.

일을 사랑하고 업무에 열정적으로 임하는 것은 개인의 성취와 조직의 발전을 위해 반드시 필요한 조건이다. 동시에 이것은 미묘한 뉘앙스를 지니고 있는 개념이기도 하다. 나는 개인적으로 일을 사랑하고 열심히 일하는 것은 행복을 추구하는 데 절대적으로 중요하다고 생각한다. 그러나 이것을 사장의 입장에서 직원들에게 강조하는 것은 어쩐지 좀 꺼림칙하다. 직원들에게 열심히 일하라고 독려하는 것이 직원 개인을 위한 것이 아니라 사장을 위한 것이 아닌가 하는 일종의 자의식으로 선뜻 내키지 않기 때문이다.

니이하라 히로아키는 자신의 저서 《기업성공 6가지 핵심조건》에서 '사람을 진정으로 소중하게 여기는 방법'이라는 좋은 가르침을 주고 있다.

"성과가 나쁜 기업에서는 사람이 잠자고 있다. 그렇다고 그들이 나쁘다는 것은 아니다. 다만 그들은 시간을 잊을 정도로 집중할 수 있는 감동적인 일에 종사하고 있지 않아 능력을 발휘할 수 없을 뿐이다. 사람들이 몰입해서 일할 수 있도록 만드는 것이야말로 진정 사람을 소중하게 여기는 것이다."

직원이 최선을 다하도록 유도하는 것은 수익증대의 수단이기는 하지만, 그렇다고 그것이 재능 착취를 의미하는 것은 아니다. 그것은 어디까지나 직원 개개인이 발전할 수 있는 방법이며 동시에 그것은 개인의 행복 증진에 기여한다. 이러한 조직을 만들어내려면 직원이 자주 몰입을 경험할 수 있도록 여건을 마련해주어야 한다.

금전과 안전, 편안함은 사람을 행복하게 하는 데 필요할지 모르지만 결코 행복을 위한 충분조건은 아니다. 사람은 자신의 능력을 충분히 활용하고 잠재력을 계발할 수 있다는 느낌을 받아야 한다. 또한 일상적인 삶 속에서 따분하지 않아야 하며 충만한 기쁨을 얻을 만한 경험을 해야 한다. 이를 통해 일이 즐거워지면 직원의 사기와 생산성은 당연히 높아진다.

외과의나 등산가는 수술을 하거나 암벽등반을 할 때 시간과 공간을 초월하는 느낌을 받는다고 한다. 이처럼 시간과 공간에 대한 자각 없이 일에 집중하는 상태가 바로 몰입이다. 대부분의 기업 활동에는 사람들이 몰입해서 일할 수 있는 기회가 얼마든지 존재한다. 약 50년 전, 오스트리아의 정신병리학자인 빅토르 프랭클Viktor Frankl은 행복해지고 싶다고 해서 행복을 얻을 수 있는 것은 아니라는 글을 쓴 적이 있다. 그렇다면 행복은 강력한 목표를 향해 열심히 일하다 의도하지 않던 결과로 나타나야만 한다. 결국 의미 있는 일을 만들어주는 것이 몰입하게 만들고 행복을 느끼게 하는 것이다.

따라서 회사나 경영자는 직원이 몰입해서 일할 수 있도록 환경을 만들어주어야 한다. 몰입을 경험할 수 있는 기회가 거의 없을 때, 직원은 의욕을 잃고 우울해한다. 나아가 창의적이고 능동적인 태도를 잃고 만다. 반면 몰입이 쉽게 일어나는 환경에서는 직원의 동작이 매우 가볍고 활기차며 회사의 복도에는 웃음꽃이 피어난다.

그렇다면 어떻게 해야 삭막한 직장 분위기를 몰입 경험이 가능한 장소로 바꿀 수 있을까? 미하이 칙센트미하이에 따르면 몰입은 '분명한 목표, 적절한 피드백, 구체적인 과제'가 있으면 일어날 수 있다고 한다. 예를 들면 기업의 사회적 기여도, 기업이 제공하는 제품 및 서비스의 행복만족도는 몰입에 영향을 미치는 요소가 된다. 이 경우 직원은 업무에 모든 에너지를 쏟을 확실한 이유를 찾을 수 있다.

사람에 따라서는 월급과 승진하고 싶다는 지위에 대한 욕구가 동기부여 요소가 되기도 한다. 그러나 보다 강력한 동기부여 요소는 업무에 의미를 부여하는 전반적인 목표와 비전이다. 이러한 비전에는 사람의 영혼에 소구하는 내용들이 포함되어 있다. 군수산업체 록히드마틴Lockheed Martin사의 전 CEO인 노먼 오거스틴은 자신의 인생철학을 다음과 같이 설명한다.

"저는 항상 성공을 바라며 살아왔습니다. 제가 말하는 성공이란 세상에 무언가 공헌하는 일을 하며, 그 일을 하는 동안 행복감을 느끼는 것입니다. 즐겁게 일할 수 있어야 합니다. 그렇지 않으면 좋은 성과를 낼 수 없습니다. 또한 자신이 무언가 가치 있는 공헌을 한다는 느낌이 있어야 합니다. 만약 이 두 가지 요소 중 하나라도 없다면 자신의 일에 무언가 의미가 부족하다고 할 수 있습니다."

또한 《휴먼 이퀘이션Human Equation》을 쓴 스탠포드 대학의 제프리 페퍼Jeffrey Pfeffer 교수는 "사람들은 돈을 벌기 위해 일한다. 그러나 인생의 의미를 찾기 위해 더 열심히 일한다. 사실 그들은 즐기기 위해 일한다. 이 사실을 모르는 기업은 직원에게 뇌물을 준다. 하지만 머지않아 이들은 충성심과 헌신 부족이라는 혹독한 대가를 치러야 할 것이다”라고 말했다.

조건5 ┃ 열심히 일한 만큼 열심히 쉬게 하라

일에 몰입하는 것 못지않게 중요한 것이 적절한 휴식을 취하는 것이다. 기업경영, 직장생활 그리고 인간의 삶은 단거리 경주, 즉 100미터 달리기가 아니라 마라톤과 같다. 따라서 정신적, 육체적, 감성적 차원에서 적절한 휴식을 취하고 재충전을 하는 것은 매우 중요하다. 나아가 삶의 안식처인 가정생활로부터 끝없는 지원과 사랑을 얻는 것도 결코 무시할 수 없는 중요한 가치이다. 직장생활과 가정의 균형을 취할 수 있도록 도와주는 것이 곧 행복한 직장을 위한 길이기 때문이다.

짐 로허Jim Loehr와 토니 슈워츠Tony Schwartz의 공저《몸과 영혼의 에너지 발전소The Power of Full Engagement》에 보면 이런 글이 나온다.

“회복 시간은 본질적으로 창조성과 긴밀하게 연결되어 있다. 음표들 사이에 공간이 있어야 음악이 만들어지고, 문자들 사이에 공간이 있어야 문장이 만들어지듯 사랑과 우정, 깊이와 차원이 성장하는 곳 역시 일과 일 사이의 공간이다. 회복 시간이 없는 인생은 존재감 없이 끝없이 반복되는 행동의 연속일 뿐이다.”

그만큼 휴식이 중요하다는 얘기다. 웨인 다이어Wayne Dyer의 말처럼 책상을 떠날 수 없을 정도로 회사 일에 충성하는 사람은 그 자리에 앉아 있을 자격이 없다. 진정으로 일을 사랑하는 사람은 일에 대한 집중과 충분한 휴식 사이에서 균형을 취할 수 있는 사람이다. 그런 사람이야말로 100미터 달리기가 아닌 마라톤에서 승리할 수 있는 사람이다. 분명히 강조하지만 일을 사랑하는 것과 일에 중독되는 것은 별개의 문제다.

토머스 에디슨 역시 "나는 발상의 벽에 부딪힐 때면, 해변이나 강가로 나가 낚싯줄을 드리운다. 파도와 바람 그리고 햇볕으로부터 아이디어를 낚을 수 있기 때문이다"라고 휴식의 중요성을 강조하고 있다. 휴식은 결코 멈춤이 아니다. 더 멀리 뛰기 위한 움츠림과 다름없다. 휴식을 통해 얻은 활력, 편안함, 건강하고 멋진 신체와 정신을 통해 자신의 목표에 한 발 더 가까이 다가갈 수 있기 때문이다.

브리검영 대학 제임스 하퍼James Harper 교수에 따르면 IT 분야의 혁명적 발전으로 하루 24시간, 주 7일 업무 처리가 가능해지면서 직원의 스트레스와 스트레스성 질병도 함께 증가하고 있다고 한다. 이러한 현상은 결국 기업의 생산성 증대를 막게 된다.

스트레스가 늘어나는 환경 속에서 기업이 높은 생산성을 얻으려면 직원의 가정생활에 깊은 관심을 기울여야 한다. 기업의 생산성 증대를 위해서는 일과 가정생활의 조화가 선행되어야 하기 때문이다. 전세계 48개 나라 IBM 지사에서 작성한 생활 보고서 분석 결과에 따르면, 현장 근로자든 사무직 종사자든 직장 일에

만 매달리는 사람보다 일과 가정에서 균형을 이루는 사람이 회사에 더 큰 기여를 한다고 한다. 그러므로 기업은 '일과 가정생활의 균형'을 회사의 주요 정책에 포함시켜야 한다. 직원이 가정에 충실하도록 배려하는 것이 직원과 회사가 다 같이 장수하는 방법이기 때문이다.

장기적 관점에서 개인과 조직 모두가 승리하기 위해서는 일과 삶, 직장과 가정, 몰입과 휴식 간에 적정한 균형을 취할 수 있는 지혜를 갖춰야 한다.

몰입을 이끌어내는 최강 동기부여법

지금까지 인간존중, 직원교육, 일하기 좋은 일터 만들기 등 직원행복을 이끌어내기 위한 다양한 방법을 살펴보았다. 여기서는 앞에서 다루지 않은 것 중 직원의 헌신과 몰입을 이끌어낼 수 있는 몇 가지 동기부여 요인을 살펴볼 것이다.

전폭적인 믿음의 위력

옛날 키프로스에 피그말리온이라는 조각가가 살았다. 그는 세상의 여자들에게 아름다움을 느끼지 못했고 어떤 여자도 사랑할 수 없었다. 그러자 그는 자신이 사랑할 수 있을 만큼 아름답고 사랑스러운 여인을 조각하기 시작했다. 시간이 흘러 어느 덧 아름다운 조각상을 완성한 그는 그만 그 조각상을 사랑하게 되었다. 그는 사랑하는 조각상을 위해 매일 꽃을 꺾어다 주었다.

그러던 어느 날, 섬에서 자신의 소원을 비는 축제가 벌어졌고 피그말리온은 신께 조각상을 아내로 삼게 해달라고 간절히 빌었다. 기도를 마치고 집에 돌아온 피그말리온은 조각상의 손등에 입을 맞추었다. 그때 놀라운 일이 일어났다. 조각상의 손에서 온기가 느껴졌던 것이다.

깜짝 놀란 피그말리온이 조각상을 어루만지자 점점 온몸에서 따스한 체온이 느껴지며 사람으로 변해가기 시작했다. 피그말리온의 순수한 사랑을 받아들인 신이 조각상을 아름다운 여인으로 만들어주었던 것이다. 결국 피그말리온은 조각상의 여인과 결혼해 파포스라는 딸을 낳고 행복하게 살았다고 한다.

이 신화에서 유래된 것이 '피그말리온 효과'로 그것은 누군가에 대한 믿음이나 기대, 예측이 그대로 실현되는 경향을 말한다. 예를 들어 긍정적인 기대를 하면 상대방이 기대에 부응하는 행동을 해 기대를 충족시키는 결과가 나온다는 것이다.

위대한 물리학자 아인슈타인은 초등학교 시절 성적이 엉망이었다. 어느 날 아인슈타인이 받아온 성적표에는 이렇게 적혀 있었다.

"이 학생은 장차 어떤 일을 해도 성공할 수 없을 것으로 판단됨."

담임선생님의 이 짤막한 의견을 읽은 아인슈타인의 어머니는 어린 아인슈타인에게 이렇게 말했다고 한다.

"너에게는 남과 다른 아주 특별한 능력이 있단다. 남과 같아서 야 어떻게 성공할 수 있겠니."

아인슈타인에게 이처럼 훌륭한 어머니가 없었다면 어땠을까? 만약 어머니마저도 "너는 뭐가 되려고 그 모양이니?"라고 했다면 과연 아인슈타인이 세계적인 물리학자로 이름을 날릴 수 있었을까? "너는 할 수 없어"라는 말은 쉽게 의욕을 꺾어버린다.

독일 문학의 거장 괴테는 "현재의 모습대로 상대방을 대하면, 그는 현재 상태 그대로 남게 될 것이다. 그러나 상대방이 할 수 있는 잠재능력대로 대하면 그는 결국 그것을 이뤄낼 것이다"라고 말했다. 대부분의 사람은 상사나 부모, 특히 자기가 좋아하고 따르는 사람이 기대하는 것만큼 이루기 위해 최선을 다하기 때문이다. 따라서 상대방을 위대한 사람으로 만들고 싶다면 그를 위대한 사람으로 대해 주어야 한다.

마찬가지로 회사의 리더가 조직 구성원의 잠재력을 믿어주고 이를 적극적으로 표현하면, 조직 구성원에게 동기를 부여해 일에 몰입하게 하는 것은 물론 조직을 위대한 그룹으로 만들어갈 수 있다.

탁월하지 않은 것은 모두 적이다

생텍쥐페리의 《어린왕자》에 보면 "만일 당신이 배를 만들고

 행복
경영

싶다면, 사람들을 불러 모아 목재를 가져오게 하고 일을 지시하고 일감을 나눠주는 등의 일을 하지 마라. 대신 그들에게 저 넓고 끝없는 바다에 대한 동경심을 키워줘라"라는 말이 나온다.

경영자의 역할 역시 직원들이 해야 할 일을 하나하나 알려주고 지시하는 것이 아니다. 경영자는 직원들에게 위대함을 약속해야 한다. 바다에 대한 동경심, 즉 비전을 심어주어야 하는 것이다. 또한 탁월함을 추구하도록 의욕을 북돋우는 것도 중요한 동기부여 수단이다. IBM의 전 회장 토머스 왓슨은 창립 75주년 기념사에서 다음과 같이 말했다.

"여러분이 평범한 회사에서 일하고 있다고 생각한다면 우리 회사는 그저 평범한 회사에 머물고 말 것이다. IBM은 특별한 회사라는 인식을 가져야 한다. 일단 여러분이 그런 의식을 갖게 되면 그것을 실현하기 위해 계속 힘을 내서 일하는 것은 매우 쉽다."

평범한 일을 부탁받는 순간, 직원의 의욕은 푹 꺾여버린다. 그럼에도 대부분의 기업이 직원에게 평범한 일을 요구한다. 직원이 보통 수준을 유지하는 것에 만족하는 경영자는 결국 평범한 기업을 이끌 수밖에 없다. 경영자는 의식적으로 위대함을 약속해야 한다. 조직 구성원을 건설적으로 자극해 그들이 자신의 잠재력을 실현하고, 자신에 대한 평가를 계속 높여갈 수 있도록 전력을 다해야 한다. 사람과 조직이 위대해지겠다고 결심하면 열정과 거기에서 비롯된 우위를 얻어낼 수 있다.

피터 드러커는 "평범한 일은 칭찬해서도 또한 용납해서도 안 된다. 자신의 목표를 낮게 설정하는 사람과 업무 행동이 기준에 도달하지 못한 사람이 그 일에 계속 머물러 있게 해서는 안 된다"라고 강조했다. 평범한 것을 용납하기 시작하면 성장이 정체되고 조직의 활력이 떨어진다. 이 경우, 직장은 그야말로 지루한 곳으로 변화하기 십상이다. 따라서 평범함은 최우선적 경계 대상이다.

직원이 탁월한 회사 혹은 탁월함을 추구하는 회사에서 일한다고 생각하는 것은 대단히 중요하다. 경우에 따라 돈보다 더 중요한 것이 자부심이다. 자부심으로 똘똘 뭉친 회사에서는 개개인과 회사가 모두 탁월해질 가능성이 커진다. 따라서 리더는 조직에 평범함이 자리 잡지 못하도록 눈에 불을 켜고 지켜보아야 한다.

글로 적어둔 비전이 있는가?

1953년, 미국의 한 대학에서 졸업반 학생들을 대상으로 목표에 대한 조사를 실시했다. 그 결과 67퍼센트의 학생은 어떠한 목표도 설정한 적이 없다고 대답했고, 30퍼센트는 목표가 있긴 하지만 그것을 글로 쓰지는 않았다고 했으며 오직 3퍼센트만 자신의 목표를 글로 적어두었다고 대답했다. 물론 이들 학생은 학력, 재능, 지능 면에서 별다른 차이가 없었다.

20년 후, 그들은 과연 어떻게 성장했을까? 흥미롭게도 학창시절에 자신의 목표를 글로 적었던 3퍼센트의 학생이 축적한 재산은 나머지 97퍼센트의 학생이 축적한 것보다 훨씬 더 많았다고 한다. 목표의 유무와 목표를 단순히 머릿속으로만 생각하는 것 그리고 목표를 글로 적는 것이 결과적으로 이처럼 엄청난 차이를 낳았던 것이다.

그렇다면 이러한 조사 결과를 받아들여 직원의 30퍼센트 아니 50퍼센트, 100퍼센트가 확고한 비전을 갖게 한다면 어떻게 될까? 분명 모든 직원이 성공할 것이고 더불어 회사도 성공할 가능성이 크다. 직원 모두가 글로 쓴 확고한 비전을 갖게 하는 것은 회사를 성공시키기 위한 가장 정확하고 쉬운 방법 중 하나다.

직원 복지는 궁극적으로 성과를 향상시킨다

지금까지는 주로 내적인 면에 영향을 줌으로써 사람들 스스로 동기를 유발하는 방법에 대해 설명했지만, 외부요인에 영향을 줌으로써 동기를 부여하는 방법도 있다. 스타벅스의 하워드 슐츠는 "직원의 처우 개선은 회사의 이익을 깎아먹는 추가비용이 아니라 한 사람의 리더가 비전을 제시하는 것보다 훨씬 크게 기업을 키울 수 있는 원동력으로 봐야만 한다"라며 직원의 복지향상에 애쓴 것으로 유명한데, 이처럼 외부요인을 통해 직원의 업무만족도를 높이면 일에 대한 몰입과 열정을 높일 수 있다.

아사히 맥주의 전 회장 히구치 히로타로樋口廣太郎는 좀 특별한 동기부여 방법을 활용했다.

"나는 곧잘 직원을 '열기구'에 비유한다. 그 직원의 고민거리만 해소시켜 주면 무거운 짐을 덜어낸 열기구처럼 누구든 반드시 상승할 수 있기 때문이다. 나는 고민을 해소시켜 주기 위해 틈이 날 때마다 직원을 붙잡고 '무슨 곤란한 일은 없는가?' 하고 물어보았다."

직원의 고민거리를 해소시켜줌으로써 일에 보다 몰입할 수 있도록 해주었던 것이다.

3

고객행복
주식회사

"서비스란 100점 아니면 0점 밖에 없다. 1점이라도 마이너스가 있으면 그것은 0점이며, 그러면 손님이 떠나버릴 가능성이 크다." 많은 기업이 '만족한다'와 '매우 만족한다'를 '만족했다'로 간주하고 긴장을 푼다. 그러나 '만족'과 '매우 만족'은 근본적인 차이를 보인다. '매우 만족'한 고객은 재구매를 할뿐 아니라 그 회사 제품이나 서비스에 대해 입소문을 내는 마케터로서의 역할도 하게 된다.

"서비스란 100점 아니면 0점 밖에 없다. 1점

이라도 마이너스가 있으면 그것은 0점이며,

그러면 손님이 떠나버릴 가능성이 크다." 많은

기업이 '만족한다'와 '매우 만족한다'를 '만족

했다'로 간주하고 긴장을 푼다.

그러나 '만족'과 '매우 만족'은 근본적인 차이

를 보인다. '매우 만족'한 고객은 재구매를 할

뿐 아니라 그 회사 제품이나 서비스에 대해 입

소문을 내는 마케터로서의 역할도 하게 된다.

충성고객을 확보하는 것이 마케팅이자 사업이다

"장사는 이문을 남기는 것이 아니라 사람을 남기는 것이다. 상업이란 이익을 추구하는 것이 아니라 의를 추구하는 것이다. 소인은 장사를 통해 이윤을 남기지만 대인은 무역을 통해 사람을 남긴다."

최인호의 소설 《상도》에 나오는 거상 임상옥의 말이다. 사람을 얻는 것이야말로 사업의 기본이라는 것을 꿰뚫어본 혜안에서 나온 멋진 표현이다. 순자의 영욕편에 등장하는 선의후리 사상도 같은 맥락이라고 할 수 있다.

놀랍게도 이것은 "마케팅은 수익성 있는 고객을 찾아내 유지하고 키워나가는 과학과 예술이다"라고 하는 필립 코틀러Philip Kotler의 마케팅 정의와 일맥상통한다. 마케팅 분야의 세계적 권위자 필립 코틀러는 마케팅을 정의하면서 '제품 혹은 상품' 그리고 '판다' 라는 단어를 전혀 사용하지 않았다. 왜냐하면 마케팅의 핵심은 '어떻게 제품을 잘 만들어 잘 팔 것이냐' 가 아니라 '수익성 있는 고객을 찾아내 유지하고 키워나가는 과학과 예술' 이라고 생각했기 때문이다.

고객행복의 관점에서 행복경영의 핵심은 사업을 기술이나 제품이 아닌 고객과의 관계 측면에서 파악한다는 데 있다. 마케팅과 사업을 '제품을 만들어서 파는 것' 이라고 생각하는 것과 '우리와 함께 성장하는 매우 만족한 충성도 높고 수익성 있는 고객을 찾아내 그들을 유지하고 키워나가는 것' 이라고 생각하는 것에는 큰 차이가 있다.

남보다 뛰어난 기술, 혁신적인 제품 나아가 마케팅 플랜이나 고객만족 방안을 개발하기에 앞서 고객과의 장기적 관계를 구축하는 것이야말로 사업의 핵심임을 확실하게 인식하는 것은 매우 중요하다. 실제로 성공적인 마케팅(성공적인 사업)을 펼쳐나가는 기업은 장기간에 걸쳐 함께 성장해 나갈 수 있는 고객을 유지하고 확대하는 활동에 더 큰 비중을 둔다. 필립 코틀러에 따르면 새로운 고객을 찾아내는 비용에 비해 기존고객을 유지하는 비용은 5분의 1에 불과하다고 한다.

특정 회사와 좋은 관계를 맺고 있는 충성도 높은 고객은 아무리 가격이 오르더라도 그 회사를 쉽게 떠나지 않는다. 충성도 높은 고객은 소위 스위칭 코스트switching cost가 높다. 또한 그들은 입소문을 통해 또 다른 고객을 불러오는 마케터로서의 역할도

 행복
경영

충실히 수행한다.

따라서 이런 고객을 찾아내고 한번 찾은 고객이 지속적으로 찾아오게 하는 것, 그리고 거기서 그치지 않고 고객 스스로 새로운 고객을 불러오도록 하는 선순환의 고리를 만드는 것이 마케팅의 핵심이다. 이것을 제대로 꿰뚫어볼 수 있어야 사업에서의 성공 가능성이 커지게 된다.

그렇다면 어떻게 해야 이러한 선순환의 고리를 만들 수 있을까? 그 해답은 고객만족을 훨씬 뛰어넘는 고객매우만족경영, 즉 고객행복경영에 있다.

오늘날의 기업치고 고객만족을 위해 노력하지 않는 기업은 없다. 고객만족경영의 필수요소 중 하나는 고객의 만족도지수 CSI, Customer Satisfaction Index를 측정하는 것이다. 흔히 고객설문지 척도에 나오는 만족(4)과 매우 만족(5)은 1점 차이에 불과해 후자가 전자보다 그저 한 단계 위라고 생각하기 쉽다. 그러나 제록스사의 조사 결과에 따르면 매우 만족한 고객의 재구매율이 그저 어느 정도 만족한 고객의 경우보다 6배 이상 높게 나타났다고 한다. AT&T는 매우 만족한 고객의 재구매 의향이 그냥 만족한 고객보다 50퍼센트 이상 높다는 조사 내용을 공개하기도 했다.

이처럼 고객을 단순히 만족시키는 것과 매우 만족시키는 것에는 엄청난 차이가 있다. 더욱이 오늘날처럼 기업마다 고객을 만족시키기 위해 노력하고 있는 시기에 단순한 만족은 경쟁사가 얼마든지 따라잡을 수 있다. 이러한 사실을 일깨우듯 페덱스의

CEO 프리데릭 스미스는 "99퍼센트의 고객만족은 불충분하다. 언젠가 나타날 100퍼센트 고객만족 기업에게 고객을 빼앗길 것이기 때문이다. 고객은 2등 기업에겐 결코 애정을 베풀지 않는다"라고 말했다. 디즈니랜드의 전직원 서비스 마인드 교육내용도 그 의미가 매우 깊다.

"서비스란 100점 아니면 0점밖에 없다. 1점이라도 마이너스가 있으면 그것은 0점이며, 그러면 손님이 떠나버릴 가능성이 크다."

많은 기업이 '만족한다' 와 '매우 만족한다' 를 '만족했다' 로 동일하게 간주하고 긴장을 푼다. 그러나 위 결과에서 보듯 '만족' 과 '매우 만족' 은 근본적인 차이를 보인다. '매우 만족' 한 고객은 재구매뿐 아니라 그 회사 제품이나 서비스에 대해 입소문을 내는 마케터로서의 역할도 하게 된다. 따라서 기업간 성과의 차이는 '매우 만족' 한 고객을 얼마나 보유하고 있는가의 차이와 다르지 않다고 해도 과언이 아니다.

결국 사업과 마케팅의 핵심은 단순한 고객만족을 넘어 '고객 매우만족' 경영을 통해 고객을 감동시킴으로써 이들이 지속적으로 찾아주고 또한 서비스를 주변에 추천해주는 선순환의 고리에 있음을 알 수 있다. 고객매우만족은 곧 고객행복경영과 같은 개념이다.

회사와 경영진이 직원행복을 위해 최선을 다하고 행복한 직원은 자신의 사명이 고객행복, 즉 고객매우만족 서비스에 있음을 알고 이를 실천하는 회사가 곧 고객행복 주식회사의 모습이다.

그러면 본격적으로 고객행복을 논하기에 앞서 고객의 평생가치와 고객 충성도에 대해 살펴보자.

행복한 고객의 평생가치

고객 평생가치LTV, Life Time Value란 어떤 고객이 한 기업의 고객으로 존재하는 전체 기간에 기업에게 제공할 것으로 추정되는 재무적 공헌도의 합계를 의미한다. 예를 들어 어떤 소비자가 한 쇼핑몰에서 연간 100만 원을 소비하는데, 앞으로 20년간 계속해서 이 쇼핑몰을 이용한다면 이 고객의 평생가치는 2,000만 원이 된다.

일회성 구매가액이 아닌 그 고객이 회사와 평생, 즉 오랜 기간 관계를 맺으면서 회사에 기여하는 총가액으로 평가해야만 고객관계 자산의 진정한 의미를 파악할 수 있다. 그러나 현실적으로는 회사가 현재 시점에서 많은 소비를 하는 고객만을 중요하게 여겨 장기적으로 지속적인 소비를 하는 고객을 소홀히 하는 경우가 많다.

예를 들어 어떤 음식점에서 소갈비 20인분을 시킨 단체손님이 있다고 해보자. 그리고 그 옆에는 혼자 밥을 먹으러 온 개인손님이 있다. 이 경우, 개인손님은 소홀한 대접을 받기 십상이다. 그런데 단체손님은 지나다가 우연히 차를 세운 사람들이고 개인손님은 근처 회사의 직원이라면 어떨까? 단체손님은 그날 50만 원어치를 소비할지라도 다시 오지 않는다. 그러나 5천 원짜리 갈비탕 한 그릇을 먹으러 온 개인손님은 평생 올 수도 있다.

비즈니스 리더를 위한 고급 멤버십

휴넷은 수익성 있는 고객을 확보하는 것이야말로 사업의 핵심이라는 믿음을 바탕으로 휴넷 골드클래스라는 평생회원 제도를 도입했다. 이것은 휴넷의 일반회원 중 60만 원의 회비를 납부한 회원 혹은 다섯 개 이상의 온라인 단과교육이나 100만 원 이상의 고급과정을 학습한 회원이 골드 클래스 회원 자격을 얻어 평생 특별한 혜택을 받으며 휴넷과 함께 성장하는 모델을 말한다.

예를 들어 골드클래스 회원은 매월 한번씩 유명 CEO 등 성공한 사람들을 초빙하는 '휴넷 골드 클래스 명사 초청 강연회'에 평생 무료로 참석할 권리를 갖는다. 또한 각종 교육비를 최대 30퍼센트까지 할인받는 것은 물론 공동의 관심사가 있는 사람들끼리의 네트워킹을 위한 다양한 지원을 받기도 한다.

휴넷으로부터 여러 가지 평생학습과 성공을 지원받는 휴넷 골드클래스 멤버는 휴넷 교육상품을 계속 수강함으로써 성공의 길로 한 걸음 더 다가감과 동시에 휴넷 교육 서비스를 주변 사람에게 추천하는 마케터 역할을 하고 있다. 그리고 비즈니스 리더의 평생학습과 성장 나아가 의미 있는 성공을 지원하는 휴넷의 교육 서비스 전략은 역으로 휴넷의 성공을 돕는 핵심 우량고객 자산의 확대재생산이라는 결과로 나타나고 있다.

오늘 하루 그가 식당에 주는 가치는 5천 원에 불과하다. 그러나 1주일에 세 번을 찾는 단골이 된다면 그가 팔아줄 액수는 산술적으로 일주일에 1만 5천 원이고, 1년에 47주를 근무한다면 70만 5천 원이 된다. 앞으로 10년 간 근처의 회사를 다니면서 밥을 먹으러

온다면 705만 원 어치를 팔아줄 수 있다. 그런 손님을 찬밥으로 대접했다면 그 식당은 미래가치가 큰 고객을 차버린 것이나 마찬가지다.

장기적으로 기업의 성과를 높이는 데 있어서 고객 평생가치 개념은 필수적이다. 특히 이는 기존고객을 소홀히 하고 신규고객 확보에만 급급한 많은 기업이 새겨두어야 할 핵심개념이다. 프레더릭 라이할트Frederick Reichheld는 그의 저서 《로열티 경영Loyalty Effect》에서 일반 고객의 5퍼센트가 다시 찾아오는 고객으로 바뀌면, 고객당 평균 25퍼센트에서 100퍼센트의 이윤을 더 올릴 수 있다고 지적하고 있다. 더불어 새로운 고객을 끌어들이는 데만 신경 쓸 뿐, 핵심고객이 계속 다시 찾아오게 만드는 데는 별다른 노력을 기울이지 않는 기업 현실을 꼬집고 있다. 그는 "고객유지도가 지속적으로 높은 회사는 엄청난 경쟁우위를 만들어낼 수 있고 피고용인의 사기를 진작시켜 생산성과 성장 면에서 기대하지 못한 특별이익을 만들어낼 수 있다. 심지어 자본비용을 줄일 수도 있다"라고 지적한다.

성공 마케팅, 성공 경영의 핵심은 한번 관계를 맺은 고객이 떠나가지 않고 재구매하도록 하는 것이 신규고객을 확보하는 것보다 적은 노력, 적은 비용을 들이고도 오히려 많은 이윤을 얻을 수 있다는 데 있다. 이것이 바로 고객매우만족 경영을 통한 고객행복경영의 열쇠이다.

고객유지율을 높이는 해답은 고객매우만족을 통한 고객 충성도 높이기에서 찾을 수 있다. 하인즈Heinz의 전 CEO 토니 레일리 Tony Reilly는 "나는 하인즈 토마토케첩을 사려고 어떤 가게에 들어간 주부가 제품이 품절되었을 때 다른 가게로 가서 우리 제품을 살 것인가 아니면 그냥 그 가게에서 다른 회사의 케첩을 살 것인가 하는 것을 브랜드 로열티 테스트 기준으로 삼았다"라고 말했다. 이 정도 기준에 부합하는 고객 충성도를 확보하고 있다면, 경쟁사와 비교해 확연한 실적 차이를 보일 것이 뻔하다.

높은 고객 충성도로 유명한 기업 중 하나가 노드스트롬 백화점이다. 노드스트롬 백화점의 고객은 믿기 힘들 정도로 신의가 있다. 그들은 노드스트롬이 없는 곳으로 이사를 해도 관계를 끊지 않을 정도다. 언젠가 델타 항공 회장 제리 그린스타인은 이렇게 말하기도 했다.

"내가 살던 텍사스주 댈러스에는 당시 노드스트롬 백화점이 없었다. 그래서 나는 노드스트롬 매장이 있는 도시에 머물 때만 쇼핑을 했다."

이는 노드스트롬 백화점에 대한 고객 충성도가 얼마나 높은지를 보여주는 단적인 사례다. 이러한 충성도를 보유할 수 있는 비결은 무엇일까? 그 해답은 노드스트롬 백화점의 서비스에서 찾을 수 있다.

언젠가 한 부인이 세일이 막 끝난 노드스트롬 백화점 매장을 방문했다. 그녀는 세일기간이 끝난 줄도 모르고 한 고급 브랜드의 바지를 세일가격에 사러 온 것이었다. 더욱이 그 매장에는 그녀에게 맞는 치수가 이미 다 팔린 상태였다. 그러자 판매사원은 주변의 다른 노드스트롬 매장에 그 바지가 있는지 알아보기 시작했다. 인근 지역에 있는 노드스트롬 매장에서 바지를 구하지 못하자, 판매사원은 경쟁사의 백화점까지 알아보았다. 마침내 길 건너편의 경쟁사 백화점에 그 치수의 바지가 있다는 사실을 알아낸 판매사원은 곧장 그 백화점으로 달려가 정가대로 돈을 지불하고 바지를 구입해 그 고객에게 세일가격으로 팔았다.

노드스트롬의 서비스와 관련하여 또 다른 사례를 들어보자.

어느 나이든 여성이 자동차 타이어를 노드스트롬 백화점에 반품했다. 고객에게 영수증이 없었던 터라 직원은 제품가격으로 얼마를 지불했느냐고 물었다. 고객은 직원에게 가격을 이야기했고, 직원은 그 말을 믿고 기꺼이 돈을 환불해주었다. 여기까지만 놓고 보면 그리 특별한 이야기가 아니다. 정말로 특별한 것은 노드스트롬 백화점에서는 자동차 타이어를 판매하지 않는다는 사실이다. 나중에 그 직원은 백화점에서 수여하는 고객만족 서비스 상을 받았다. 회사의 고객만족 규정에 따라 아무 조건 없이 무조건 환불함으로써 고객을 감동시켰다는 이유에서다.

위의 두 사례에서 노드스트롬 백화점은 분명 돈을 벌지 못했다. 하지만 대신 고객에게 평생 잊지 못할 감동을 안겨주었다. 이것이야말로 행복한 고객 만들기의 표본이 아닐까? 설사 단기적으로는 기업에 이익이 되지 못할지라도 고객 충성도가 높아지면 그 기업은 고객의 평생가치를 보장받을 수 있고, 이는 장기적으로 기업에게 지속적인 수익을 가져다준다.

고객과의 신뢰 자산 쌓기

《넥스트 마케팅What Clients Love》의 저자 해리 백위드Harry Beckwith에 따르면 유능한 판매원은 가장 먼저 고객과 신뢰를 쌓는다고 한다. 그들이 제일 먼저 파는 것은 그들 자신이고 다음으로 회사, 그리고 서비스나 제품을 판다. 가장 마지막이 가격이다. 반면 일반적인 판매원은 가장 먼저 '가격'을 흥정한다. 그런 다음 서비스나 제품에 대해 말하고 그들 자신에 대해 말한다.

물론 신뢰를 쌓기 위해서는 상당한 인내와 시간이 필요하다. 대부분의 기업은 신뢰의 중요성을 간과하고 단기간의 매출에 눈이 멀어 가격경쟁을 벌인다. 하지만 가격할인은 일시적인 효과는 있을지언정 장기적으로는 오히려 손해를 보게 된다. 맥킨지의 연구 결과에 따르면 단위판매량의 증가 없이 1퍼센트의 가격할인이 이루어질 경우, 영업이익은 평균 8퍼센트 감소한다고 한다.

결국 가격할인 정책은 자신의 무능력을 보여주는 것에 불과하다. 할인 정책에 의존하는 것은 장기적 성장 번영을 포기한 것이나 다름없기 때문이다. 더욱이 고객에게 싸구려 기업이라는 인식을 남겨주고 만다.

나무가 열매를 맺으려면 싹을 틔우고 꽃을 피운 뒤 그 꽃이 지기까지 기다려야 한다. 마찬가지로 고객과 신뢰를 쌓고 이를 제품과 서비스의 지속적인 판매로 이어지도록 하는 데는 기다림의 시간이 필요하다. 특히 지금처럼 신뢰를 얻기 힘들어진 세상에서는 신뢰가 더욱 중요하고 가치가 있다. 고객에 대해 애정을 갖고 지속적으로 그들을 관찰하라. 그리고 그들이 어떤 것에 불편을 느끼고 어떤 것을 원하는지 발견하면, 그것을 제공하되 고객의 기대를 넘어서라. 그러면 고객에게 만족을 넘어 감동까지 줄 수 있다. 이를 지속적으로 반복함으로써 고객과의 '신뢰'를 쌓아가라. 그러면 기업의 장기적인 번영은 보장된 것이나 다름없다.

AIG 보험의 사례는 고객과의 관계에서 신뢰 자산을 어떻게 쌓아야 하는지 좋은 교훈을 주고 있다.

수년 전, AIG 국제보험 서비스팀은 고객 한 명을 구하기 위해 영하 70도나 되는 남극으로 달려갔다. 미국국립과학재단 소속 남극기지 주치의인 로널드 셔먼스키 박사가 췌장염에 걸렸기 때문이다. AIG에서는 공군에 후송을 의뢰했지만 마땅한 비행기가 없었다. 할 수 없이 AIG는 그를 응급치료하기 위해 악천후 속에서도 헬기를 띄웠다. 사실 어려운 구조를 포기하고 피해를 입은 고객에게 금전적 배상을 하는 것이 회사로서는 더 이익일 수도 있었다. 그러나 마틴 설리번 AIG 부회장은 "고객이 없으면 우리는 아무것도 아니다"라며 잘라 말했다고 한다. AIG의 신뢰 쌓기는 이런 자세에서 시작됐다.

고객 신뢰 자산의 대표적인 것으로 브랜드 자산을 들 수 있다.

글로벌 광고기업 WPP의 스티븐 킹Stephen King 이사는 "공장에서 제조되는 것은 제품이지만 소비자가 사는 것은 브랜드이다. 제품은 경쟁사가 복제할 수 있지만 브랜드는 유일무이하다. 제품은 쉽게 시대에 뒤질 수 있지만 성공적인 브랜드는 영원하다"라고 브랜드의 중요성을 강조하고 있다. 세계적인 브랜드 전문가 마틴 롤Martin Roll에 따르면 기업가치의 37퍼센트가 브랜드 가치라고 할 만큼 브랜드가 기업가치나 성공에 미치는 영향이 막대하다고 한다. 신뢰에서 비롯된 평판과 고객만족, 브랜드 자산 간에는 정正의 상관관계가 있다. 홍보컨설팅사 Hill & Knowlton은 미국인 5명 중 4명이 제품을 고를 때 해당 제품을 생산한 기업의 명성을 고려하며, 그들 중 36퍼센트가 구매를 결정하는 주요 요인으로 기업의 명성을 꼽았다고 밝히고 있다.

고객만족은 제품의 품질이나 직원의 친절에 의해서도 결정되지만 그 기업의 사회적인 명성과 신뢰 정도에도 크게 영향을 받는다. 신뢰와 명성을 얻기는 힘들어도 잃는 것은 한순간이이므로 정당하고 도덕적인 철학과 가치관을 바탕으로 기본과 원칙을 충실하게 지켜나가야 한다. GM은 자사 웹사이트에서 고객이 원하는 경쟁사의 차를 고를 수 있도록 배려해 고객의 신뢰를 얻고 있다.

이외에도 정도경영, 사회적 책임 다하기, 소비자의 사내 정책 참여 유도 같은 다양한 노력을 오랫동안 지속할 때 고객은 자신은 물론 주변 사람들까지 충성고객으로 만들어준다. 이것이 바로 장기적 관점에서의 성공방정식이다.

이익은 고객이 주는 만족료

고객을 빼놓고는 기업경영을 말할 수 없다. 그럼에도 여전히 많은 기업이 겉으로는 고객을 소중히 여긴다고 하면서 실제로는 단순히 이윤을 얻기 위한 대상이나 수단으로 여기고 있다. 그런 자세로는 결코 큰 이윤을 얻을 수 없다. 그러면 고객을 어떠한 관점으로 대해야 할까? 교보생명 신창재 회장의 말은 고객과 관련해 많은 것을 암시해준다.

"회사가 돈 버는 데 집중하면 고객이 도망가고 고객에게 집중하면 돈은 저절로 따라온다. 돈은 네 발 달린 짐승과 같아 두 발 달린 인간이 쫓는다고 잡을 수 있는 게 아니다. 그러나 고객을 열심히 쫓아가면 돈은 뒤에서 따라온다."

물론 이익은 중요하다. 기업은 이익 없이 생존할 수 없으므로 이익을 고려하지 않을 수 없다. 하지만 먼저 이익과 고객만족의 앞뒤 관계를 분명히 인식할 필요가 있다. 이익은 어디까지나 고객만족을 통해 얻어지는 '만족료'이다. 따라서 이익의 증가는 고객만족에 대한 결실로, 이익의 강조는 고객만족 노력이 부족했음에 대한 반성의 기회로 삼아야 할 것이다.

이제 기업이 무슨 일을 해야 하는지 분명히 깨달았을 것이다. 기업은 어디까지나 고객매우만족을 통해 고객을 행복하게 해주는 일에 집중해야 한다. 그러면 이익은 저절로 따라오게 된다.

고객 행복경영의 5가지 법칙

　　　　　고객매우만족을 통해 회사와 영원히 함께 갈 행복한 고객을 만들어내기 위해서는 무엇보다 회사의 문화와 시스템 등 경영의 모든 것이 고객 중심으로 바뀌어야 한다. 또한 고객 접점에 있는 직원들에게 책임과 권한이 최대한 주어져야 하고, 직원은 회사의 최고위 보스라 할 수 있는 고객을 위한 최상의 서비스를 제공할 수 있어야 한다. 고객행복을 위한 구체적인 방법들을 살펴보면 다음과 같다.

법칙1 | 기업의 생존부등식에 충실하라

　윤석철 서울대 경영학과 명예교수는 《경영학의 진리체계》에서 기업의 생존부등식을 다음과 같이 제시하고 있다.

이 부등식의 오른쪽 부분은 기업의 입장에서 제품(혹은 서비스)을 생산하는 데 들어가는 비용을 말한다. 어느 기업이든 비용이 제품을 파는 가격보다 낮아야 지속적으로 생존할 수 있다. 여기서 눈여겨보아야 할 것은 부등식의 왼쪽 부분이다. 제품가치가 제품가격보다 높아야 한다는 것은 어떤 의미일까?

이것을 이해하려면 기업과 소비자가 만나는 시장의 상황을 살펴야 한다. 소비자는 기업이 공급하는 제품을 무조건 구입하는 것이 아니라, 제품에 나름대로 가치를 부여한다. 따라서 어떤 제품이나 서비스가 시장에서 성공하려면 기업이 책정하는 가격보다 소비자가 제품에 부여하는 가치가 더 커야 한다. 그래야만 소비자가 그 제품과 서비스를 지속적으로 소비할 것이기 때문이다.

아직도 많은 경영자가 마케팅의 핵심은 '고객에게 가치를 파는 것'에 있다는 사실을 잘못 이해하고 있다.

다음은 고객이 느끼는 가치의 의미를 보다 명확하게 파악할 수 있는 좋은 사례다.

울워스는 미국에서 쥐덫을 가장 많이 제조 및 판매하는 회사로, 제품개발에 주력해 나무쥐덫을 플라스틱으로 개조했다. 새로운 쥐덫은 모양도 좋았고 쥐도 잘 잡았으며 무엇보다 위생적

이었다. 제품가격을 나무제품보다 약간 비싼 정도로 책정한 울 워스는 소비자의 폭발적인 소비를 기대했다.

하지만 결과는 그렇지 못했다. 나무쥐덫을 사용할 때 소비자는 잡힌 쥐와 함께 쥐덫을 그냥 버렸다. 그런데 모양도 좋고 위생적인 플라스틱 쥐덫은 왠지 한번 쓰고 버리기가 아깝다는 생각이 들었다. 그러자 소비자에게 잡힌 쥐만 버리고 쥐덫을 깨끗이 세척해야 하는 즐겁지 않은 일이 생기게 되었다. 결국 소비자는 이 귀찮은 일을 하지 않기 위해 점점 기존의 나무쥐덫을 선호하게 되었다. 고객이 원한 것은 첨단 쥐덫이 아니라 쥐로부터 괴로움을 당하지 않는 것이었던 셈이다. 이것은 여성이 액체나 젤로 된 화장품을 사는 것이 아니라 예뻐지고 싶은 욕망을 구입하는 것과 마찬가지다.

잭 웰치 회장은 "지금은 가치의 시대이다. 최고의 상품을 세계 최저의 가격으로 팔지 못하면 당신은 게임에서 도태될 것이다. 고객을 잃지 않는 최선의 방법은 고객에게 더 많은 것을 더 낮은 가격에 제공하는 방법을 끊임없이 강구하는 것이다"라고 고객이 얻는 가치의 중요성을 강조했다.

고객가치의 중요성을 잘 알고 있던 샘 월튼도 "우리의 사명은 고객에게 가치를 제공하는 데 있다. 가치에는 품질과 서비스뿐 아니라 절약도 포함된다. 우리가 1달러를 낭비하면 고객의 주머니에서 1달러를 도둑질하는 결과를 가져온다"라고 말했다. 실제로 샘 월튼은 회사가 절약하면 고객에게 이익이 돌아간다는 신

넘으로 비용절감에 온갖 노력을 기울였으며, 그 결과 소비자에게 최저가라는 서비스를 제공할 수 있었다.

법칙2 | 고객의 기대를 넘어서라

고객의 삶을 풍요롭게 해주는 신기술과 고객의 마음을 움직이는 마케팅 원리는 결국 사람을 사랑하는 따뜻한 마음에서 출발한다. '사랑'이란 헌신적으로 다른 사람의 성공을 돕는 것으로 고객매우만족은 이것으로부터 출발한다. 즉, 고객을 사랑하는 마음으로 고객에게 가치를 제공함으로써 고객의 성공을 돕는 것이다.

누군가를 사랑하게 되면 그 사람의 사소한 것까지도 관심을 기울이게 되고, 자신과 생각이 다르더라도 그 사람을 이해하려 애쓰게 된다. 또한 그를 기쁘게 할 수 있는 방법을 찾고 때로는 선물을 준비하기도 한다. 이런 행동이 상대방에게 감동을 주는 이유는 선물 그 자체보다 그가 보여주는 관심 혹은 애정 때문이다.

디자인 혁신으로 유명한 이노디자인의 김영세 사장도 이러한 이치를 강조한다.

"고객에 대한 애정이 고객만족을 이끌어내는 것은 당연한 이치이다. 다른 사람을 사랑하게 되면 그가 원하는 것이 무엇인지 열심히 연구하고 그를 만족시킬 수 있는 방법을 찾게 된다. 디자인도 마찬가지다. 고객을 누구보다 사랑해야 고객을 감동시킬 수 있는 디자인으로 상품을 만들어내도록 할 수 있다."

그렇다고 무조건적으로 고객을 사랑한다고 해서 모든 문제가 해결되는 것은 아니다. 고객만족을 넘어 고객매우만족을 실현하려면 고객이 기대했던 것 이상을 주어야 한다. 절대적인 고객만족이 중요한 것이 아니라 고객의 기대수준을 넘어서는 것이 중요하다는 얘기다.

예컨대 식사를 하러 어떤 식당에 들어갔다고 해보자. 인테리어도 고급스럽고 서비스도 친절해 1인당 만 원 정도의 비용이 들 것이라고 예상했는데, 가격은 여느 식당과 마찬가지로 5,000원인데다 맛도 좋았다. 그러면 고객은 매우 만족하여 계속해서 그 식당을 찾게 된다. 고객에게는 5,000원짜리 식당에서 기대하는 수준이 있었고, 여기는 그것을 훨씬 뛰어넘었기 때문이다.

이것은 단순 사례에 불과하지만 기대수준이 무엇인지 잘 보여준다. 고객매우만족을 이루기 위해서는 이 기대수준을 잘 관리해야 한다. 예를 들어 비싼 레스토랑에 갔을 때와 저렴한 식당에 갔을 때는 기대수준 자체가 다르다. 저렴한 식당에서는 종업원이 무뚝뚝하게 서비스할지라도 크게 불만을 갖지 않지만, 비싼 레스토랑에 갔는데 종업원이 불친절하면 불만족스러움에 항의할 수도 있다. 이것은 처음부터 고객의 기대수준이 다르기 때문이다.

고객의 기대수준을 뛰어넘는 서비스를 제공하면 그들은 다시 올 것이다. 나아가 계속해서 기대수준을 뛰어넘는 만족을 주면 그것은 고객 신뢰 자산으로 쌓이게 된다. 월마트 창업자 샘 월튼은 고객의 기대수준 관리 개념을 명확히 이해하고 있었다.

"고객이 원하는 것을 주라. 나아가 그 이상을 주라. 당신이 그들에게 감사하고 있다는 것을 알게 하라."

고객과의 약속을 소홀히 하면 고객의 신뢰를 잃게 된다. 특히 눈앞의 이익 때문에 많은 것을 약속하는 것은 고객의 불신을 초래해 결국 손해로 이어지게 된다는 점을 유념해야 한다. 고객만족경영에서는 고객의 기대수준을 적정수준에서 관리하는 것을 크게 강조한다. 약속은 조심스럽게 조금만 하고 더 많은 일을 하려고 노력하는 것이 기업에 대한 고객의 신뢰와 믿음의 기반이 된다는 사실을 잊어서는 안 된다.

법칙3 | CEO에서 사원까지 마케팅에 집중하라

기업의 제1자산인 우량고객을 섬겨 그들의 평생행복을 극대화하려면, 기업 내 모든 구성원이 99퍼센트의 고객만족을 넘어 고객매우만족 의지를 공유하고 이를 일상생활 속에서 실천해야 한다. 그것이 모든 조직이 살 길이다. 이를 간파한 휴렛팩커드의 공동창업자 데이비드 팩커드는 "마케팅은 그 무엇보다 중요한 일이라 마케팅 부서에만 맡겨둘 수 없다. 세상에서 가장 훌륭한 마케팅 부서가 있을지라도 다른 부서가 고객이익에 부합하는 데 실패하면 여전히 마케팅에서 실패하고 만다"라고 전사적 마케팅의 중요성을 강조하고 있다.

예를 들어 어떤 전자제품 기업에 훌륭한 마케팅 부서가 있어서 고객에게 많은 제품을 판매했다고 해보자. 그런데 제품이 고장 나서 A/S를 받으려고 하는데 담당자가 불친절하고 수리를 받는 데 많은 시간이 걸렸다면 어떻게 될까? A/S가 제대로 이뤄지지 않는다면 과연 그 기업이 지속적으로 성공을 거둘 수 있을까? 반대로 고객 접점 부서에 있는 직원이 이루 말할 수 없을 만큼 친절하고 훌륭할지라도 제품의 성능이 좋지 않고 고장이 잦다면 어떠할까? 두 경우 모두 지속적인 성공을 거두기는 어렵다.

일반적으로 기업에는 별도의 마케팅 부서가 있지만, 시장에 제품과 서비스를 보여주고 판매하는 것이 마케팅 부서만의 역할과 담당이라고 생각하면 곤란하다. 성공적인 마케팅을 위해서는 마케팅과 직간접으로 연관된 부서뿐 아니라 전사적 차원에서 고객의 이익을 충족시키고 만족시켜야 한다. 샘 월튼은 "보스는 오직 고객뿐이다. 고객은 회장에서부터 하부 구성원까지 모두 해고할 수 있는 능력이 있다. 고객이 다른 곳에 돈을 쓰면 결국 우리는 모두 일자리를 잃을 수밖에 없다"라고 강조했다. 일반 기업의 경우 구성원은 조직의 상층부만을 쳐다보며 생활하게 된다. 그러나 월마트 같은 초일류기업의 구성원은 조직 내 상사보다 고객을 바라보며 생활하고 고객의 편익을 제1의 가치 판단 기준으로 삼고 있다.

시장의 힘은 이미 생산자에서 소비자에게로 넘어갔다. 이에 따라 기업 전략과 관련된 중요한 결정은 기업이 하는 것이 아니라 소비자가 한다. 이제 시장에서의 승부는 최고경영자를 포함한 기업의 모든 구성원이 생산자적 관점을 지니고 있느냐 아니면 고객 중심의 사고를 지녔느냐에 달려 있다. '왜 우리 제품이 팔리지 않을까' 라는 생각은 생산자적 마인드이다. 반면 '왜 고객이 우리 제품을 구매하지 않을까' 라는 생각은 고객 중심의 사고방식이다.

지금은 모든 조직 구성원이 일사분란하게 고객 중심적 사고방식으로 전환하지 않으면 어떤 조직도 살아남기 힘들다. 고객이 급여를 주고 또한 고객이 직원을 채용하기도 하고 해고하기도 하기 때문이다.

부채비율이 1,114퍼센트가 넘어 퇴출 0순위로 거론되던 한국전기초자를 3년 만에 영업이익률 세계 1위의 기업으로, 또한 포항제철 같은 신용등급을 가진 회사로 변모시킨 서두칠 전 사장은 "고용을 보장하라"는 노조의 요구에 다음과 같이 대답했다고 한다.

"고용보장은 사장이 아니라 고객이 하는 것이다. 열심히 일해서 좋은 물건을 만들면, 고객이 직원 고용도 보장하고 월급도 줄 것이다. 내가 추진해온 경영혁신의 목표는 거창한 것이 아니라, 모든 사원이 '고용을 보장해줄 사람도, 월급을 줄 사람도 결국 고객' 이라고 확고하게 인식하도록 하는 것이다."

그는 모든 사원이 이런 의식으로 무장된 회사를 만들면 그 회사는 소가 아니라 코끼리가 밟아도 깨지지 않을 것이라고 주장한다.

이처럼 전직원이 고용을 보장해주는 사람도 고객이요 급여를 주는 사람 또한 고객이라고 인식한다면, 직원 모두 진심으로 고객을 만족시키기 위해 좋은 제품과 서비스를 제공함으로써 전사적 차원의 고객만족을 달성하는 것이 가능할 것이다.

법칙4 | 역피라미드 조직을 만들어라

고객에 대한 전설적인 서비스로 유명한 노드스트롬 백화점의 핸드북에는 단 하나의 규칙만 기록되어 있다.

"제1규칙: 모든 상황에서 스스로의 판단을 활용하십시오. 더 이상의 다른 규칙은 없습니다. 의문점이 있으면 매장관리자, 지점관리자, 각 부문 총관리자에게 언제든 질문하십시오."

이것은 전사원이 고객만족의 중요성을 인식하고 실천하도록 하되 그 판단을 직원 스스로 하게 만든 것이다. 그렇다면 노드스트롬 백화점은 고객만족 경영이념을 어떻게 실현시키고 있을까? 노드스트롬의 조직구조에는 이들의 경영이념이 고스란히 반영되어 있다. 이미 1977년에 노드스트롬은 고객을 맨 위에, 그리고 사장을 맨 아래에 둔 역피라미드 조직을 만들어 고객 중심 문화를 창달하기 위한 상징으로 삼았다.

노드스트롬 조직구조의 가장 윗부분은 고객이 차지하고 있고 그 아래로 판매직원, 매장 지배인, 상점관리자·구매담당자·지역관리자·총관리자, 그리고 가장 아래에 사장·회장·이사회 등이 자리하고 있다. 이러한 조직구조 아래 노드스트롬에서는 매장관리자에서부터 사장까지 현장 판매사원을 지원한다.

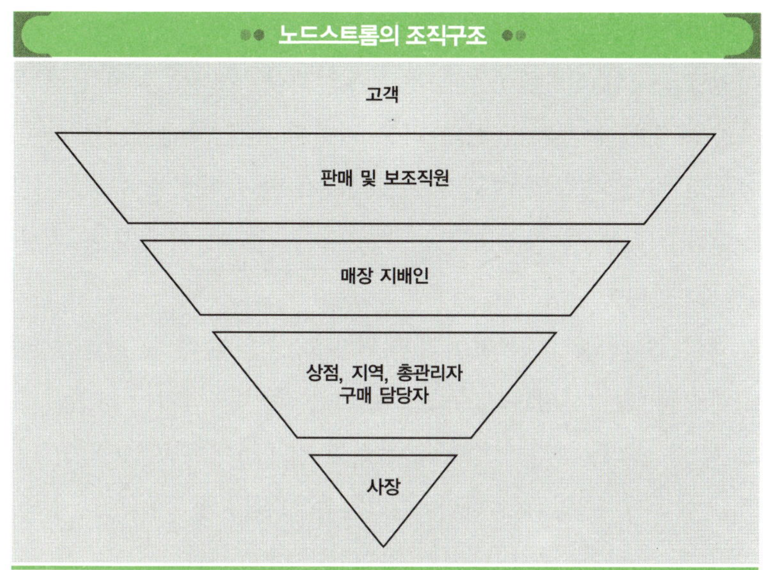

* 출처: 버트 스펙터 저, 이수영 역, 《노드스트롬의 서비스 신화》, 세종서적, 1997년

　서비스 기업에서 사실상 고객만족을 실천하는 사람은 다름 아닌 현장 직원이다. 따라서 그들이 권한과 책임을 가지고 고객을 대할 수 있어야 고객만족 서비스가 제대로 실현될 수 있다. 그들이 고객감동을 위한 서비스를 제공하는 데 부족함이 없도록 하려면 관리자, 임원, 사장이 적극 도와야 한다.

　이러한 조직구조 아래서는 직원이 고객의 요구를 들었을 때 상사가 좋아할지 싫어할지 고민하느라 시간을 지연시킬 이유가 없다. 고객이 누구보다 위에 있기 때문이다. 사장의 이익보다 고객의 이익을 먼저 생각하는 것이야말로 고객만족을 중시하는 기업이념과 문화의 표상이라 할 수 있다. 톰 피터스는 "나는 클라이언트 Client의 C는 항상 대문자로 표시한다. 우리를 먹여 살리는 사람에 대한 존경의 표시다"라고 말한다. 맥킨지에서는 클라이언트의 첫 글자 C를 대문자로 표기하지 않는 사람을 중죄로 다스린다고 하는데, 톰 피터스는 그곳에서 일하며 이 교훈을 깨달았다고 한다.

사실 'Service'라는 단어의 어원은 하인 Servant이다. 오늘날 비즈니스를 하는 사람은 모두 고객이라는 주인을 섬기는 하인이라고 할 수 있다. 따라서 항상 겸손하고 신중하며 주인(고객)의 니즈를 예측할 수 있어야 한다. 기업가와 그 직원은 하인으로서 주인(고객)의 신임을 얻어내야만 하는 것이다.

조직의 모든 구성원이 하인의 자세로 고객행복경영을 저버리지 않는 한, 고객도 그 기업을 저버리지 않는다. 이것이 행복경영의 또 다른 핵심이다.

법칙5 ｜ 친절한 직원이 친절한 서비스를 만든다

한번 관계를 맺은 고객이 다시 찾아오지 않고 떠나가는 이유는 무엇일까? 어느 마케팅 조사 결과에 따르면 고객감소 원인은 사망(1퍼센트), 이사(3퍼센트), 단골이 없는 경우(4퍼센트), 주위의 권유(5퍼센트), 가격(9퍼센트), 만성적 불평고객(10퍼센트) 등이 차지하는 비중이 32퍼센트이고, 나머지 68퍼센트는 고객에 대한 기업의 무관심 때문이라고 한다.

재구매가 마케팅과 사업의 핵심임을 감안할 때 직원의 불친절이나 무관심 때문에 돌아오지 않는 비율이 68퍼센트에 이른다는 것은 큰 시사점을 던져준다. 바꿔서 생각하면 친절한 서비스만 구현해도 사업과 마케팅의 성공 가능성은 그만큼 커진다는 것을 알 수 있다. 결국 서비스를 담당하는 현장 직원의 세심한 친절 서비스가 고객매우만족과 고객행복 나아가 사업의 성공에 필수적인 요소라고 할 수 있다.

실제로 전문가들은 고객만족은 첫째 고품질의 제품, 둘째 직원의 친절한 서비스, 셋째 그 기업의 사회적 명성에 의해 결정된다고 주장한다.

고객만족공식에는 '10-1=0'이라는 것이 있다. 이것은 10명의 종업원이 잘해도 1명의 종업원이 잘 못하면 고객만족은 없다는 것이다. 그래서 불만이 있는 종업원을 테러리스트라고 부르기도 한다. 그들은 서비스의 질을 송두리째 파괴할 수 있기 때문이다. 더욱이 불친절한 서비스를 받은 고객은 평균 9~10명에게 그것을 얘기한다고 하니, 친절한 서비스는 더 이상 강조할 필요가 없을 정도로 중요하다고 할 수 있다.

일반적으로 특정 회사에서 제품을 생산해 마케팅을 하고 그로 인한 고객만족과 장기적인 신뢰를 얻어내는 것은 오랜 세월이 필요한 어려운 과정이다. 하지만 다른 한편으로 고객을 감동시키느냐 아니면 불만고객으로 남게 하느냐 하는 것은 매우 짧은 순간에 결정되기도 한다.

스칸디나비아 항공 회장을 역임한 얀 칼슨Jan Carlzon은 "서비스의 성공을 가늠하는 것은 15초의 진실의 순간MOT: Moment of Truth"이라고 말했다. 진실의 순간 혹은 결정적 순간은 원래 '투우사와 소가 일대일로 대결하는 최후의 순간'을 말하는 것으로, 스웨덴 학자 리처드 노만이 최초로 제창한 개념이다. 이것을 얀 칼슨 회장은 직원이 고객과 접촉하는 짧은 순간에 비유한 것이다.

"우리 회사에서는 천만 명의 고객 대부분이 대략 5명의 우리 직원과 직접 교류를 한다. 그들이 고객과 접촉하는 시간은 불과 15초이다. 그 오천만 번의 MOT가 SAS사의 성공 여부를 가름하는 순간이다."

그 15초의 순간에 직원이 어떻게 하느냐에 따라 고객만족과 불만이 결정된다. 고객이 어떤 매장에 들어갔을 때, 직원들끼리 수다를 떠느라 찾아온 고객에게 무관심한 경우 고객은 불만을 안고 발길을 돌린다. 그 시간이 얼마나 걸릴까? 불과 15초도 되지 않는다. 그 짧은 순간의 사소한 행동이 고객만족과 불만을 갈라놓는 것이다.

탁월한 친절과 서비스는 말로 달성할 수 있는 것이 아니다. 더욱이 직원도 사람이기 때문에 언제 어느 때나 웃는 얼굴로 고객을 대하는 것은 어려운 일이다. 따라서 친절한 고객서비스 수준을 꾸준히 유지하기 위한 지속적인 노력이 필요하다.

직원들의 친절 서비스 수준을 높게 유지하려면 어떻게 해야 할까?

첫째, 직원을 채용할 때부터 친절한 미소를 중요한 평가척도로 적용해 구성원의 친절도를 높게 유지해야 한다.

둘째, 지속적으로 친절 서비스 교육을 시켜야 한다. 서비스는 교육을 통해 실천 가능하며 타고난 것이 그대로 유지되는 것은 아니다. 그런 의미에서 의식과 행동의 변화를 이끌어낼 수 있는 주기적인 친절 서비스 교육은 필수적이다.

스튜 레오나드 슈퍼마켓의 사례를 살펴보자. 스튜 레오나드 슈퍼마켓은 일반 슈퍼마켓과 달리 우유, 오렌지주스, 커피 등의 제품만 취급한다. 진열상품의 종류는 600여 종으로 일반 슈퍼마켓의 15퍼센트 수준밖에 되지 않지만 연간 350만 명의 고객이 최고 30킬로미터나 떨어진 곳에서도 이곳을 찾아온다. 스튜 레오나드를 유명하게 한 것은 바로 기업이념에 있다.

물론 상황이나 사람에 따라 말도 안 되는 주장을 펼치는 고객이 있을 수도 있다. 그러나 기본적으로는 무조건 고객이 옳다는 마음가짐으로 그들을 대해야 한다. 이런 일이 반복되고 급기야 직원에게 해악을 끼칠 정도가 된다면, 그 고객을 불량고객으로 퇴출시키면 된다. 그러나 일단 고객을 대할 때는 '규칙 1'을 모두 기억해서 그대로 실천할 수 있도록 철저히 교육시켜야 한다.

규칙 1. 고객은 항상 옳다
규칙 2. 만일 뭔가 잘못되었다면 규칙 1을 다시 읽어보라.

셋째, 리더의 솔선수범이 필요하다.

다음의 사례는 친절한 직원 만들기에 있어 리더의 솔선수범이 왜 중요한가를 깨우쳐주고 있다.

일본 시가현 오쓰시에 수장생壽長生의 고향故鄕이라는 과자회사가 있는데, 뛰어난 품질 때문에 관서의 명품으로 알려져 관서지역 백화점에서는 이 과자를 앞 다퉈 들여놓고 있다. 흥미로운 점은 이 지역 사람들이 한 달에 한번 정도 아이들을 데리고 그 공장을 찾아간다는 것이다. 그것은 아이들에게 예절을 가르치기 위해서이다. 그 회사 종업원의 몸에 밴 투철한 근무태도와 예절이 한마디로 고객을 감동시킬 정도이기 때문이다. 다른 기업체 역시 직원교육을 위한 견학 코스로 그곳을 활용하는데, 견학자들은 한결같이 교육비를 얼마나 투자하느냐고 묻는다. 그런데 시바타 회장의 대답이 그들을 더욱 놀라게 한다.

"우리는 별도로 교육을 하고 있지 않습니다. 그저 모든 직원이 나를 따라하고 있을 뿐입니다. 그것이 바로 교육이죠."

넷째, 직원만족이 고객만족으로 이어지는 행복경영의 선순환 고리를 만들어야 한다. 행복한 직원이 행복한 고객을 만드는 법이다. 무엇보다 서비스는 마음에서 우러나야 가능하기에 최고경영층이나 관리자는 내부 고객, 즉 직원을 기업 성공의 결정적 존재로 인정하고 이들의 행복을 우선적으로 충족시켜 주어야 한다. 그렇게 대접받는 직원이 회사의 존립 근거인 고객만족 서비스의 선순환 구조를 만들어내기 때문이다.

미국의 보험회사 USSA의 두 가지 황금률은 USSA가 어떻게 자동차보험 업계에서 계속 선두를 유지하는지 그 비결을 잘 보여주고 있다.

1. 당신이 대접받고 싶은 대로 모든 사람을 대접하라.
2. USSA는 직원들이 고객에게 대접해주기를 기대하는 대로 직원들을 대접한다.

고객감동 비결은 어찌 보면 간단하다. 회사와 경영진이 직원을 사랑하면 직원은 감동받게 되고 감동한 직원은 감동한 고객을 창출해낸다. 감동한 직원은 상사와 경영진을 신뢰하고, 자기 일과 조직에서 자부심은 물론 보람과 재미를 느낀다. 그들은 일을 즐기면서 헌신적으로 하게 된다. 감동한 직원이 고객을 감동시키는 것이다.

다섯째, 고객만족서비스 수준을 획기적으로 높이기 위해서는 현장 직원에게 많은 책임과 권한을 넘겨주어야 한다. 현장 직원이 고객과 만나는 15초 안에 웃는 얼굴로 친절한 서비스를 하도록 하는 것은 규정과 훈련만으로 되지 않는다. 15초라는 짧은 순간에 자기 책임 아래 모든 것을 결정해 고객을 감동시키기 위해서는 현장 직원들이 책임과 권한을 충분히 갖고 있어야 한다.

고객의 불만은
하늘이 내린 선물

고객으로부터 불평이나 불만을 듣고 싶어 하는 기업은 없을 것이다. 하지만 고객 불평과 불만에 대한 진실을 알게 되면, 그것이야말로 고객매우만족 나아가 마케팅과 기업 성공에 결정적 요소임을 알 수 있다.

고객행복, 나아가 성공을 꿈꾸는 모든 기업은 고객의 불평을 선물로 생각할 수 있어야 한다. 선물을 받을 때처럼 받자마자 고마워해야 한다. 물론 불평불만을 선물로 기쁘게 받아들이는 것은 쉬운 일이 아니다. 그러나 고객 불만의 진실을 알게 되면 생각이 바뀌게 된다.

고객에 대한 조사 결과에 따르면 불만이 있는 고객의 4퍼센트만이 실제로 불만을 제기하고 나머지 96퍼센트는 그냥 화가 난 채 돌아선다고 한다. 즉, 어떤 불만을 제기한 고객이 있다면 그와 비슷한 불만이 있는 고객이 평균 24명은 더 있다는 말이 된다. 더욱이 불만을 느낀 고객은 많게는 11명의 다른 고객에게 자신의 불쾌했던 경험을 이야기한다고 한다.

문제는 불만을 제기했던 고객 중 56~70퍼센트는 불만이 해소되면 다시 찾아오는데 반해, 불만이 있는데도 아무런 불평 없이 돌아선 고객의 재구매율은 9퍼센트에 불과하다는 점이다. 흥미롭게도 불평을 제기했으나 처리되지 않은 경우에도 재구매율은 18퍼센트로 상승한다. 상식적으로는 쉽게 이해하기 어렵지만 불만을 제기할 정도의 고객이면 그만큼 애정이 있는 고객이라는 방증이기도 하다.

다른 한편으로 고객이 제기한 불평과 불만은 제품 및 서비스의 질을 향상시키는 데 절대적으로 중요한 아이디어를 제공하기도 한다. 그러므로 불만을 제기한 고객에게 '왜 저 사람만 이렇게 까다롭게 구는 거야'라고 기분 나빠할 것이 아니라, 제품과 서비스에 어떤 문제가 있는지 돌아볼 기회로 삼는 것이 좋다.

세계 1위의 유모차 생산업체인 영국 맥클라렌이 40년간 고집하던 2단 햇빛 가리개를 버리고 3단으로 바꾼 것은 '극성스런 한국 엄마들의 입김' 때문이었다고 한다. 2002년 처음으로 수입된 맥클라렌은 300만 원을 호가하는 명품 유모차로, 2004년에는 인터넷 포털사이트에 동호회까지 만들어졌다. 이 모임에서 맥클라렌을 쓰는 엄마들의 여러 가지 불만사항이 나왔는데, 그중에 기존 2단 햇빛 가리개가 너무 작다는 지적이 많았다. 유럽 사람은 일광욕을 좋아해서 2단 차양막에 불만이 없었지만, 한국 엄마는 아기를 자외선으로부터 완벽하게 보호하길 원했던 것이다. 결국 한국 판매법인이 이런 건의사항을 영국 본사에 전달했고 이것이 신제품에 반영된 것인데, 샘 맥퀵 아시아태평양 지사장에 따르면 이 제품은 유럽이나 미국에서도 인기가 좋다고 한다.

이처럼 고객의 불만은 제품과 서비스를 개선하고 품질을 향상시키는 데 중요한 아이디어를 제공한다. 특히 최근에는 소비자들의 인터넷 커뮤니티가 활성화되어 고객의 목소리를 들을 수 있는 통로가 많아졌다. 소비자는 자발적으로든 혹은 회사의 주도에 의해서든 커뮤니티를 만들어 자신이 사용하는 제품에 대해 서로 정보를 주고받고 불편사항을 이야기하는 것이다. 기업 또한 이러한 목소리를 활용함으로써 제품과 서비스 개선에 대한 아이디어를 얻으려는 노력을 증대하고 있는 추세이다.

불만고객을 충성고객으로

고객 불만은 분명 가치 있는 선물이다. 그럼에도 여전히 고객의 불평불만을 언짢아하고 불만 제기 자체를 막으려는 근시안적인 기업이 많다. 그러나 고객과의 관계가 나쁘거나 실패하고 있다는 가장 확실한 신호는 고객으로부터 아무런 불만 표시가 없는 것이다.

놀랍게도 단순히 고객의 불평을 들어주는 것만으로도 고객 이탈을 크게 줄일 수 있다고 한다. 그러므로 고객의 불평불만을 선물로 여긴다는 것을 널리 알림으로써 고객이 주저하지 않고 불평불만을 제기할 수 있도록 해야 한다.

물론 고객 불만에 대한 경청만으로는 부족하다. 신속하고 구체적으로 불만을 해결해주어야만 고객 유지와 확대가 가능하다. 새로운 고객을 찾기보다 기존고객을 유지하는 것이 훨씬 저렴하고 쉽고 가치가 높다는 것은 꼭 기억해야 할 사항이다.

텔레비전 드라마에서 열렬히 사랑에 빠지는 남녀 주인공을 보면 한 가지 공통점을 발견할 수 있다. 그것은 처음 만났을 때는 서로 상대를 싫어하다가 시간이 흐르면서 감정이 역전되어 다른 누구보다 좋아하게 된다는 것이다. 사람의 심리란 매우 복잡해서 아무 일 없이 좋게 흘러간 사이보다 서로의 감정이 충돌했다가 화해한 경우 급속도로 가까워진다.

이러한 심리는 고객과의 관계에도 적용된다. 맹렬히 화를 냈던 불만고객이 만족고객으로 바뀌면 그는 가장 충성스러운 고객이 된다. 따라서 고객이 불평과 불만을 제기하면 '충성고객이 되고 싶다는 간접적 의사표현'으로써 긍정적·적극적으로 받아들일 필요가 있다.

특히 자신이 생각하는 것 이상으로 신속하게 불만이 해결되었다고 생각하는 경우, 불만고객의 재구매율은 95퍼센트까지 상승한다고 한다. 재구매율이 마케팅과 사업의 핵심임을 감안할 때 고객 불만에 대한 신속한 대응이 얼마나 중요한지, 나아가 고객의 불평불만을 선물처럼 적극 환영하는 자세가 얼마나 중요한지 쉽게 이해할 수 있을 것이다.

　그런데 이러한 사실을 깨닫고 있는 기업은 그리 많지 않은 것 같다. 우리가 소비자의 입장에서 어떤 제품이나 서비스에 대해 항의했을 때, 친절한 대응보다는 "그건 안 된다", "우리의 규정에 어긋난다"라는 식의 피드백을 받는 경우가 더 많다. 이들은 '이런 고객 한 명쯤 없어도 회사 매출에 별 영향을 미치지 않는다'라고 생각할지도 모른다. 특히 규모가 크고 매출이 높은 회사일수록 이런 생각을 하기 쉽다. 그러나 불만을 느낀 고객은 11명의 다른 사람에게 그 불쾌한 경험을 이야기한다는 사실을 기억할 필요가 있다. 그리고 그 11명은 각각 5명의 다른 사람에게 그 이야기를 전해 결국 67명이 그 기업에 대한 나쁜 이야기를 하게 된다.

　사실 고객을 쫓아버리기는 쉽다. 쫓아버릴 방법도 많다. 어떤 기업은 그런 방법을 모조리 쓰고 있다. 그중 가장 일반적인 것은 고객의 항의를 무시하거나 소홀히 하는 것이다. 사람들이 쉽게 저지르는 이런 행동이 고객을 쫓아버리는 것처럼, 고객의 불만을 달래는 방법 또한 그렇게 어려운 것이 아니다.

　《인생의 작은 지침서 The Complete life's Little Instruction Book》의 저자 잭슨 브라운 2세 Jackson Brown Jr.는 다음에 실망한 고객을 만나면 이렇게 말하라고 조언한다.

　"당신이 실망한 것은 당신 탓이 아닙니다. 저 역시 당신 입장이었다면 똑같이 느꼈을 겁니다. 제가 어떻게 해드리면 될까요?"

이 말은 마술처럼 고객의 상처를 치유해줄 것이다. 사랑, 겸손, 배려의 원칙은 개인적 인간관계에서든 고객과의 관계에서든 언제나 효력을 나타낸다. 어렵지 않은 말로 고객의 불만에 적절히 대응하고 불만사항을 제대로 처리하기만 하면 고객과 기업간에 단단한 유대관계가 싹틀 수 있음을 기억하라.

수익 걱정하지 말고 오로지 고객서비스에 최선을 다하라

이익은 고객에게 어떤 제품과 서비스를 제공한 후 그에 대한 반대급부로 얻어지는 것이다. 따라서 이익을 얻으려면 고객이 있어야 하고 그들이 제품과 서비스에 만족해야 한다.

이익과 고객이 상충되는 상황에서 기업은 흔히 이익을 우선시하는 경향이 있지만, 이익보다 고객을 위에 두고 고객에게 보다 집중해야 한다. 그렇게 하면 당장은 손해를 보는 것 같지만, 이것이야말로 진정한 고객매우만족을 얻어낼 수 있는 길로 장기적으로는 보다 많은 이익을 가져오게 된다.

사우스웨스트 항공의 허브 켈러허 회장은 직원들에게 "수익에 대해서는 걱정하지 마라. 고객서비스에 대해서만 생각하라"라고 말한다. 수익은 본질적으로 목표가 될 수 없다. 수익은 고객서비스의 부산물이다. 물론 사업을 시작한 초기에는 이런 사고방식으로 일하기가 어렵다. 전직원이 매출과 이익을 올리기 위해 최선을 다해도 살아남기 힘든 지경에서는 매우 비현실적인 지적이라 강변할 수도 있다. 그러나 위기상황에서도 눈앞의 이익을 위해서가 아닌 진정으로 고객을 위한 서비스에 매진하는 기업이야 말로 위기를 탈피해 성공가도로 진입할 수 있다. 고객서비스에 최선을 다하면 고객은 그 기업을 다시 찾게 되고, 그러면 수익도 늘어나게 된다. 이런 선순환의 고리를 만드는 것이 마케팅과 사업의 핵심이다.

홍하상 선생이 지은 《오사카 상인들》에는 포도 한 알의 정신이라는 매우 감동 깊은 사례가 나와 있다. 보다 많은 사람에게 그 감동을 전하고 싶어 내용을 옮겨본다.

1989년 3월, 도쿄 변두리의 단칸방에서 한 소녀가 혈액암으로 죽어가고 있었다. 소녀의 마지막 소원은 포도를 먹는 것이었다. 어머니는 딸의 소원을 들어주기 위해 과일가게란 가게는 모조리 찾아다녔다. 그러나 때는 초봄인지라 포도를 구할 수가 없었다. 그러다가 마침내 긴자의 다카시마야 백화점 식품부에서 포도를 발견하게 되었다. 탐스럽게 잘 익은 포도 두 송이가 고급스런 오동나무 상자에 담겨 있었다. 어머니는 그것을 사려고 했지만 값이 너무 비쌌다. 한 상자에 무려 2만 엔이나 했는데 어머니에게는 겨우 2,000엔밖에 없었다. 어머니는 포도송이를 앞에 두고 긴 한숨을 내쉬었다. 그때 매장의 여직원이 다가와 도와줄 게 없느냐고 물었다. 어머니는 사정을 이야기하고 2,000엔에 포도 몇 알만 잘라서 팔아달라고 부탁했다. 매장 직원은 딱한 사정을 듣고 잠시 망설였다. 백화점의 판매 규정에 포도를 몇 알 떼어서 파는 경우는 없었던 것이다. 결국 매장 직원은 스무 알 정도의 포도

알을 떼어내 예쁘게 포장한 후 건네주었다. 소녀는 어머니가 어렵사리 구해 온 포도를 먹고 나서 한 달 후 세상을 떠났다.

이 사연은 소녀의 치료를 담당하고 있던 의사가 일간지에 기고해 세상에 알려지게 되었다.

"그 이야기를 듣고 내 일처럼 기뻤다. 우리에게 신만큼이나 큰 힘을 준 다카시마야 식품부 매장의 여직원에게 진심으로 감사드리고 싶다."

이 이야기는 도쿄는 물론 전국에 알려졌고 다카시마야 백화점은 진정으로 고객을 위하는 마음이 있는 백화점, 고객을 빈부격차에 따라 차별하지 않는 백화점이라는 평가를 얻게 되었다. 다카시마야 백화점은 그 이미지를 바탕으로 업계 1위를 완전히 굳혔고 매출도 나날이 증가하게 되었다.

진정한 섬김의 자세로 고객을 대하고 그들에게 최대한 이익을 주겠다는 생각으로 회사를 경영하면 회사는 무한히 번성하게 되어 있다. 즉, 남을 이롭게 하면 그 이로움은 결국 나에게 돌아온다. 불교에서 배우는 자리이타의 정신도 같은 맥락이라고 할 수 있다.

손기원 지혜경영연구소 대표로부터 전해들은 최약국 이야기는 자리이타의 정신을 실천하는 좋은 사례이다. 손 대표가 사는 아파트 단지에는 약국이 10곳이나 있는데, 손 대표의 장모는 평소에 약이 필요하면 반드시 최약국을 찾아가라고 신신당부했다고 한다.

얼마 후, 손 대표가 몸에 난 두드러기 때문에 최약국을 찾아가자 증상을 살핀 약사는 약을 주는 대신 집에 돌아가 푹 쉬라고 말했다. 그 말을 따르자 다음 날 두드러기는 씻은 듯이 나았다. 주변의 평판이나 손님을 대하는 태도가 여느 약국과 다르다는 것을 깨달은 손 대표는 최약국을 찾아가 자초지종을 물었다. 그러자 그 약사는 지난 40년 동안 환자들을 부모형제처럼 생각했다고 고백했다. 일단 환자가 찾아오면 먼저 약을 먹지 않아도 나을 것 같으면 약을 팔지 않았고, 둘째 대중적인 약은 혹시 집에 약이 있는지 확인하도록 했으며 셋째 병원 처방이 있어야 구입할 수 있는 약은 유사한 약이 있더라도 팔지 않았고, 넷째 약으로 치료가 되지 않을 것 같으면 약을 파는 대신 병원을 찾아가라고 설득했다고 한다.

이렇게 손님을 수익의 대상으로 삼는 것이 아니라 부모형제처럼 생각하다 보니 약을 팔려고 노력하지 않아도 40년간 꾸준히 손님의 사랑을 받게 되었다는 것이다.

비용절감은 새로운 비용을 만들어낸다

혹시 평소에 괜찮다고 생각했던 식당에 오랜만에 찾아갔다가 반찬이나 음식 맛이 전보다 못해 실망했던 적이 있는가? 이 경우, 그 식당의 손님은 점점 줄어들게 된다. 손님이 계속해서 줄어들면 그 식당은 비용을 줄이기 위해 노력하게 되고, 그 결과 맛은 전보다 더 떨어지게 된다. 그러면 당연히 손님은 더욱 줄어들고 결국 그 식당은 문을 닫고 만다.

기업도 마찬가지다. 불경기가 닥치면 기업은 저마다 비용절감을 위해 노력하고 이것이 품질 저하로 이어지면, 이는 다시 매출 부진으로 이어지는 악순환을 반복하게 된다. 제프리 폭스Jeffrey Fox는 이러한 현상을 두고 "피자에서 치즈를 빼내면 안 된다"라고 충고한다. 즉, 불경기에 대처하기 위해 제조원가를 줄이려는 노력은 필요하지만, 비용절감으로 품질을 떨어뜨려서는 안 된다는 것이다. 나아가 고객서비스도 줄여서는 안 된다.

택시기사가 연료비를 줄이기 위해 차에 기름을 적게 넣을 수는 없는 법이다. 그러면 어떻게 해야 하는가? 연료비를 줄이는 대신 사람을 더 많이 태우기 위해 더욱 열심히 돌아다녀야 한다. 마찬가지로 기업은 어려울 때일수록 경쟁사보다 많이 판매하고 많이 홍보하고 많이 광고해야 한다.

눈앞의 이익에 현혹되어 비용을 줄이면 결국 더 큰 희생을 낳는다. 비용절감은 고객만족과 그동안 쌓아두었던 신뢰 자산을 무너뜨리고 마는 것이다.

불량고객을 해고하라

지금까지 행복한 고객을 만드는 것이 왜 중요한지에 대해 살펴보았다. 그러나 모든 고객을 매우 만족시키는 것이 고객행복경영은 아니다. 고객행복경영은 그럴 만한 고객을 찾아 그들이 매우 만족할 수 있도록 모든 서비스를 제공하는 것이다. 그러나 여기에도 예외는 있다. 불량고객은 과감히 해고해야 한다.

불량고객을 해고해야 하는 이유는 우선 수익성의 문제 때문이다. 수익성에서 상위 20퍼센트를 차지하는 고객이 전체 이익의 80퍼센트를 차지한다는 80대20 법칙은 꽤 유명하다. 필립 코틀러는 여기에 하위 30퍼센트의 고객이 잠재이익의 절반가량을 감소시킨다는 것을 추가하고 있다.

그러나 이것만으로 불량고객을 해고해야 한다고 주장하기에는 섣부른 감이 있다. 특정 시점의 수익성에만 의존해 고객의 가치를 판단하는 것은 고객의 평생가치를 보지 못할 수도 있고, 나아가 고객 충성도 자체를 훼손시킬 수 있는 것이다.

불량고객을 해고해야 하는 더 큰 이유는, 그들의 잘못된 행동이 다른 고객에게 부정적인 영향을 미치며 무례한 행동을 통해 직원에게 모욕감이나 수치감까지 느끼게 만들어 사기를 저하시키기 때문이다. 그래서 전설적인 서비스로 유명한 노드스트롬 백화점에서도 상습적이고 고의적인 불량고객은 정기적으로 퇴출시키고 있다. 허브 켈러허 역시 다음과 같은 말로 불량고객 해고를 염두에 두고 있음을 내비친 적이 있다.

"요즘 모든 기업이 종교적 믿음처럼 신봉하고 있는 '고객은 항상 옳다' 라는 말은 완전히 틀렸다. 그것은 직원을 배신하는 것이다. 고객 중에는 기내에서 폭음을 하고 이유 없이 직원을 괴롭히는 등 해를 끼치는 이들도 있다. 가치 있는 고객만 항상 옳고, 그런 고객만이 대접받을 가치가 있다."

그렇다면 상대가 가치 있는 고객인지 불량고객인지는 어떻게 판단해야 할까? 사전에 이를 판가름하기란 사실상 불가능하다. 그렇기 때문에 모든 고객을 가치있는 고객으로 대우하는 것을 기본으로 해야 한다. 그러나 타당한 이유 없이 직원을 괴롭히거나 계속해서 잘못된 행동을 일삼는다면, 그런 고객은 과감히 청산해야 한다. 서로 맞지 않는 관계까지 감싸 안으려 했다가는 더 큰 피해를 볼 수도 있기 때문이다.

고객매우만족을 위한 액션플랜

휴넷 직원들은 전사적 관점에서 고객매우만족 경영을 주도적으로 해나간다. 창업 초기부터 고객 지향적 마인드를 심기 위해 애쓴 결과, 지금은 모든 직원이 상사의 지시에 따라 움직이는 것이 아니라 자신의 사명이 고객의 학습과 성장, 성공을 지원하는 것임을 제대로 알고 이를 실천하기 위해 노력하고 있다.

창립 초기부터 나는 월례조회나 회의, 워크숍 등 직원들과 함께하는 자리에서 고객매우만족의 중요성을 계속 강조했다. 만약 회사의 이익과 고객의 이익이 충돌하면 1초의 지체도 없이 고객의 이익을 먼저 생각하라고 했으며, 만약 상사가 업무 편의를 위해 고객의 편의를 훼손하는 지시를 하면 상사의 의견을 따르는 대신 상사에게 강력히 대항하라고 가르쳤다.

또한 직원들이 급여일만이라도 자신의 급여가 고객에게서 나온다는 것을 명심하고 고객에 대한 감사와 더불어 본인의 고유한 사명이 고객의 평생가치 극대화, 즉 학습과 성장을 통한 고객의 성공 지원에 있음을 상기시키기 위해 급여봉투에 "이 급여는 고객이 지급하는 것입니다. 만약 고객이 우리를 선택하지 않는다면 우리는 소중한 삶의 일터를 빼앗기게 됩니다. 그러므로 우리는 모두 고객매우만족을 위해 최선을 다해야 합니다"라고 써넣었다. 고객에 대한 직원들의 생각이 달라진 것은 당연한 결과이다.

한편, 외부 전문가를 초빙해 고객만족과 친절 서비스에 대한 교육을 지속적으로 실시하고 있다. '전사원이 함께하는 고객만족경영'이라는 사이버 교육을 개발해 전직원이 필수적으로 수강하기도 한다. 고객만족팀에서는 '휴넷 고객행복 서비스 헌장 실천 서약서'를 만들어 회사 출입구와 명함 등에 크게 써 붙였다.

4

행복한 회사를 넘어
존경받는 회사로

좋은 기업과 위대한 기업 사이에는 어떤 차이가 있을까? 간단하다. 좋은 기업은 훌륭한 상품과 서비스를 제공하지만, 위대한 기업은 훌륭한 상품과 서비스는 기본이고 세상을 더 나은 곳으로 만들기 위해 노력한다.

좋은 기업과 위대한 기업 사이에는 어떤 차이

가 있을까? 간단하다. 좋은 기업은 훌륭한 상

품과 서비스를 제공하지만, 위대한 기업은 훌

륭한 상품과 서비스는 기본이고 세상을 더 나

은 곳으로 만들기 위해 노력한다.

사람에 의한,
사람을 위한, 사람의 일

행복경영의 핵심은 단기적 이익 극대화가 아니라 장기적 성장 발전을 추구하는 것이다. 장기적으로 성장 발전하기 위해서는 기업을 둘러싼 다양한 이해관계자로부터 사랑과 존경을 받아야 한다. 여기서 말하는 이해관계자에는 직원, 고객은 물론 정부, 채권자, 지역 시민, 일반 대중, 협력업체, 환경 등도 포함된다. 기업은 이들의 행복을 추구함으로써 그들로부터 존경과 신뢰에 바탕을 둔 응원을 받아 장기적 성장을 추구하는 선순환의 고리를 이어가야 한다.

비즈니스란 기본적으로 사람에 의한by the people, 사람을 위한for the people, 사람의of the people 일이다. 따라서 기업은 고객, 직원, 투자자, 사회 등을 위해 단순한 경제적 요구뿐 아니라 다양한 사회적 가치를 충족시킬 수 있도록 노력해야 한다. 이러한 노력이 기업의 명성으로 쌓이면 그 기업은 고객, 주주, 직원, 그리고 사회 시민으로부터 존경받게 될 것이다. 실제로 세계적인 기업 머크사나 바디샵Bodyshop처럼 극대 이윤을 추구하는 기업보다 사회적 가치를 먼저 생각하는 기업이 장기적 관점에서 더 많은 이윤을 창출하고 있다.

비누공장을 구상하고 있던 바디샵은 영국 본사라는 좀더 수월한 길을 택하지 않고 극심한 실업난에 시달리던 스코틀랜드에 공장을 설립했다. 그리고 그 수익의 25퍼센트를 지역사회에 돌려주었다. 그러자 직원들은 몇 펜스를 더 버는 것보다 자신이 하는 일을 자랑스럽게 여기며 더욱 열심히 일했다고 한다. 이처럼 기업은 사회적 행복을 추구함으로써 명성을 쌓을 수 있고 그 명성을 바탕으로 지속적으로 생존하고 발전해나갈 수 있다.

2006년 추석 무렵, 귀성길에 오르던 삼성전자 LCD 총괄 임직원들은 충남 아산 탕정사업장 앞에서 지역 주민들로부터 떡을 선물 받았다. 이날 행사는 삼성전자가 탕정면에서 사업장을 운영해 지역경제가 활성화하고 임직원들이 다양한 사회공헌 활동을 펼치는 것에 대한 감사의 의미로 주민들이 자발적으로 마련한 것이다. 김학복 아산 시위원은 행사에서 "우리 동네에 세계적인 회사가 있다는 사실이 반갑고 기쁘다"며 "임직원들이 이 떡을 먹고 더욱 힘을 내 일할 수 있었으면 좋겠다"라고 말했다. 이것은 어느 한쪽이 주거나 받기만 하는 짝사랑이 아니라 기업과 지역 주민이 서로 주고받으며 함께 어울린 참사랑의 결실이다.

　　그러면 사회의 가장 중요한 일원으로써 행복한 사회를 만드는 데 일조하는 기업의 역할을 지속가능경영, 기업의 사회적 책임, 그리고 윤리경영으로 나눠 간략히 살펴보기로 한다.

지속가능 경영의 진실

농사를 지을 때, 농작물에 살충제와 비료를 과다하게 투여하면 단기간에 수확량을 늘릴 수 있다. 그러나 그로 인해 토양의 생명력은 점점 사라지기 때문에 산출량은 오히려 갈수록 줄어들게 된다. 기업도 마찬가지다. 눈앞의 경제적 성과에만 매달리면 장기간에 걸친 지속가능한 성공은커녕 토양 자체를 황폐화시키는 결과를 얻고 만다.

지속가능경영이란?

지속가능경영은 기업이 경제적 성과에만 매달리면 장기적으로 생존할 수 없다는 시각에서 비롯된 것이다. 기업이 윤리경영, 투명경영, 정도경영, 상생경영, 환경경영을 포함한 사회적 책임을 다할 때, 즉 기업이 사회의 행복에 기여할 때 기업은 지속가능한 성장을 일궈낼 수 있다.

지속가능성 보고서의 국제적인 가이드라인을 제정하는 단체인 GRI Global Reporting Initiative는 〈GRI 2002 Guidelines〉에서 지속가능경영의 성과지표를 크게 경제, 환경, 사회의 세 범주로 나누어 이를 세분화했다.

즉 지속가능경영은 고용을 창출하고 제품과 서비스를 제공함으로써 이익을 창출하는 경제적 책임, 환경을 파괴하지 않는 방법으로 제품을 생산하는 환경적 책임, 사회공헌과 윤리경영으로 대변되는 사회적 책임의 세 가지 책임을 다해야 가능하다는 것이다.

최고의 기업 시민

아직도 많은 사람이 지속가능경영이 이상적이긴 하지만 그것은 현실적으로 어려운 일이라고 말한다. 하지만 지속가능경영은 말 그대로 기업이 지속가능하기 위해 가야 할 방향을 의미한다. 이것이 결코 기업에게 비용 부담만 안겨주는 것은 아니다.

지속가능경영 추구가 장기적으로 보다 나은 성과를 가져온다는 것은 미국의 〈Business Ethics〉지에서 선정한 '최고의 기업 시민 100'을 통해 확인할 수 있다.

	2001년	2002년	2003년
1	P&G	IBM	General Mills, HP, HPCummins Inc.
3	Fannie Mae	Fannie Mae	Intel, 4Motorola, St Paul Cos, P&G
5	IBM	P&G	IBM

* 출처: www.business-ethics.com

이 잡지는 1996년부터 매년 S&P 500 지수에 속한 기업을 중심으로 최고의 기업 시민 100을 선정하고 있는데, 이들 기업의 선정기준은 '기업이 얼마나 이해관계자를 잘 관리하고 있는가'이다. 여기서 이해관계자란 주주, 소비자, 근로자, 지역사회, 자연환경, 소수민족, 여성, 미국 외 지역의 이해관계자를 의미한다.

표에서 볼 수 있는 것처럼 계속해서 훌륭한 기업 시민 명단의 상위권을 차지하는 기업은 P&G, IBM, HP 등 대부분 초일류기업임을 알 수 있다. 보다 흥미로운 사실은 최고의 기업 시민 100으로 선정된 기업이 경제적 성과 측면에서도 다른 기업보다 월등한 성적을 보이고 있다는 점이다.

이들 기업은 〈비즈니스위크〉지가 발표하는 3년간 이익률, 매출성장률, ROE 등 여덟 가지 재무적 성과를 합산한 종합재무성과지표를 기준으로 했을 때, S&P 500 지수에 속한 나머지 기업보다 10퍼센트 이상 우수한 성적을 거두고 있는 것으로 평가받았다. 그뿐 아니라 기업가치 측면에서도 4배 이상의 추가적인 부가가치를 창출한 것으로 밝혀졌다(〈이해관계자 어떻게 관리할 것인가〉, LG경제연구소 2003. 10. 15. 참조).

착한 기업의 시대가 온다

경영을 잘하는 것과 사회적 선행을 하는 것은 별개로 생각하기 쉽지만, 소비자는 그 회사의 사회적 명성과 신뢰에 따라 상품 및 서비스를 선택하므로 이 둘은 결코 분리할 수 없다. 아니, 돈을 잘 벌기 위해서는 먼저 사회적 행복을 추구하는 기업이 되어야 한다. 이제는 착한 기업이 성공하는 시대이다.

좋은 기업과 위대한 기업 사이에는 어떤 차이가 있을까? 간단하다. 좋은 기업은 훌륭한 상품과 서비스를 제공하지만, 위대한 기업은 훌륭한 상품 및 서비스는 기본이고 세상을 더 나은 곳으로 만들기 위해 노력한다.

허시Hershey사의 사회 환원 사례는 기업이 사회를 어떻게 행복하게 할 수 있는지, 그리고 지역사회는 그러한 회사에 어떻게 보답할 수 있는지를 잘 보여주고 있다. 허시 초콜릿의 창업자 밀턴 허시는 달콤한 초콜릿만큼이나 달콤한 사회 환원을 이룬 인물이다. 1903년 그는 직원을 위한 도시를 만들고 직원과 주민을 위한 공원을 조성했는데, 이 지역은 지금 '허시타운'으로 불리고 있다. 이 도시에는 키세스Kisses 초콜릿 모양의 가로등이 세워져 있고 주요 도로는 초콜릿가, 코코아가라고 불린다.

또한 이곳에는 밀턴 허시가 1907년에 세운 밀턴허시스쿨MHS이 있다. 그는 고아들을 위한 기숙학교를 설립했고 이후 전재산을 이곳에 기부했다. 여기에서는 초중고교 과정까지 모두 무료이며 입학 여부는 연령, 경제적 어려움 정도, 사회적 도움이 필요한 정도, 배우고자 하는 욕구 및 능력, 거주지역 순으로 고려하여 결정한다. 2006년 〈포브스코리아〉지에 따르면 허시가 타계한 지 60여년이 흘렀지만, 그에 대한 지역사회의 사랑이 대단해 몇몇 경쟁사가 허시를 인수하려는 시도를 했다가 지역사회의 반대로 무산되었다고 한다.

이제까지 우리 사회에서 '착한 것'은 순진하다는 말과 동일시되었고 심지어 '바보스럽다'로 해석되기도 했다. 이는 지난 수세기 동안 인류 역사가 지나치게 물질 중심으로 흘러오면서 나타난 결과이다. 그런데 그에 대한 반성으로 최근에는 정신, 감성, 영혼, 인간 등의 키워드가 새롭게 각광을 받고 있다. 이제 성공하고 싶은 개인과 기업은 착한 사람, 착한 기업이 되어야 한다. 바야흐로 선한 사람, 선한 기업이 성공하는 시대가 도래한 것이다.

 행복
경영

기업의 사회적 책임이란?

최근 그 중요성이 더해가고 있는 기업의 사회적 책임Corporate Social Responsibility에 대한 정의는 사람마다 다소 차이가 있다. 필립 코틀러는 "기업의 사회적 책임CSR이란 임의의 경영활동과 내부 자원의 기부활동을 통해 지역사회의 복지를 향상시키는 의무를 말한다"라고 협의의 정의를 내렸고, 세계 지속가능발전 기업협의회WBCSD는 "환경을 파괴하지 않는 경제적 개발, 직원과 그들의 가족 및 해당 지역사회가 함께 일하며 사회 전체의 삶의 질이 개선되는 데 기여하는 기업의 의무"라고 좀더 넓은 의미로 확대 해석했다.

사실 기업의 사회적 책임에 대한 논의는 오래 전부터 있어 왔다. 그동안 기업의 사명은 오로지 경제적인 부가가치 창출을 하면 된다는 사고가 지배적이었지만, 기업의 규모가 커지고 그에 비례해 사회적 영향력이 증대됨에 따라 기업에 대한 요구도 점차 증가하고 있다. 특히 거대 기업의 스캔들이나 부정회계 사건 등이 터지면서 기업의 윤리와 더불어 사회적 책임에 대한 요구도 거세지고 있다.

기업의 사회적 책임은 세계적 흐름

기업의 사회참여는 오랜 세월 비즈니스상의 목표와는 관련이 없는 자선활동에 불과했고, 중요한 의미를 갖지도 않았다. 경영을 잘하는 것과 선행을 하는 것은 별개로 추구해야 할 대상으로 여겨졌다. 그러나 그것은 잘못된 이분법이다. 오늘날 성공적인 기업은 비즈니스 전략에 사회, 환경적인 배려를 가미할 때 과감한 혁신과 경쟁우위가 가능하다는 사실을 알고 있다.

기업은 주변 사회와 동떨어져 고립된 채로는 차세대 사업 아이디어, 시장, 직원을 확보하는 데서 유리한 고지를 점령할 수 없다. 《경쟁전략Competitive Strategy》으로 유명한 마이클 포터Michael Porter 교수에 따르면 기업의 경쟁능력은 주로 기업이 비즈니스를 펼치는 지역의 여건에 크게 좌우된다고 한다.

이러한 흐름을 반영해 2002년 포춘 250대 기업을 조사한 결과, 사회참여 사업의 결과를 평가 보고하는 기업의 수가 크게 증가한 것으로 나타났다. 구체적으로 45퍼센트가 환경, 사회, 지속가능발전 등과 관련된 사업보고서를 내놓았는데 이는 1999년의 35퍼센트와 비교해 10퍼센트나 높아진 수치이다.

한편, 국제표준화기구ISO는 2001년부터 환경, 노동, 인권, 지역사회 기부 등 재무제표상에서 파악할 수 없는 기업의 CSR 활동을 지수화해 국제적인 표준 ISO 26000을 만들고 있다. 이 작업은 2007년까지 마무리해 국제기구와 금융기관 및 기업이 참고할 수 있는 CSR 가이드라인을 발표할 예정이다. 이 표준이 완성되면 각종 입찰이나 주식상장 때 이것을 준수하게 하는 등 국제적인 강제 규정으로 활용될 전망이다. 이에 따라 사회적 책임을 준수하지 않는 기업은 국제거래나 투자 등에서 불이익을 받게 되고, NGO들이 기업을 감시하는 수단으로 활용할 것으로 예상

돼 앞으로 사회적 책임을 강조하는 지속가능경영은 비즈니스의 필수 요건이 될 것으로 보인다.

실제로 세계적인 기업의 CEO는 기업의 사회적 책임이 앞으로의 기업 활동과 생존에 얼마나 중요한지를 확실히 인식하고 경영현장에서 이를 실천하고 있다. 필 나이트_{Phil Knight} 나이키 회장은 "21세기에 나이키를 비롯한 모든 글로벌기업은 그 성과를 평가받을 때 매출 및 이윤의 증가와 똑같은 비중으로 인간의 삶의 질에 끼친 영향에 대해서도 평가를 받을 것이다"라며 사회적 책임을 다하기 위한 전사적인 노력을 기울이고 있다. 짐 캔탈루포_{Jim Cantalupo} 맥도날드 CEO 역시 "기업의 사회적 책임이란 한때의 유행에 그치는 현상이 아니다. 사회적 책임의 실천은 늘 맥도날드의 일부였고 앞으로도 맥도날드가 비즈니스를 수행하는 방식으로써 계속 이어질 것이다. 그것은 우리에게 항상 따르는 의무이다"라고 기업의 사회적 책임을 강조하고 있다.

국내에서도 정계, 경제계, 학계, 노동계 등 각계인사로 구성된 'CSR포럼'을 출범시키고 '한국형 CSR 가이드라인' 개발에 착수할 예정이다. 그러나 글로벌기업에 비해서는 아직 CSR의 중요성에 대한 인식 수준이 미흡한 실정이다.

기업의 사회적 책임과 성과

사실 과거에 기업의 사회참여는 남들 보기에 그럴싸한 수준의 겉치레 정도에 불과했다. 사회단체 등에 기부를 하며 생색을 내고 이를 마케팅 차원에서 활용하는 것에 그쳤던 것이다. 그러나 1990년대 이후 많은 기업이 새로운 사회참여 방식에 대해 고민하기 시작했다. 효과적으로 사회참여를 하는 동시에 기업에도 이익이 되는 방식을 염두에 두기 시작한 것이다.

기업이 사회적 책임을 수행하는 것은 기업에 실질적인 이익을 가져올까? 그것은 단순히 시민단체의 아우성을 잠재우기 위해 들여야 하는 소극적 비용에 불과한 것이 아닐까?

기업이 사회문제에 참여하는 것은 겉보기에 그저 비용만 드는 일로 보일 수도 있다. 그러나 보이지 않는 부분에서 기업에게 미치는 영향은 감히 무시할 수 있는 수준이 아니다.

2002년 콘 로퍼 Cone Roper의 〈기업 시민 정신에 관한 보고〉에 따르면 응답자의 84퍼센트가 "가격이 비슷할 경우 사회문제와 연관된 브랜드의 상품을 구매하겠다"고 응답했다고 한다. 또한 미네트 드럼라이트 Minette Drumwright는 〈마케팅 저널〉에 이러한 내용을 발표하기도 했다.

"소비자의 75퍼센트가 기업이 환경보호와 관련해 얻고 있는 평판이 구매결정에 영향을 미친다고 응답했으며, 10명 중 8명은 환경친화적인 상품에 더 많은 관심을 보이는 것으로 나타났다. 또 다른 조사에서는 응답자의 85퍼센트가 앞으로 기업이 환경에 더 많은 책임을 져야 한다고 대답했다."

이처럼 소비자가 점점 더 기업의 사회적 책임에 관심을 기울임에 따라 이것이 수익에 영향을 미칠 가능성도 커지고 있다. 설사 기업의 사회참여가 가시적 수익증가를 가져오지 않을지라도 이는 장기간에 걸쳐 기업의 명성에 영향을 미치게 된다. 기업 명성Corporate Reputation이란 그 기업의 이해관계자가 갖는 전반적인 평가로, 브랜드 인지도가 높다고 해서 반드시 올라가는 것이 아니라 사회와 사람의 삶의 질에 긍정적인 영향을 미침에 따라 서서히 쌓여간다.

Hill & Knowlton의 조사에 따르면 미국에서 70퍼센트 이상의 투자자는 금융소득이 줄더라도 투자처를 결정하는 과정에서 기업의 명성을 중시한다고 한다. 구직자들 역시 직장을 선택할 때 기업의 명성을 두 번째로 꼽는 것으로 나타났다. 콘 로퍼의 〈공익연계 경향〉 보고서에 따르면 직장을 선택할 때 구직자들은 장래성, 기업의 명성, 초봉 수준, 부가급부, 주주배당 실적, 운동 및 사교 시설 순서로 취업 여부를 평가한다고 한다. 결국 기업이 높은 성과의 기초가 되는 좋은 인재를 선발하려면 사회적 책임을 다해 좋은 명성을 쌓아야만 한다.

뇌 전문의 그레고리 번스Gregory Berns 박사는 '봉사'에 관한 연구를 통해 다음과 같이 밝히고 있다.

"다른 사람과의 협조, 냉소를 극복하고 도울만한 요소를 찾는 것, 이기심을 버리고 관대해지는 것 등의 행위는 우리의 뇌를 조용한 기쁨으로 밝혀준다. 내가 옳은 일을 한다는 생각이 사람들에게 위대한 느낌을 안겨주는 것이다."

이를 마더 테레사 효과라고 하는데, 하버드 대학에서 실험을 위해 의대생들을 봉사활동에 참여시킨 후 체내 면역기능을 측정하자 면역기능이 크게 증강되었다고 한다. 또한 마더 테레사의 전기를 읽게 한 다음 인체 변화를 조사해보니, 전기를 읽는 것만으로도 생명 능력이 크게 향상되었다고 한다. 결국 개인이든 기업이든 봉사는 남을 위한 일이지만 봉사를 통해 얻는 기쁨은 개인과 회사를 위한 것이 된다.

그러면 기업의 사회참여에 따른 효과가 실제로 어떻게 나타나는지 다음의 사례를 통해 살펴보도록 하자.

우선 팀버랜드의 봉사의 길 프로그램을 살펴보자. 팀버랜드에서는 직원의 지역사회 자원봉사 활동을 위해 정규직원과 비정규직원에게 각각 연간 40시간과 16시간을 할애하고 있다. 1992년에 시작된 '봉사의 길Path of Service' 이라는 이 사내 유급 봉사 프로그램은 2000년 무렵 직원 중 95퍼센트가 참여하는 기록을 낳았다. 이 프로그램은 〈포춘〉을 비롯한 다수의 평가기관으로부터 인정을 받았고, 지난 3년간 팀버랜드를 '가장 일하고 싶은 100대 기업'의 명단에 올라가도록 했다.

로널드 맥도날드 하우스 재단Ronald McDonald House Charities, RMHC 역시 기업의 사회적 책임은 결국 기업의 이익으로 귀결된다는 것을 보여주는 좋은 사례이다.

1992년 LA 남중부에서 폭동이 일어났을 때, 맥도날드는 해당 지역사회의 좋은 평판 덕분에 매장들을 지켜낼 수 있었다. 당시 맥도날드는 로널드 맥도날드 하우스 재단을 통해 지역사회 발전과 취업기회 개발에 노력을 기울인 덕분에 긍정적인 평판을 얻고 있었고, 그 결과 일대 지역에서 폭도들에 의해 엄청난 약탈과 파괴가 자행됐음에도 30군데의 맥도날드 매장은 아무런 해도 입지 않았다.

기업의 사회공헌 프로그램

최근에는 국내에서도 많은 기업이 메세나 운동을 비롯한 다양한 사회공헌 활동에 나서고 있다. 수익이 발생할 때마다 일정 금액을 적립해 사회에 기부하는 매칭펀드에서부터 월급의 1,000원 이하 금액을 절사해서 불우이웃을 돕는 일까지 다양한 방법으로 기업의 사회공헌이 이뤄지고 있는 것이다. 무엇보다 천편일률적인 방법을 떠나 자사의 특성에 맞는 다양한 프로그램을 개발해서 시행하는 경우가 늘고 있다.

미래에셋은 대한민국의 미래를 짊어질 핵심 금융인재를 육성하기 위해 아무 조건 없이 매년 수십 명의 인재를 선발해 해외유학을 보내주고 있다. 유한킴벌리는 우리 숲 푸르게 푸르게 캠페인을 통해 방방곡곡에 식목을 통해 숲을 만들어가고 있다.

이러한 사회공헌 프로그램은 명성이라는 사회적 신뢰 자산의 구축과 함께 직원의 삶의 질과 행복지수 상승에 직접적인 영향을 미치게 된다.

상생적 협력업체 관리

이젠 기업이 혼자 힘으로 모든 것을 해내려 하면 경쟁에서 승리할 수 없다. 회사 대 회사의 경쟁이 아닌 네트워크 대 네트워크 간 경쟁이 일반화해 협력업체와의 관계 정립이 어떻게 되어 있느냐에 따라 성패가 갈리는 세상이기 때문이다. 그럼에도 여전히 많은 기업이 동반자적, 동지적 관계에서 승승하는 상생의 협력관계를 끌어내기는커녕 과거의 패러다임에서 벗어나지 못하고 있다.

예를 들면 자신에게 넘어온 원가인하 압력을 고스란히 하청업체에 떠넘기는 사례가 아직도 비일비재하다. 그러나 함께 협력해서 나아가야 할 협력업체가 무너지면 결국 자신도 시장에서 패배하고 만다. 대표적으로 자동차 산업을 살펴보자. 자동차는 수만 개의 부품으로 구성되어 있고, 완성차 업체는 이들 부품의 최종조립을 통해 자동차를 완성한다. 따라서 완성차 업체가 경쟁력을 가지려면 당연히 협력업체인 부품업체가 기술과 원가경쟁력을 가져야 한다. 그러기 위해 완성차 업체와 부품업체간의 관계는 수직적 상하관계가 아니라, 수평적 협력관계여야 한다. 이는 자동차 산업뿐 아니라 모든 산업계에 공통적으로 적용되는 원리이다. 장기적 성공과 발전을 위해서는 협력업체와의 상생관계, 협력을 통한 동반 승리를 향해 나아가야 한다. 협력업체가 성공해야만 우리도 성공할 수 있다는 협력업체 우선의 원칙이 필요한 것이다.

신뢰 자산을 쌓는 사회공헌 프로그램

휴넷은 새터민 100명과 장기 미취업 대학생들에게 온라인 MBA를 무료로 수강할 수 있는 기회를 제공했다. 북한을 탈출해 한국에서 새롭게 정착을 시도하는 새터민에게 무엇보다 중요한 것은 고기를 주는 것이 아니라 낚시하는 방법을 가르쳐주는 것이다. 실제로 5~7개월 정도의 경영학 교육을 마친 새터민은 자본주의 생리를 이해하고 자신 있게 남한 사회에 적응할 수 있다는 긍정적 피드백을 보내오고 있다.

또한 휴넷은 불우 청소년과 대학생들의 꿈을 실현시켜주기 위해 무료로 비전스쿨에 입과할 기회를 제공하고 있다. 이를 통해 휴넷은 큰 지출 없이도 사회적 약자에게 그들이 가장 필요로 하는 서비스를 제공할 수 있게 되었다. 변동비가 낮은 온라인 교육의 특성상 몇 사람에게 추가 교육기회를 제공하는 것은 소액의 비용 증가만으로도 충분하기 때문이다.

한편, 휴넷의 직원들은 낡긴 했지만 버리기 아까운 물건을 경매로 내놓아 그 수익금을 불우이웃을 돕는 데 쓰기도 한다. 금액의 많고 적음을 떠나 직원 모두가 윤리경영과 사회공헌 활동을 하고 있다는 점에서 큰 자부심을 주는 프로그램이라고 할 수 있다.

이러한 사회공헌 프로그램은 명성이라는 사회적 신뢰 자산의 구축과 함께 직원들의 삶의 질과 행복지수 상승에도 직접적인 영향을 끼치게 된다.

기업윤리는
법의 한계를 뛰어넘는다

윤리경영과 기업성과

기업의 입장에서 '윤리경영'이라는 주제는 과거 어느 때보다 중요하다. 특히 미국 최대의 에너지 회사였던 엔론Enron, 업계 2위의 장거리통신회사였던 월드컴WorldCom이 회계부정으로 파산하면서 그 영향력에 대한 인식이 많이 달라졌다. 기업의 비윤리적 행위가 결과적으로 수많은 이해관계자에게 엄청난 손해를 끼치게 된다는 것이 알려지면서 윤리경영에 대한 관심과 요구가 증대된 것이다.

윤리적인 기업의 실질적인 성과에 대한 조사 및 연구는 일관되게 기업의 윤리와 도덕성이 기업성과와 상관관계가 있음을 보여준다.

사우스웨스턴 루이지애나 대학이 펴낸 〈기업의 비윤리적 행위에 관한 보고서가 주가에 미치는 영향The Effect of Published Reports on Unethical Conduct on Stock Price〉이라는 보고서에 따르면 비윤리적 기업 행위가 공개됐을 경우 그 기업의 주가는 최소한 6개월간 하락한다고 한다. 또한 〈포춘〉지가 실시한 조사를 보면 '존경받는 10대 기업'에 속한 기업의 1995~2000년 평균 주가상승률은 41.4퍼센트로, S&P 500대 기업의 16.5퍼센트를 크게 앞서고 있다.

이것은 비단 외국 기업에게만 해당되는 것이 아니다. 전국경제인연합회의 2001년 조사 결과에 따르면 기업윤리를 제정한 기업은 1997년부터 2000년까지 4년간의 영업이익률이 평균 7.71퍼센트로 미제정기업의 평균치인 5.54퍼센트보다 높았다. 흔히 기업이 비윤리적인 행위를 범하는 이유는 보다 많은 이윤을 얻기 위함인데, 오히려 정도正道를 걷고 윤리적으로 경영하는 기업이 보다 높은 성과를 올린다고 하니 일종의 아이러니라 할 수 있다.

다음은 윤리경영이 성과창출에 기여한다는 것을 보여주는 감동적인 사례이다.

언젠가 신세계 백화점에서 복사기와 프린터 등 문서관리시스템을 후지제록스 제품으로 대거 교체하자, 후지제록스사에서는 추석을 맞아 배 한 박스를 신세계의 영업지원팀장에게 보냈다. 영업팀장은 사내 윤리규범에 따라 그 사실을 회사에 보고하고 "성의는 감사하지만 사내 윤리규범에 따라 선물을 받을 수 없어 돌려보냅니다"라는 취지의 공문을 발송했다.

후지제록스 측은 "우리도 윤리경영을 하고 있지만 그 정도는 받아줬으면 좋겠습니다. 다시 돌려받기도 어렵습니다"라며 반송을 거절했다. 신세계는 배 한 상자 선물 처리를 놓고 고심한 끝에 노부모를 모시고 어렵게 살고 있는 사원에게 전달했다. 한국 후지제록스 다카쓰기 노부야 회장은 "한국에서도 반드시 물질적 접대를 하거나 선물을 줘야만 영업이 되는 것은 아니다"라고 말하며 이런 사실을 직원에게 널리 알려 윤리경영의 모범으로 삼도록 지시했다. 후지제록스의 한 관계자는 "우리도 윤리경영을 강조하지만 '이런 회사도 있구나' 싶어 감동을 받았다"라고 말했다.

이후 상품권이 필요해진 한국 후지제록스사는 신세계로부터 3억 원 어치를 구입했다. 5만 원짜리 배 한 상자가 3억 원의 매출이 되어 돌아온 것이다.

휴넷 역시 협력업체로부터 3만 원 이상의 선물을 받지 못하도록 엄격히 규제하고 있다. 하지만 명절에 들어오는 정성 가득한 선물은 되돌려 보내기 힘든 경우도 종종 있다. 이때 휴넷 직원은 자발적으로 사내 경매를 활용하고 그 수익금으로 불우한 청소년을 돕는 데 쓰고 있다.

비윤리경영으로 인한 비용

윤리경영이 기업에 보다 나은 성과를 가져오는 까닭은 무엇일까? 먼저 비윤리적인 행위를 묵과함으로써 발생하는 비용을 생각해보자. 서비스 부문에서 말콤 볼드리지 상을 수상한 페덱스에는 '1:10:100의 법칙'이라는 것이 있다. 이것은 불량이 생길 경우 즉각 고치는 데는 1의 원가가 들지만, 책임 소재나 문책 등을 이유로 이를 숨기고 그대로 기업 문을 나서면 10의 원가가 들며, 이것이 고객의 손에 들어가 클레임이 되면 100의 원가가 든다는 법칙이다.

윤리경영도 마찬가지다. 비윤리적이라는 것을 알면서도 사소한 것이라는 이유로 그것을 묵과하면 나중에는 커다란 손실로 돌아오는 경우가 많다.

무엇보다 큰 비용은 '신뢰가 깨진다는 것'이다. 윤리를 저버리는 기업이 사람들의 신뢰를 얻을 수는 없다. 2002년 미국 컨설팅 업체 콘Cone에서 실시한 기업 시민 의식 조사 결과는 그러한 사실을 잘 보여주고 있다.

"기업의 부정적 활동을 알게 되었을 때, 소비자의 91퍼센트는 그 기업의 제품을 쓰지 않을 것이라고 답했다. 그리고 85퍼센트는 그 정보를 가족과 친구들에게 알리겠다고 답했으며, 그런 기업에 투자하지 않겠다는 응답은 83퍼센트, 심지어 불매운동을 벌이겠다고 답한 비율이 76퍼센트에 달했다."

이 정도라면 그동안 쌓아놓은 기업 이미지 및 브랜드에 엄청난 타격을 안겨줄 수 있다.

비윤리경영은 고객이나 주주뿐 아니라 그 기업의 직원에게도 상당한 영향을 준다. 직장 내 만족도와 충성도를 연구하는 워커인포메이션Walker Information은 "직원이 자신의 회사가 윤리경영을 하고 있다고 생각할 때 회사를 떠나지 않을 확률이 그렇지 않은 경우보다 6배나 더 높다. 그러나 직장 상사의 의사결정을 불신하고 소속 회사의 기업 활동에 수치심을 느끼는 경우, 5명 중 4명은 직장에서 기만당하고 있다고 생각하며 곧 직장을 떠날 가능성이 크다"라는 조사 결과를 발표했다.

이처럼 비윤리적인 행위는 기업을 둘러싼 이해관계자와의 신뢰를 저버림으로써 그동안 쌓아온 성과를 스스로 갉아먹게 된다.

윤리경영에 반드시 필요한 기업의 DNA

"회사 내에서 일어나는 어떤 일이라도 〈뉴욕타임스〉 1면에 나오게 되었을 때 부끄럼 없이 떳떳할 수 있어야 한다."

비윤리적인 기업 활동을 스스로 경계하는 이 말은 P&G의 행동규칙 중 하나다. 실제로 회사에서 업무를 처리하다 보면 옳은 일을 하고 있는 것인지 아닌지 판단하기 어려운 상황에 봉착할 때가 있다. 이런 상황에서 기업 활동의 선악을 판단하는 두 가지 기준은 다음과 같다.

1. 회사 내에서 일어난 어떤 일이든 일간지에 기사화되었을 때 스스로 떳떳할 수 있을까?
2. 어떤 특정 활동을 가족에게 자세히 이야기하기가 부끄러운가?

윤리경영을 실천하려면 무엇보다 기업의 핵심가치와 문화에 대한 윤리적 DNA가 깊이 배어 있어야 한다.

다음은 기업 DNA에 투명성 인자를 확립하려 할 때 참고할 만한 방법이다.

기업 DNA에 투명성 인자를 확립하는 방법

- 진실한 사람을 고용하고 그들이 최대한의 실력을 발휘하도록 훈련시킨다.
- 기만 행위에 대해서는 관용을 베풀지 않는다.
- 모든 내부 경영상황을 공개한다.
- 회사의 기업이념과 일치하는 의사결정을 내린다.
- 편법을 택하지 않고 장기적인 접근법으로 사업을 운영한다.
- 현실적인 매출 예상치를 책정하고 그에 대한 산출 근거를 밝힌다.
- 적절하고 합법적인 방법으로 자본을 유치한다.
- 투자자들에게 모든 정보를 공개한다.

* 출처: 데이비드 뱃스톤 지음, 신철호 역, 《영혼이 있는 기업》, 거름, 2003년, 98쪽

영혼을 사로잡는 기업

오늘날에는 인터넷 같은 정보통신과 커뮤니케이션 수단의 발달로 정보 투명화가 이루어지면서 그동안 어둠 속에 묻혀 있던 각종 비리와 비윤리가 세상 밖으로 나오고 있다. 그래서 그런지 온·오프라인을 막론하고 사회에 온갖 부조리와 비윤리적인 사

건이 만연하는 것처럼 느껴진다. 하지만 그 속에는 분명 도덕성을 갖춘 인물이 있고 그 존재가 알려지면 그들은 진흙 속에 핀 연꽃처럼 오히려 더욱 각광을 받는다.

그 대표적인 인물이 바로 교세라의 이나모리 가즈오稲盛和夫 회장이다. 1984년, 그는 거대 공룡기업이던 NTT에 맞서 KDDI를 설립하면서 매일 밤 스스로에게 다음과 같이 물었다고 한다.

"네가 전기통신 사업에 뛰어들고자 하는 것은 정말로 국민을 위해서인가? 회사나 자신의 이익을 꾀하고자 하는 사심이 섞여 있지는 않은가? 과시하려는 행동은 아닌가? 그 동기에 한점 부끄러움이 없는가?"

그는 6개월간의 고민 끝에 사심이 개입되지 않았다는 자신감을 갖고서야 KDDI 설립에 나섰다. 그의 도덕성을 보여주는 또다른 일화를 하나 들어보자.

어느 날 운전기사가 집으로 이나모리 회장을 모시러 왔을 때, 마침 부인(우장춘 박사의 넷째 딸)이 외출할 채비를 갖추고 있었다. 이나모리 회장이 "가는 데까지 같이 타고 가자"고 하자, 부인은 "당신의 개인차라면 타고 가겠지만 회사차는 안 돼요"라며 거절했다. 부인은 "공사구분을 확실히 해야 한다며 회사차를 사적으로 이용해서는 안 된다고 당신 스스로 얘기했던 것 잊었어요?"라고 되물었다. 이나모리 회장은 회사뿐 아니라 가정에서도 원칙에 충실했던 것이다.

기업의 사회적 책임과 윤리경영에 대한 솔선수범으로 오늘날까지도 존경을 받는 유한양행의 설립자 유일한 선생은 이렇게 강조했다.

"기업은 개인의 것이 아니라 사회와 종업원의 것이다. 그러기에 정성껏 좋은 제품을 만들어 국가와 동포에게 봉사하고 양심적이며 정직 성실한 인재를 양성 배출해야 한다. 그리고 기업은 첫째 기업을 키워 일자리를 창출하고 둘째 정직하게 납세하며 그런 다음 남은 것은 기업을 키워준 사회에 환원해야 한다."

이처럼 윤리경영을 외치는 CEO는 스스로 도덕성을 갖출 뿐 아니라, 회사 구성원 모두가 윤리와 도덕으로 똘똘 뭉칠 수 있도록 틈나는 대로 이를 강조한다. 잭 웰치 회장은 "GE에서 내가 날마다 강조했던 것은 바로 도덕성이었다. 그것은 우리의 최우선 가치로 어떤 경우에도 양보할 수 없는 것이었다. 내 모든 연설은 언제나 도덕성을 강조하는 것으로 끝을 맺었다. 탁월함과 경쟁력은 도덕성과 양립할 수 있다. 나는 요즘에도 모든 경쟁에서 도덕성이 기초가 되어야 한다는 것을 절실히 느끼고 있다"라고 자서전에서 밝히고 있다.

지금도 그렇지만 앞으로도 윤리경영은 점점 그 강도가 세질 것이다. 정보의 투명화가 거세지고 있는 오늘날, 비윤리경영은 어떤 경로를 통해서든 세상에 알려질 것이고 그것은 기업의 명성과 신뢰에 치명적 영향을 미칠 수밖에 없다. 인터넷 시대에는 부정직한 사실을 감추는 것이 더욱 어려워지고 있다. 차라리 모든 비밀은 언젠가 폭로될 수 있다고 가정하는 것이 옳다.

타의 모범이 되는 회사를 위하여

휴넷의 핵심가치에는 모범 컴퍼니라는 개념이 포함되어 있다. 그리고 모범 컴퍼니의 개념에는 사회적 책임을 다하는 것, 정도경영, 윤리경영, 준법을 뛰어넘는 개념이 담겨 있다. 이것은 우리가 올바른 기업의 모범을 보여주어야 한다는 것을 의미한다.

예를 들어 휴넷이 행복경영을 주창하면 휴넷이 먼저 행복경영으로 성공하는 모습을 보여주어야 하고, 고객에게 윤리경영, 변화와 혁신, 고객만족에 관한 교육서비스를 제공한다면 먼저 그것을 실천해 한점 부끄럼이 없도록 해야 한다는 것이다. 또한 온라인 MBA나 리더십 스쿨을 개설했다면 직원 모두가 먼저 MBA를 수강한 뒤 품질에 대한 자신감을 갖고 서비스를 제공하자는 것이다.

휴넷은 모든 사람이 리더가 되는 세상을 만들겠다는 사명을 지니고 있다. 그리고 모든 직원이 리더가 되지 못한다면 모든 사람이 리더가 되는 세상은 불가능하다고 생각한다. 그래서 전직원이 리더로 성장할 수 있도록 돕는 것을 회사 차원에서 혹은 개인 차원에서 주요 사명으로 생각하고 있다.

한편, 휴넷에는 접대비라는 항목 자체가 존재하지 않는다. 남들은 접대 없이 영업은 불가능하다고 말하지만, 휴넷은 접대 없이 심지어 점심 한 끼 사지 않고 영업활동을 한다. 대신 고객사의 HR 담당자를 포함한 모든 임직원, 그리고 고객사를 성공시키겠다는 일념으로 영업에 매진하고 있다. 시간은 좀 걸리지만 그것이 결국 고객의 마음을 사로잡는 지름길이라고 자신하기 때문이다.

모토롤라의 CEO였던 폴 갤빈Paul Galvin은 이런 사실을 잘 알고 있었다. 그는 "사람들에게 진실을 말하라. 그 이유는 첫째, 그렇

게 하는 것이 옳은 일이기 때문이고 둘째, 결국 사람들이 언젠가
는 진실을 알게 되기 때문이다. 지금 당장이든 아니면 오랜 시간
이 지난 후든 부정직함은 드러나게 마련이며 아무리 감추려 해
도 소용이 없다"라고 강조했다.

정직과 성실성은 장기적으로 조직의 성공을 가져오는 가장 확
실한 방법이다. 지금까지는 물질 중심의 사회였지만 이제는 물
질적인 가치 숭상 풍조는 크게 퇴조하고 점점 정신, 영혼의 중요
성이 커지고 있다. 특히 오늘날의 CEO는 '기업윤리는 법의 한계
를 뛰어넘는다' 는 사실을 꼭 기억해야 한다.

5

당신은 행복을
지휘하는 리더인가?

오케스트라의 지휘자는 어떤 악기도 연주하지 않는다. 다만 연주자들 앞에서 지휘봉을 움직이고 있을 뿐이다. 그러나 지휘자 없이 연주자들이 자기가 원하는 대로 소리를 낸다면 불협화음을 만들어낼 뿐이다. 기업에서도 엔지니어, 통계학자, 심리학자가 자신이 원하는 일만 해버리면 어떠한 성과도 거둘 수 없다. 누군가 이들에게 공동의 목표를 제시하고 그것을 달성하기 위해 필요한 과업을 적절히 분배해 하나로 조화를 이루어야만 기대했던 성과를 올릴 수 있다. 이런 역할을 담당하는 것이 바로 경영자다.

오케스트라의 지휘자는 어떤 악기도 연주하지 않는다. 다만 연주자들 앞에서 지휘봉을 움직이고 있을 뿐이다. 그러나 지휘자 없이 연주자들이 자기가 원하는 대로 소리를 낸다면 불협화음을 만들어낼 뿐이다. 기업에서도 엔지니어, 통계학자, 심리학자가 자신이 원하는 일만 해버리면 어떠한 성과도 거둘 수 없다. 누군가 이들에게 공동의 목표를 제시하고 그것을 달성하기 위해 필요한 과업을 적절히 분배해 하나로 조화를 이루어야만 기대했던 성과를 올릴 수 있다. 이런 역할을 담당하는 것이 바로 경영자다.

사장은 기꺼이 걱정을 즐기는 사람

기업을 둘러싼 직원, 고객, 주주, 사회의 행복을 추구하는 행복경영의 총책임자는 바로 기업의 최고경영자이다. 최고경영자는 이해관계자 모두를 행복하게 해줌으로써 기업의 이익을 극대화하는 사람이다.

역설적이게도 최고경영자는 걱정을 하면서 동시에 다른 사람을 행복하게 해주는 것에서 삶의 보람과 행복을 찾는 사람들이다. 자기 역할에 최선을 다하겠다는 일념에 불타 사회 전반에 공헌하려는 강한 신념이 있는 사람은 그 일을 통해 행복감을 경험한다. 그것이 최상으로 행복한 상태가 아니겠는가?

오케스트라의 지휘자는 어떤 악기도 연주하지 않는다. 다만 연주자들 앞에서 지휘봉을 움직이고 있을 뿐이다. 그러나 지휘자 없이 연주자들이 자기가 원하는 대로 소리를 낸다면 불협화음을 만들어낼 뿐이다. 지휘자의 지휘 아래 바이올린, 클라리넷, 심벌즈 등이 연주되어야 악기의 소리가 조화를 이루며 아름다운 음악을 완성해낼 수 있다.

기업에서도 엔지니어, 통계학자, 심리학자가 각자 자신이 원하는 일만 해버리면 어떠한 성과도 거둘 수 없다. 누군가 이들에게 공동의 목표를 제시하고 그것을 달성하기 위해 필요한 과업을 적절히 분배해 하나로 조화를 이루어야만 기대했던 성과를 올릴 수 있다. 이런 역할을 담당하는 것이 바로 경영자이다. 그렇기 때문에 경영자는 비록 한 사람이지만 기업에 소속된 수백 명보다 기업의 성패에 더 큰 영향을 미친다.

경영자는 다른 사람을 행복하게 해주는 데서 자신의 행복을 찾을 수 있어야 한다. 마쓰시타 고노스케는 "사장은 모든 종업원의 걱정을 자신이 모두 짊어지겠다는 각오를 해야 한다. 걱정하는 것이 사장의 역할이다. 사장은 항상 걱정하고 대책을 강구하는 것에서 보람을 느끼는 존재여야 한다"라고 강조했다. HP의 전 회장 칼리 피오리나 역시 "경영자는 주주, 고객, 종업원의 만족과 이익을 위해 봉사한다. 그러나 그 역은 성립하지 않는다"라고 경영자의 역할과 책임에 대해 명쾌하게 정의하고 있다.

그렇다면 조직의 리더 혹은 기업의 경영자가 맡고 있는 가장 중요한 역할은 무엇일까? 행복경영의 주체로서 경영자의 역할을 구체적으로 살펴보기에 앞서 경영자, 즉 경영을 책임진 일반적인 리더의 역할을 살펴보자.

 행복
경영

경영자는 올바른 방법으로 성과를 창출하는 사람

"꿩 잡는 게 매"라는 말처럼 매가 아무리 아름다우며 용맹스런 자태를 지녔어도 꿩이라는 성과를 낚지 못하면 이미 매가 아니다. 기업의 경영자가 매라면 꿩은 바로 성과를 의미한다. 그리고 경영자에게 성과창출은 그 무엇과도 바꿀 수 없는 고유한 임무이다.

리더십 분야의 대가 워렌 베니스는 "리더십 개발은 중요하다. 그러나 그보다 결과가 더 중요하다. 인적자원에 대한 투자도 중요하다. 하지만 그보다 결과가 더 중요하다. 책임도 중요하다. 그러나 그보다 결과가 더 중요하다"라고 성과창출이야말로 리더십의 본질이라는 것을 강조했다. 피터 드러커도 "리더십의 본질은 성과에 달려 있다. 리더십 그 자체는 좋은 것 혹은 바람직한 것이 아니다. 그것은 하나의 수단일 뿐이다. 어떤 목적을 위한 리더십인가 하는 것이 핵심문제이다"라고 성과의 중요성을 강조하였다. 그만큼 성과창출은 리더에게 무엇보다 중요한 역할이다. 성과 없는 리더십, 성과 없는 조직은 그 존재 가치가 없다고 해도 과언이 아니다.

이순신 장군이 아무리 뛰어난 리더십을 발휘했다고 한들, 임진왜란에서 혁혁한 공을 세우지 않았다면 위대한 장군이자 리더로 우리 역사 속에 기억될 수 있을까? 세종대왕이 아무리 백성을 사랑했다고 한들 훈민정음, 해시계, 물시계 같은 업적을 남기지 않았다면 위대한 임금으로 존경받을 수 있을까? 역사상의 위대한 리더는 모두 탁월한 성과를 창출함으로써 오래도록 그 이름을 떨치고 있는 것이다.

위대한 리더는 타인으로부터 존경을 받는 것(필요조건)은 물론, 범인들이 해내지 못하는 탁월한 성과를 창출(충분조건)해내야 한다. 물론 이때의 성과는 올바른 방법에 따른 것이어야 한다. 올바르지 못한 방법, 즉 분식회계 같은 방법을 통해 일시적으로 가시적인 성과를 높이거나 부도덕한 방법으로 매출을 올리는 것은 진정한 의미의 성과라 할 수 없다. 이것은 오히려 장기적으로 기업을 어렵게 하고 심지어 기업을 몰락의 길로 이끌게 된다.

엔론 회장이던 케네스 레이Kenneth Lay가 그 대표적인 사례다. 익히 알려진 것처럼 세계적인 에너지 회사였던 엔론은 2001년 말 수백억 달러의 빚을 지고 파산했다. 소위 '엔론 스캔들'은 미국 역사상 최대 규모의 파산이라는 것과 대규모 회계부정이 있었다는 점에서 엄청난 충격을 가져왔다. 엔론은 불과 15년 남짓한 기간에 무려 1,700퍼센트에 달하는 초고속 성장을 기록하며 2000년에는 〈포춘〉지 선정 '미국 7대 기업'으로 이름을 날리기도 했다. 심지어 하버드를 포함한 유수의 경영대학에서는 그 사례를 배우기에 여념이 없었다.

파산이 임박한 시점에도 일부 중역을 제외한 일반 직원은 엔론의 심각한 상태를 눈치 채지 못하고 있었다. 하지만 임원진은 이미 회사의 장래를 우려하고 있었으며 부회장인 벡스터는 자기

소유 주식 3,000만 달러를 처분한 뒤 회사의 파산을 경고하면서 퇴사했다. 나중에 사건이 터지자 벡스터는 자살했으며 경제 평론가들은 엔론이 처음부터 비극의 씨를 갖고 태어났다고 언급했다. 거대 에너지 회사라고는 했지만 실제 생산, 개발 설비는 전혀 없었고 실물거래도 하지 않아 유령과 같은 존재였던 것이다.

케네스 레이 회장은 에너지 거래 시장에서 편법 선물거래를 통해 막대한 이익을 챙겼으며, 회계법인 아더 앤더슨과 결탁하여 분식회계를 일삼았다. 나아가 미국 정계의 실력자들에게 막대한 정치자금을 제공하는 등 사업 기반을 지탱하기 위한 보호막을 만드는 일에도 실력을 발휘하였다.

엔론 사례에서 보듯 올바르지 않은 방법에 의한 성과창출은 오래지 않아 기업을 몰락의 길로 이끌게 된다. 미래학자 폴 케네디Paul Kenndey의 주장대로 경영자의 도덕성이 기업의 성패를 좌우하는 만큼, 옳지 않은 방법으로 이익을 내느니 차라리 손해를 감내하는 뚝심 있는 경영자가 되어야 한다. 결국 도덕성과 탁월성을 동시에 추구하는 것이 경영자의 첫 번째 의무라 할 수 있다.

시간을 알려주지 말고 시계를 만들어라

많은 경영자가 경영현장에서 다양한 의사결정 상황에 직면하게 된다. 이때 무엇보다 어려운 것은 두 가지 가치가 서로 충돌하는 상황, 즉 의사결정의 딜레마에 빠지는 경우이다. 그 대표적인 것이 단기적 이익과 장기적 이익 중 하나를 선택해야 할 때이다.

단기적 이익을 위한 결정은 대개 장기적 이익을 침해하는 경우가 많다. 예를 들어 단기적 이익창출을 위해 직원교육비를 줄이거나 사회적 책임을 다하지 못하는 것 혹은 기술개발에 대한 투자를 삭감하면 이는 장기적인 성장의 토대를 갉아먹게 된다.

따라서 경영자는 단기적 이익과 장기적 이익간의 균형을 맞출 수 있어야 한다. 즉, 경영자는 당장의 성과는 물론 자신이 떠난 이후에도 지속적으로 탁월한 성과를 낼 수 있는 조직을 만드는 역할을 동시에 해내야 하는 것이다.

짐 콜린스는 《성공하는 기업들의 8가지 습관Built to Last》에서 경영자는 시간을 알려주는 사람이기보다 '시계를 만드는 사람'이어야 한다고 주장한다. 그 이유는 한번만 시간을 알려주는 것이 아니라, 자신이 없는 상황에서도 지속적으로 시간을 알려줄 수 있는 시계를 만들어주고 떠나는 것이 훨씬 더 가치 있기 때문이다. 뛰어난 아이디어를 개발하거나 카리스마적 리더가 되는 것은 '시간을 알려주는 것'이고, 한 개인의 일생이나 제품의 라이프사이클을 뛰어넘어 오랫동안 번창할 수 있는 기업을 만드는 것은 '시계를 만드는 것'이다.

실제로 수십 년간 지속적으로 성과를 낸 기업의 경영자는 한 가지 뛰어난 아이디어로 일시적인 시장을 노리거나 한창 성장기에 있는 제품의 흐름에 편승하기보다, 영원히 시간을 가르쳐줄 수 있는 시계를 만드는 것처럼 조직을 건설하는 데 주력했다.

1973년, 기자들로부터 회사 발전을 위해 가장 결정적인 역할을 한 제품이 무엇이냐는 질문을 받은 HP의 공동창업자 데이비드 팩커드는 이렇게 말했다.

"엔지니어링팀을 구성한 것, 종업원에게 실적에 따라 보상한 것, 회사 이익의 분배, 인사 및 관리 정책, 휴렛팩커드적인 경영철학이다. 무엇보다 중요한 것은 어떻게 창조적인 환경을 만들어주는가 하는 것이다. 그런 환경을 만들기 위해서는 조직구조에 대해 많이 고민할 필요가 있다."

사실, HP의 창업자 빌 휴렛과 데이비드 팩커드가 만든 뛰어난 '제품'은 바로 HP라는 기업 자체이다. 팩커드는 전자시계는 우연히 만들었지만 HP라는 회사는 큰 공을 들여 만들었다고 부연 설명했다. 마찬가지로 소니의 창업자 이부카 마사루井深大의 뛰어난 '제품'은 워크맨이나 텔레비전이 아니라 소니라는 회사 그 자체이다. 이들의 가장 위대한 업적은 뛰어난 아이디어를 바탕으로 히트상품을 만든 것이 아니라, 지속적으로 성과를 낼 수 있는 회사를 만들어낸 것이다. 이를 위해 그들은 회사의 시스템, 조직구조, 조직문화 등을 만들고 가꾸는 일에 주력했다.

하지만 보통의 경영자는 시계를 만드는 일보다 시간을 알려주는 데 주력하는 경우가 많다. 그들은 회사의 영업이 어려워지면 직접 영업을 지휘하고, 기술이 어려워지면 직접 기술개발에 헌신한다. 그처럼 회사의 최고경영자가 특정 부문에 관심을 갖고 그 일에 관여하면 당연히 당장의 성과는 높아진다. 그러나 경영자가 어느 한곳에 관심과 자원을 투자하는 순간, 또 다른 부문의 실적이 하락하는 악순환이 계속된다.

　그러므로 경영자는 급한 불을 끄는 역할보다는 장기적 관점에서 조직의 제도와 문화, 시스템, 핵심가치, 비전 수립과 공유, 후계자 양성 등을 통해 자신이 맡은 조직을 하나의 경쟁력 있는 제품처럼 키워나가는 역할에 충실해야 한다. 즉, 자신이 경영자의 자리에 있을 때뿐 아니라 후대의 경영자가 경영을 맡았을 때도 지속적으로 높은 성과를 창출할 수 있도록 해야 하는 것이다.

　그밖에 경영자는 행복한 기업을 만들기 위해 1)비전 제시와 공유 2)변화와 혁신을 즐기는 조직 만들기 3)동기부여와 임파워먼트 4)부하직원을 리더로 성장시키기 등의 다양한 책임과 역할을 다해야 한다. 각각에 대해서는 6장에서 자세히 설명하겠다.

행복한 CEO의 4가지 자질

'시계를 만드는 사람'이 되어 회사를 탁월한 성과를 창출할 줄 아는 조직으로 만들어가기 위해 경영자는 다음과 같은 자질과 특성을 갖추고 있어야 한다.

자질1 │ 과감한 결단력과 실행력

경영은 의사결정의 종합예술이라고 할 만큼 경영자는 매순간 의사결정 상황에 직면하게 된다. 일반적으로는 합리적이고 과학적인 방법, 다수를 참여시켜 의견을 조율하는 방식이 올바른 의사결정 방법으로 인정받는다. 그러나 역사상 위대한 의사결정 중에는 수많은 반대를 무릅쓰고 최고 의사결정권자가 독자적으로 내린 결정이 많다.

'다수결의 원칙'은 최상의 합의제도가 되기도 하지만, 경우에 따라서는 최악의 합의제도이기도 하다. 이것이 의사결정의 딜레마이다. CEO가 다수결 원칙을 숭배하는 것은 곧 겁쟁이임을 시인하는 것과 같다. 경우에 따라 CEO는 다른 사람의 비난을 감수하고라도 독단적 의사결정을 할 수 있을 만큼 두둑한 배짱이 있어야 한다.

실패하는 경영자의 특성 중 하나가 과도한 조심excessive caution, 즉 의사결정을 내리는 데 두려움을 느끼는 것이다. 실제로 지나친 정보수집, 다시 말해 '분석증후군'에 시달리는 경영자가 의외로 많다. 그러나 위험부담을 줄인다는 이유로 시간을 지체하는 것은 오히려 위험을 증대시키게 된다. 리더가 탁월한 성과를 창출함에 있어 빼놓을 수 없는 자질은 바로 '과감한 결단력'이다.

짐 콜린스에 따르면 일반적으로 실패한 결정의 10개 중 8개는 잘못해서가 아니라 '제 때' 결정을 내리지 못했기 때문이라고 한다. 의사결정을 내릴 때 과감하지 못하고 계속해서 고민하고 검토만 하다 보면, '적절한 때'를 놓치게 된다. 미국 전 국무장관 콜린 파월은 의사결정을 할 때 'P=40-70'을 자주 이용한다고 한다. 여기에서 P는 성공할 가능성을 나타내며 숫자는 요구된 정보의 퍼센트를 나타내는데, 맞을 가능성이 40~70퍼센트에 들 정도로 정보가 모이면 직감적으로 추진하는 것이다. 맞을 기회가 40퍼센트 미만일 때는 정보가 적어 행동을 취하기 어렵고, 100퍼센트 확실한 정보를 갖게 될 때는 이미 너무 늦기 때문이다. "처음에 80퍼센트 옳은 것을 하는 것이 마지막에 100퍼센트 정확한 것을 하는 것보다 낫다"는 말도 같은 맥락에서 이해할 수 있다. 경영은 정답을 맞히는 게임이 아니라 불확실성 속에서 성과를 만들어내는 게임이다. 합리적이고 정확한 의사결정보다 실패를 무릅쓴 과감한 의사결정을 적시에 내리는 것이 더 중요한 이유가 여기에 있다. 경영자는 경우에 따라 합리적이거나 참여에 의한 의사결정 규칙을 따르기보다 자신의 통찰력과 직관에 의존한 의사결정을 즐길 줄 알아야 한다. 물론 거기에 따른 책임도 즐길 수 있어야 한다.

또한 과감한 결단 뒤에는 이를 추진하는 힘이 뒷받침되어야 한다. 때로는 다른 사람이 반대를 하더라도 자신이 옳다고 믿는 대로 결단을 내리고 이를 추진해나갈 수 있는 힘이 필요하다. 그렇다고 해서 다른 사람의 말을 듣지 않는 독단적인 리더가 되라는 뜻은 아니다. 영국의 몽고메리 장군이 말한 것처럼 리더는 스스로 결과를 확신할 수 없을 때조차 자신감을 발산하고 그것이 조직원 모두에게 전염될 수 있도록 해야 한다. 고 이병철 회장이 다른 임직원의 반대에도 불구하고 반도체 사업을 시작하기로 과감히 결단을 내렸고, 그것이 오늘날 삼성 경쟁력의 핵심이 되었음은 널리 알려진 사실이다.

자질2 | 경청과 포용력

과감한 결단력은 오로지 자신의 고집대로만 하는 것과는 전혀 다른 의미를 지니고 있다. 현명한 경영자는 자신이 모든 것을 알고 있다고 생각하지 않는다. 자신이 모든 것을 알고 있다고 착각하는 경영자는 듣는 데 인색한 반면, 말하는 데는 후한 경향이 있다. 반면 유능한 리더일수록 타인의 의견에 귀 기울일 줄 알고 자신에 대한 비판을 수용할 줄 아는 포용력이 있다.

마이클 노박 Michael Novak 은 《소명으로서의 기업》이라는 책에서 경영자가 어떤 자세를 취해야 하는지 알려주고 있다.

"기업가가 갖춰야 할 첫 번째 자세는 잘 듣는 것이다. 그들은 타인에게 심오한 배움을 얻는 과정에서 겸손한 자세로 자신을 낮추는 것을 참을 수 있을 만큼 유순해야 하고 또한 그만큼 영리해야 한다."

흔히 성공한 창업주는 독단과 오만에 빠지기 쉬운데, 특히 이들은 과거의 성공경험에 의존하려는 경향이 강해 남의 얘기를 잘 듣지 않으려 한다. 그러나 경영자의 가장 중요한 덕목은 바로 '겸손'이다. 겸허하게 다른 이를 존중하고 그들을 키워주며 그들에게 배우려는 자세를 갖춰야 하는 것이다.

'이해하다'는 뜻을 지닌 'Understand'의 진정한 의미는 '그 사람의 밑에 under 서야 stand 진정으로 그 사람을 이해 understand 할 수 있다'는 것이다. 그런데 사람들은 보통 다른 사람과 커뮤니케이션할 때 타인보다 위에 서서 이야기하려는 경향이 있다. 타인보다 자신의 견해와 감정에 우선 순위를 두고 다른 사람의 말은 잘 들으려 하지 않는 것이다. 하지만 사람들이 진정으로 원하는 것은 자기 말을 잘 들어주고 존중해주며 이해해주는 것이다.

따라서 커뮤니케이션을 할 때 최우선 순위에 두어야 할 것은 바로 경청이다. 존슨앤존슨의 전 회장 짐 버크Jim Burke는 "나는 재직 중 일과의 40퍼센트를 회사의 핵심가치와 믿음에 대해 직원들과 의사소통하는 데 할애했다. 그만큼 커뮤니케이션은 중요하다. 그중에서 가장 중요한 것은 경청이다"라며 경청의 중요성을 강조했다. 삼성그룹의 이건희 회장 또한 선친 이병철 회장으로부터 받은 휘호인 경청傾聽을 좌우명으로 삼고 있다고 한다.

경청은 우리가 생각하는 것보다 훨씬 큰 힘을 발휘한다. 잘 들으면 우선 다양한 아이디어를 수집할 수 있고 나아가 상대방으로부터 믿음을 얻어낼 수 있다. 들어줌으로써 구성원의 마음을 사는 이청득심以聽得心이야말로 경청의 묘미라 할 수 있다.

실제로 탁월한 실적을 거둔 경영자 중에는 독단을 멀리하고 직원의 의견을 소중히 받아들인 사람이 매우 많다. 그 대표적인 사례가 세서미 스트리트Sesame Street의 조앤 간츠쿠니 회장이다.

"나는 사람들이 나에게 문제를 제기하고 내가 틀렸을 때 지적해주는 것을 좋아한다. 내 문제를 지적해준 사람들이 없었다면 나는 무수한 실수를 저지르고 오판을 내렸을 것이다. CEO에게 도전하는 직원의 말은 잘 새겨들어야 한다. 왜냐하면 최고경영자에게 문제를 제기할 정도면 그저 가볍게 하는 말이 아니기 때문이다."

이는 매우 의미심장한 이야기이다. 경영자의 마음속에는 온갖 생각이 뒤엉켜 있기 때문에 다른 직원의 의견은 사소한 정보로 처리하기 쉽다. 더욱이 직원은 경영자와 의견이 다르면 선뜻 의견을 제시하지 못하고 지나가는 경우가 많다. 심지어 경영자가 명백히 잘못하고 있다는 것을 알면서도 용기를 내지 못한다. 따라서 경영자는 자신에게 의견을 제시하는 경우 좀더 관심을 갖고 들을 줄 알아야 한다. 그 속에는 의외의 핵심정보와 해결책이 들어 있을 가능성이 크다.

그런 의미에서 혼다의 가와시마 전 회장의 말에는 경영의 대가다운 무게가 느껴진다.

"최근 2~3년간 내가 말한 사항들이 사내에서 8할이나 통과되었다. 6할이 넘으면 원맨경영의 폐해가 나타나는 위험신호라고 하는데, 그렇다면 지금 혼다가 위험하다는 얘기가 아닌가? 내가 계속 사장 자리에 있으면 우리 회사는 직선적으로밖에 성장하지 못한다. 그렇기 때문에 나는 퇴임을 결정했다."

자질3 | 책임을 지는 솔선수범

리더의 성과는 조직 구성원의 성과에 의해 결정된다. 따라서 리더는 조직 구성원 혹은 부하직원이 보다 나은 성과를 거둘 수 있도록 환경을 만들어야 하는데 이때 가장 중요한 것이 리더에 대한 신뢰감이다. 리더에 대한 믿음은 서로 다른 특징과 개성을 지닌 사람들로 구성된 조직을 움직일 수 있는 하나의 구심점이기 때문이다.

리더는 신뢰감을 심어주기 위해 리더로서의 책임을 다하고 구

성원들의 모범이 되어야 한다. 초등학교 출신인 다나카 전 수상이 동경대 출신이 많은 대장성 장관으로 임명되었을 때, 엘리트 관료집단의 본산인 대장성에서는 노골적인 불만이 표출되었다고 한다. 그러나 다나카는 1분도 안 되는 취임사 한마디로 우려와 불만을 일거에 해소해버렸다.

"여러분은 천하가 알아주는 수재이고 나는 초등학교밖에 나오지 못한 사람입니다. 더구나 대장성 일에 대해서는 깜깜합니다. 그러므로 대장성 일은 여러분이 하십시오. 나는 책임만 지겠습니다."

다나카는 자신을 낮추고 상대를 존중하되 리더로서의 책임만은 지겠다고 말함으로써 부하직원의 닫힌 마음의 문을 활짝 열어젖힌 것이다. 이탈리아 정치인 주세페 마치니Giuseppe Mazzini도 "부하의 잘못을 자신의 책임으로 돌리는 사람은 훌륭한 리더이다. 어리석은 리더는 자신의 잘못까지도 부하의 책임으로 돌린다"라고 리더의 책임감을 강조하고 있다.

누군가가 책임을 져야 할 상황에서 리더가 책임을 지겠다고 나서면 사람들의 경계심은 눈 녹듯 사라지게 된다. 더불어 신뢰와 영향력이 커진다. 어려울 때 책임을 지는 모습만 보여도 바람직한 영향력, 즉 리더십은 따라오게 마련이다.

특히 지위가 올라갈수록 책임은 커지고 권한은 작아진다는 것을 알고 실천하는 리더가 진정 위대한 리더이다. 훌륭한 리더는 자신의 몫보다 더 많은 책임을 지고, 자신의 몫보다 더 적은 대가를 얻는다. 그들은 책임은 커지고 권리는 작아지는 것을 리더십 발휘에 따른 비용으로 생각하는 것이다.

자질4 | 열정 전염자, 자신감 전파자

"나는 출근을 할 때마다 소풍가는 기분으로 나갑니다. 일하러 가는 것이 아니라 소풍가는 날처럼 즐거운 마음과 희망을 갖고 오늘 할 일을 그려봅니다."

현대그룹 고 정주영 명예회장의 말이다. 그러자 한 기자가 "그렇다면 회장님, 즐거운 일이 아니라 골치 아픈 일이 잔뜩 생겼을 때도 소풍가듯 즐거운 마음으로 나갈 수 있습니까?"라고 물었다. 그때, 정 회장은 빙그레 웃으며 멋지게 받아쳤다.

"나는 골치 아프고 힘든 일이 잔뜩 있을 때는 그 일이 해결되었을 때의 기쁨을 생각하면서 출근합니다."

성공하는 사람의 공통점 중 하나는 용암처럼 솟구치는 일에 대한 열정이다. 일찍이 막심 고리키도 "일이 즐거우면 인생은 낙원이다. 그러나 일이 의무가 되면 인생은 지옥이다"라고 말했다.

인류 역사상 위대한 일 중에서 열정 없이 이룩된 것은 하나도 없다. 열정과 자신감은 성과창출을 위한 필수요소인 것이다. 성공에 대한 열정과 자신감 없이 성공하기를 바라는 것은 로또를 사지도 않고 당첨되기를 바라는 것과 다름없다.

미국 최고경영자 연구기관인 스펜서 스튜어트는 미국에서 존경받는 50대 CEO의 가장 두드러진 공통점은 자신이 하고 있는

일에 대한 불타는 열정이라고 했다. 더욱 중요한 것은 리더가 열정과 자신감을 가질 때 그것이 조직 구성원 모두에게 빠르게 전염된다는 사실이다. 조직 구성원 모두가 용암처럼 뜨거운 열정과 강한 자신감을 갖게 된다면 탁월한 성과를 창출하는 것은 시간문제라 할 수 있다. 따라서 경영자는 자기 자신뿐 아니라 조직 전체에 뜨거운 열정과 자신감을 전염시킬 수 있어야 한다.

2002 월드컵의 영웅 히딩크 감독은 월드컵이 50일 남은 시점에서 매일 1퍼센트씩 16강 가능성을 키워가겠다는 자신감을 공개적으로 밝혔다. 더불어 세계적인 팀들과의 평가전을 통해 선수들의 자신감을 한껏 불어넣었고 결국 기대 이상의 성과를 이뤄냈다.

이처럼 리더는 조직 전체의 자신감을 관리해야 한다. 세계적인 골프 선수 아놀드 파머 Arnold Palmer 는 수백 개의 트로피와 부상을 획득했지만 그의 사무실에는 1955년 프로선수로서 첫 우승을 했을 때 받은 찌그러진 작은 컵 하나와 그가 어떻게 성공할 수 있었는지를 보여주는 다음과 같은 글이 쓰인 패만 걸어놓았다.

"당신이 패배했다고 생각하면 당신은 패배한 것이다. 당신이 패배했다고 생각하지 않으면 당신은 패배한 것이 아니다. 당신이 우승하기를 원하면서도 우승할 수 없으리라고 생각하면 십중팔구 당신은 우승하지 못할 것이다. 인생의 전쟁은 강한 사람이나 빠른 사람에게 항상 승리를 안겨주지는 않는다. 조만간 승리하는 사람은 자기가 할 수 있다고 믿는 사람이다."

꿈이 큰 민족이
꿈이 작은 민족을 지배한다

목표가 없으면 모든 것이 귀찮고 힘들어질 뿐이다. 한번은 과학자들이 온대지방에 사는 꿀벌 떼를 겨울이 없는 열대지방으로 이동시켜 어떠한 변화가 일어나는지 실험을 했다. 겨울이 없어지자 흥미롭게도 꿀벌들은 게을러질 대로 게을러져 꿀을 모으지 않았고 사람들을 쏘아대기도 했다.

언젠가 〈월스트리트저널〉은 다음과 같은 기사를 실어 꿈의 중요성을 강조했다.

"나라가 소유할 수 있는 가장 값진 자원은 그 나라 국민의 꿈이다. 미래의 성공은 오늘 품고 있는 꿈으로부터 발전하기 때문이다."

1971년, 미국 동부에서 있었던 일이다. 당시 미국 할인점 시장에서는 K마트가 독보적 위치를 차지하고 있었다. 미국 동부지역에 있는 8개의 소규모 할인업체 대표들은 정기적으로 만나 K마트와 어떻게 경쟁할 것인가를 논의했다.

그렇게 1년 정도가 지났을 때, 한 대표가 10년 후 각 업체의 매출이 어느 정도일 것으로 생각하는지 들어보자는 제안을 했다. 첫 번째 대표는 자신의 매출이 작년에 4천만 달러였으니 10년 후에는 8천만 달러가 될 수 있을 거라고 말했다. 다음 대표는 현재 6천만 달러에서 10년 후 1억 달러를, 또 다른 대표는 1억 달러의 매출이 1억 6천만 달러에 이를 것으로 믿는다고 말했다.

마지막으로 한 대표는 작년 매출이 4천400만 달러였는데, 10년 후에는 20억 달러에 이를 것이라고 예상했다. 그의 말을 듣고 모두 박장대소를 터트렸다. 그가 바로 월마트의 창업자 샘 월튼이다. 그로부터 10년 후 월마트의 매출은 20억 달러를 넘어섰다.

꿈이 큰 민족이 꿈이 작은 민족을 지배하듯 꿈이 큰 기업이 꿈이 작은 기업을 지배하게 된다. 목표의 존재 유무는 자원의 존재 유무보다 결과에 더 많은 영향을 미친다. 따라서 경영자가 행복한 기업을 만들고자 한다면 먼저 행복한 기업으로서의 비전을 수립하고, 회사의 핵심가치를 조직 구성원에게 널리 알려 꿈과 희망을 공유하게 해야 한다.

당신은 어디로 향하고 있는가?

1999년, 잭 웰치 회장이 한국을 방문했을 때 한 경영자가 이렇게 물었다.

"세계에서 가장 존경받는 기업의 경영자로 선정된 비결이 무엇입니까?"

그러자 잭 웰치는 서슴없이 대답했다.

"딱 한 가지입니다. 나는 내가 어디로 가는지 알고 있고 GE의 전체 구성원도 내가 어디로 가는지 알고 있습니다."

이 짧은 대답에는 엄청난 핵심 메시지가 숨어 있다. '나는 내가 어디로 가는지 알고 있고'라는 말에는 경영자로서 10년, 20년 후의 미래 비전과 전략이 확실하다는 뜻이고, 'GE의 전체 구성원도 내가 어디로 가는지 알고 있습니다'라는 말은 기업의 비전을 30만 전직원의 꿈과 열망으로 만들었다는 것을 의미한다.

위대한 경영자는 CEO라는 지위가 요구하는 법적인 책임을 훨씬 뛰어넘어 원대한 목표로부터 힘을 얻고 인도를 받는다는 공통점이 있다. 그것이 바로 비전의 힘이다. 미래에 대한 꿈과 희망을 제시하는 비전은 조직 구성원에게 가치 판단의 기준을 제공하며 열정적으로 헌신할 수 있도록 동기를 부여하는 역할을 한다. 따라서 최고경영자는 조직 구성원 모두의 가슴을 울렁거리게 할 만큼 크고 원대한 미래 비전을 창출하고 이를 공유하도록 함으로써 보통 사람이 꿈조차 꿀 수 없는 위대한 성과를 달성해야 한다. 그러면 비전의 역할을 보다 구체적으로 살펴보자.

비전은 기업의 나침반

비전은 기업의 나침반과 같다. 나침반이 없으면 어디로 갈지 몰라 우왕좌왕하다가 결국 수렁에 빠지고 만다. 기업도 마찬가지이다. 비전이 없으면 기업은 앞으로 나아갈 수 없다. 비전은 경영자와 조직 구성원이 앞으로 나아가야 할 방향을 알려주는 나침반 역할을 한다.

가슴 울렁이는 꿈이 있는가?

다음의 이야기는 비전이 어떤 의미를 지니고 있는지 잘 보여주고 있다.

중세유럽시대, 한 용감한 젊은이가 길을 가다가 망치와 정을 들고 힘껏 돌을 두드리고 있는 석공을 만났다. 젊은이는 잔뜩 인상을 찌푸린 채 일을 하고 있는 석공에게 물었다.

"당신은 무엇을 하고 있습니까?"

석공은 고통스러운 듯한 목소리로 대답했다.

"나는 돌의 형태를 다듬고 있는 중인데 이것은 등뼈가 휘어질 정도로 힘든 작업이라오."

여행을 계속하던 젊은이는 비슷한 돌을 다듬고 있는 또 다른 석공을 만났다. 그는 인상을 찌푸리지는 않았지만 그렇다고 그리 행복해보이지도 않았다.

"당신은 무엇을 하고 있습니까?"

"집을 짓기 위해 이 돌을 다듬고 있는 중이오."

젊은이는 다시 발길을 재촉했고 한참 가다가 세 번째 석공을 만났다. 그는 행복하게 노래를 부르며 일을 하고 있었다.

“무엇을 하고 있습니까?”

그 석공은 미소를 지으며 대답했다.

“성당을 짓고 있습니다.”

세 사람의 석공은 모두 비슷한 일을 하고 있었지만 한 사람은 고통스러워했고 또 한 사람은 불행해하지도 행복해하지도 않았으며 나머지 한 사람은 행복하게 일하고 있었다. 세 사람의 차이는 무엇일까? 그것은 바로 ‘꿈’이 있느냐 없느냐 하는 것이다. 세 번째 석공의 경우, 성당을 짓는다는 꿈과 이상이 돌을 다듬는 힘든 일에서 행복을 느끼도록 해준 것이다. 그들 중 누가 더 나은 성과를 거둘지는 불을 보듯 뻔한 일이다.

사람은 감정의 동물이다. 따라서 명령이나 지시 혹은 돈으로 행동을 유도할 수 있을지는 몰라도 마음까지 움직이긴 어렵다. 사람의 진심을 움직이게 하는 것은 명령이나 지시 혹은 많은 보수가 아니다. 조직 구성원의 마음을 움직여 진심으로 일하게 하는 것은 바로 꿈이다. 일본 아사히 맥주의 전 회장 히구치 히로타로는 “꿈이 없는 기업에서는 직원이 일에 대한 동기도 보람도 얻을 수 없다. 사람들에게 꿈을 제공할 수 있다면 목표의 70~80퍼센트는 달성한 것이나 다름없다”라고 말했다.

가슴이 울렁거리는 원대한 꿈과 비전이야말로 사람들을 비범한 일에 헌신할 수 있도록 동기를 부여하는 핵심요소인 것이다.

우리가 파는 것은 행복이다

비전과 핵심가치가 중요한 또 다른 이유는 그것이 조직 구성원 모두가 일상적인 업무에서 접하게 되는 가치 판단의 기준이 되기 때문이다. 다음의 디즈니 사례가 그것을 잘 보여주고 있다.

어떤 부부가 디즈니에서 인턴사원으로 일하는 아들의 초대로 디즈니랜드를 방문했다. 그런데 함께 여유롭게 즐기던 아들이 잠깐 기다리라고 하더니 한 여성에게 다가가 이런저런 쇼로 그녀를 웃게 한 다음 숨을 헐떡이며 다시 돌아왔다.

"저 여성이 아까부터 인상을 쓰고 다녔거든요. 만약 저 여성이 계속 얼굴을 찡그려 봐요. 그러면 다른 사람들도 얼굴을 찡그릴 것 아닙니까? 여기는 '지구상에서 가장 행복한 곳'을 표방하고 있는데 그렇게 되도록 놔줄 순 없지요."

아버지는 아들의 프로정신을 대견해하면서도 한마디 덧붙였다.

"월트 디즈니가 죽은 지가 언젠데 아직도 그가 말한 비전 타령이냐?"

"디즈니는 없지만 그의 비전은 아직 살아있습니다. 그것이 바로 디즈니랜드가 세계 초일류로 운영되는 이유입니다."

이처럼 "우리가 파는 것은 행복이다"라는 월트 디즈니의 비전이 여전히 조직 구성원의 마음속에 살아 있기에 누가 시키지 않아도 기꺼이 달려가 고객을 웃게 만드는 것이다. 이것이 바로 비전의 힘이다.

비전 수립은 경영자의 제1의 임무

비전 수립과 공유는 경영자에게 그 어떤 일과도 비교할 수 없는 중요하고 절대적인 임무이다. 기업의 비전은 지금 눈앞에 있는 이윤과는 별개의 것이다. 비전은 기업의 나침반으로 기업이 나아가야 할 방향을 알려줄 수 있어야 한다. 당장은 누구의 눈에도 보이지 않지만, 경영자는 그것을 미리 볼 수 있어야 하고 그곳을 그릴 수 있어야 한다.

디즈니랜드가 처음으로 문을 열었을 때, 월트 디즈니는 이미 죽고 없었다. 행사장에서 그의 아내가 그를 대신해 연설하는 자리에 올랐을 때, 사회자가 "디즈니 씨가 이것을 볼 수 있었으면 얼마나 좋았을까요?"라고 말하자 그녀는 이렇게 대답했다. "그 양반은 우리보다 먼저 보고 가셨답니다."

이처럼 월트 디즈니는 기업의 미래를 선명하게 보고 이를 전파했기에 죽은 이후에도 기업에 살아 숨쉬는 비전을 남길 수 있었던 것이다.

나폴레옹의 표현대로 리더는 희망을 파는 사람이다. 또한 리더는 내가 잘하는 것이 아니라 남을 잘하게 만드는 사람이다. 방향을 제시하고 사람들이 자신의 역량을 최대한 발휘하도록 도움을 주어야 하는 것이다.

비전 수립과 관련해 몇 가지 유념할 사항을 살펴보면 다음과 같다.

세상을 바꾸는 위대한 비전

세상을 바꾸는 위대한 비전은 멀리 보는 습관에서 나온다. 세계적으로 성공한 경영자는 줄곧 10년, 20년 후의 미래를 생각하면서 필요한 의사결정을 해온 사람들이다. 그 대표적인 인물이 소프트뱅크의 손정의 회장이다. 그가 비전을 얼마나 소중하게 생각하는지를 짐작하게 하는 에피소드를 하나 살펴보자.

창업 당시, 스물네 살의 손정의 회장은 직원 두 명을 채용해 허름한 창고에서 아침조회를 하며 이렇게 열변을 토했다.

"우리 회사는 5년 내에 1백억 엔, 10년 후에는 5백억 엔 그리고 앞으로 1조 엔대의 기업이 될 것이다."

그런데 그 다음 날 두 명의 직원은 사장이 머리가 어떻게 된 모양이라고 하면서 회사를 그만뒀다고 한다. 그들은 아마도 경영자의 비전을 공유하지 못할 만큼 소견이 얕았던 모양이다. 어쨌든 손정의 회장은 "눈앞을 보기 때문에 멀미를 느끼는 것이다. 몇 백 킬로미터 앞을 보라. 그곳은 잔잔한 물결처럼 평온하다. 나는 그런 장소에 서서 오늘을 지켜보고 사업을 하고 있기 때문에 전혀 걱정하지 않는다"라고 말한다.

손정의 회장의 멀리 보는 습관은 그가 열아홉 살에 만들었다는 '인생 50년 계획'에서 그 싹을 알아볼 수 있다. 그의 인생계획서에는 이런 내용이 적혀 있다.

"20대에 이름을 날린다. 30대에 최소한 1천억 엔의 자금을 마련한다. 40대에 사업에 승부를 건다. 50대에 연매출 1조 엔의 사업을 완성한다. 60대에 다음 세대에게 사업을 물려준다.”

금융시장의 미래를 이끌어가는 미래에셋의 박현주 회장 역시 “미래 시각으로 현재를 보는 습관이 내 성공비결이다. 그밖에 균형감각이나 남들과 다른 관점의 소수게임, 즉 원칙을 염두에 두고 밝을 때는 그림자를 어두울 때는 빛을 볼 수 있는 인식의 전환이 또 다른 성공요인이다”라고 밝히고 있다.

특히 혼란스러울수록 멀리 보는 것이 중요하다. 역사나 경영 등 모든 것에는 항상 굴곡이 있게 마련이다. 그래도 멀리 떨어져서 보게 되면 변화무쌍한 세상이 질서정연하게 보일 수 있다. 마치 먼 하늘 위에서 육지를 보면 모든 것이 한눈에 들어오는 것처럼 말이다.

위대한 경영자는 현장을 제대로 파악함과 동시에 멀리 떨어져 미래를 내다보는 능력을 겸비해야 한다는 사실을 기억해야 한다.

잘 쉬는 CEO가 일도 잘한다

경영자는 미래에 대한 시각과 안목을 기르기 위해 기꺼이 시간을 투자해야 한다. 그런데 실제로 경영자들은 겨우 2.4퍼센트의 시간만 미래 구상을 위해 사용한다고 한다. 물론 바쁜 일상과 현업에 파묻히다 보면 그 누구에게도 위임할 수 없는 경영자의 역할, 즉 전체를 조망하고 조직의 미래를 설계하는 일을 소홀히 할 수밖에 없다. 하지만 이러한 모습은 경계해야 한다.

CEO가 챙기지 않아도 될 일은 가능한 한 하부에 위임하고 24시간이라는 시간표 안에 미래가 들어올 수 있도록 시간을 비워놓아야 한다. 하루를 정신없이 바쁘게 보내는 리더는 "장작을 패는 데 쓸 수 있는 시간이 8시간이라면, 나는 그중 6시간은 도끼날을 날카롭게 세우는 데 쓸 것이다"라고 했던 링컨의 말을 되새겨볼 필요가 있다.

리더는 조직의 미래를 결정짓는 비전을 창출하기 위해 일부러라도 '노는 시간', '한가한 시간', '망각의 시간'을 만들어야 한다. CEO는 너무 바쁘면 안 된다. CEO의 시간과 관심은 회사의 가장 중요한 자원 중 하나이기 때문이다. 가장 중요한 자원을 미래를 위해 투자하는 것은 당연한 일이다.

정곡을 찌르는 독특한 아이디어는 주로 일에서 한 발 떨어져 있을 때 도출된다. 세계 최고의 부자 빌 게이츠가 매년 2주일씩 현업에서 떨어져 생각하는 주간Thinking weeks을 갖는 것은 이러한 이유 때문이다.

창조적이고 인간적인 조직을 만드는 핵심가치의 힘

행복한 회사를 만들기 위한 비전은 어떻게 수립해야 할까? 어떤 비전이어야 기업의 나침반 역할을 하면서 조직 구성원에게 꿈을 심어줄 수 있을까? 경영자가 한두 시간 고민해서 비전 선언문을 만들고 이를 조직 구성원에게 발표하는 것으로 비전 수립이 완료되는 것일까? 물론 아닐 것이다. 급히 만들어낸 비전으로 사람들의 마음을 움직이기는 어렵다. 그렇다면 비전을 통해 사람들의 마음을 움직이기 위해서는 어떻게 해야 할까?

여기서는 행복경영 관점에서 비전을 살펴보도록 하겠다. 짐 콜린스는 《성공하는 기업들의 8가지 습관》에서 "경영인이 영리에만 관심을 기울이면 회사 내에 긍정적인 분위기를 조성할 수 없다. 무언가 삶의 의미를 주고 직원 자신 및 자녀의 미래에 희망을 주는 비전을 제시해야 한다"라고 핵심가치의 중요성을 다루고 있다. 미하이 칙센트미하이도 《몰입의 경영》에서 "비전을 지닌 경영자의 독특한 속성은 다른 사람에게도 이익이 되는 것을 중요한 목표로 삼는 태도라고 할 수 있다. 이러한 비전은 사람들이 열정을 불태우도록 유도할 뿐 아니라 자신이 속한 기업의 직무 이상을 해보겠다는 의욕을 갖게 한다"라고 이타성을 강조하고 있다.

기업경영은 경영자의 꿈을 실현하는 도구도 경영자의 배를 불리는 도구도 아니다. 종업원과 그 가족의 미래를 챙겨주고 나아가 인류사회 발전에 공헌하는 것처럼 고매한 '대의명분'을 목적으로 삼을 때, 그 기업은 구성원 모두의 일치단결된 노력 아래 건전하게 발전해나갈 수 있다. 직원, 고객, 사회 그리고 주주의 행복을 극대화하는 행복경영의 근저에는 이처럼 이익보다 사회적 가치를 우선적으로 창출하는 고매한 목적, 즉 비전과 핵심가치가 자리 잡고 있다. 행복한 기업의 비전은 기업주나 주주의 이익을 초월해 보다 원대한 목표를 지향하는 것이다.

그렇다면 행복한 기업의 비전을 이루는 구성요소는 무엇인가? 그것은 탁월성의 추구, 인간에 대한 존중, 보다 넓은 환경에 대한 관심이다. 이 세 가지 요소를 고루 갖춘 기업은 더 이상 수익 창출의 도구로 머물지 않고 삶을 개선시키는 창조적이고 인간적인 조직으로 거듭나게 된다.

그러면 미하이 칙센트미하이의 《몰입의 경영》을 참고로 영혼이 깃든 기업가의 비전에 대해 좀더 깊이 살펴보기로 하겠다. 자주 언급되는 기업의 목적 가운데 하나는 탁월한 기업이 되려고 노력하는 것이다. 특정 분야에서 탁월한 기업이 되면 수익과 명성은 자연히 따라오게 된다. 따라서 이러한 탁월성의 추구에는 이기적인 목표가 개입된다고 볼 수도 있다. 그러나 완벽할 정도로 이상적인 수준에 도달하려는 노력은 개인이 한 단계 더 높은 성과를 내도록 유도할 뿐 아니라 그 부산물로써 물질적인 발전도 따르게 된다. 그러므로 경영자가 탁월성을 추구하는 비전은 결국 그 조직 구성원의 발전을 위한 것이기도 하다.

그 다음으로는 다른 사람에게 이익이 될만한 일을 하는 것이다. 존 템플턴_{John Templeton}은 이러한 가치관을 다음과 같이 간결하게 표현했다.

"주고자 하는 사람은 받을 것이요, 얻고자 하는 사람은 얻지 못할 것이다."

또한 맥도날드의 잭 그린버그는 기업가의 입장에서 이러한 가치관이 주는 이익을 구체적으로 설명하고 있다.

"기업이 속해 있는 공동체에 받은 것을 돌려주는 것은 훌륭한 행동이다. 개인이든 기업이든 우리는 모두 사회적 의무를 안고 있기 때문에 그렇게 하는 것이 옳다. 이것은 결국 기업 차원에서 이득이 된다. 이런 활동을 하면 분명 회사 브랜드에 도움이 된다. 물론 회사에 도움이 된다는 이유로 그렇게 하는 것은 아니지만 회사 브랜드에 도움이 된다는 결과는 마찬가지다."

리더의 비전이 인류 발전이나 환경보전에 공헌한다거나 우주의 위대한 섭리에 순종한다는 것처럼 고차원적 목표를 포함하면 그 기업은 영혼을 지닌 조직으로 거듭나게 된다. 더불어 기업은 진정으로 공공의 이익과 복지에 기여함으로써 사회의 지원을 통해 확실한 생존을 보장받게 된다.

그러므로 경영자는 조직 내에 영혼을 불어넣는 것은 물론 금전적 수익이 기대에 못 미치더라도 사회적 책임을 다하는 것이 가치 있는 일이라는 사실을 모든 조직 구성원에게 확신시켜 주어야 한다. 영혼이 담긴 진정한 비전을 품고 이를 실천에 옮긴다면, 이것은 모든 조직 구성원의 에너지를 결집할 수 있는 강력한 요인이 될 수 있다.

이윤은 단지 부수적인 것이다

앞서 말한 것처럼 의약품 및 특수 화학분야에서 오랜 전통을 자랑하는 머크사의 창업주 조지 윌리엄 머크는 경영이념이 "이윤은 단지 부수적인 것에 불과하다는 사실을 망각하지 않는 한 이윤은 저절로 나타나게 된다"는 것이라고 표방했다. 중요한 것은 머크의 이러한 경영이념이 단순한 선언에 그친 것이 아니라 일상의 경영활동에서 의사결정의 제1 척도로 활용되었다는 점이다.

1990년, 머크사는 리버 블라인드니스(제3세계 국가에서 수백만 명이 감염된 병으로 기생충이 신체에 침투해 실명에 이르게 한다)라는 병을 치료하는 '멕티잔Mectizan'을 개발했다. 그야말로 잠재고객이 수백만 명이나 되는 시장성이 풍부한 치료제였다. 놀라운 점은 그 잠재고객이 실질적으로 치료제를 구매할 능력이 없음에도 머크사가 그 치료제 개발을 추진했다는 것이다. 머크사는 비록 많은 수익을 얻을 수는 없겠지만 정부나 제3세계 단체에서 약을 구입해줄 것이라는 기대로 프로젝트를 진행했고, 약을 개발한 후에는 회사 자체 비용으로 약을 배포하기도 했다.

만약 머크의 경영이념이 이익 추구에만 있었다면, 머크의 경영진은 결코 이러한 의사결정을 내리지 못했을 것이다. 그들에게 '의약품은 환자를 위한 것'이라는 오랜 믿음과 신념이 있었기에 기꺼이 멕티잔 프로젝트를 진행할 수 있었던 것이다. 멕티잔 개발 당시 최고경영자였던 로이 배젤로스^{Roy Vagelos}는 "멕티잔을 개발하지 않으면 '인간생활의 개선과 보존'이 목표인 회사의 과학자들을 비도덕적으로 만들지도 모른다는 생각이 들었다"라고 개발 이유를 밝혔다. 그리고 다음과 같이 덧붙였다.

"15년 전 처음으로 일본에 갔을 때, 나는 기업가들로부터 2차 대전 후 일본이 결핵으로 신음할 당시 스트렙토마이신^{Streptomycin}을 제공한 곳이 바로 머크였다는 이야기를 들었다. 물론 머크는 이익을 남기지는 못했다. 하지만 머크가 오늘날 일본에서 가장 큰 제약회사가 된 것은 우연이 아닐 것이다. 개인적으로 나는 그런 활동의 결과는 뚜렷하지 않지만 장기적으로 언제나 보답이 있다고 생각한다."

머크사뿐 아니라 소니나 포드같이 창업 이후 수십 년간 지속

 행복경영

적으로 성공을 거둔 기업은 실제로 자사의 주요 목표나 동인으로 이익 극대화나 주주의 부의 극대화 같은 개념을 설정하지 않는다. 이들은 기업을 단순히 돈을 벌기 위한 수단으로 여기는 것이 아니라 그 이상의 의미를 부여하는 것이다.

최근 세계인의 선망을 받는 구글 또한 이 점을 잘 실천하고 있다. 구글의 아태 남미 총괄부사장 수킨더 싱 캐시디_{Sukhinder Sing Cassidy}는 얼마 전 한국을 방문한 자리에서 구글의 신규사업 성공 비법을 다음과 같이 공개했다.

"우리가 새 사업에 뛰어드는 방식은 비즈니스모델을 중시하는 다른 회사와 다르다. 우리는 새 사업을 시작할 때, '이를 통해 이익을 얼마 거둘 수 있다' 라고 절대로 말하지 않는다. 초기 단계의 논의는 철저히 사용자에게 초점을 맞춘다. 사용자 관점을 제외한 모든 논의는 배제한다."

이러한 인식과 실천은 기업을 영속기업, 행복한 기업으로 이끈다. 영속기업은 고객, 직원, 사회, 주주로부터 사랑과 존경을 받아야만 가능해진다. 무엇보다 영속기업은 고객이 필요로 하는 것, 불편해하는 것에 초점을 맞춰 서비스 개발 계획을 짜고 이러한 관점을 유지해 사업을 전개하다 보면 자연스럽게 투자수익률도 높아진다는 것을 잘 알고 있다.

수년 전, 국내에서 선풍적 인기를 얻었던 게임 카트라이더의 성공신화에도 이런 비밀이 숨어 있다. 정영석 넥슨 카트라이더 개발실장은 게임을 개발하면서 자신이 깨달은 것을 이렇게 전하고 있다.

"게임을 개발할 때 무얼 만들어야 할지보다 돈을 벌어야겠다는 생각부터 한 적이 있다. 그러나 돈을 벌겠다는 게 목표가 되면 이상하게 돈을 벌 수가 없었다. 오히려 많은 사람에게 즐거움을 줘야겠다는 생각을 하고 어떻게 하면 즐거움을 줄까만 고민했더니 대박이 터졌다."

언제 어떤 상황에서든 이익이 아닌 고객가치를 우선시한 기업은 역설적이게도 성공을 했다. 이것이 바로 행복경영이 추구하는 기업의 핵심가치이고 이러한 가치가 비전에 녹아들어야 오래도록 성공을 거둘 수 있다.

물론 회사가 어려움에 처해 있을 때는 당장의 이윤을 추구할 수밖에 없다고 생각할 수도 있다. 그러나 위기의 순간에 경영이념을 재정비하고 이를 추구한 다음의 사례를 살펴보자.

1980년대 초, 일본 경쟁업체의 공세로 위기를 맞은 포드사는 3년간 자산의 43퍼센트에 해당하는 33억 달러의 순손실을 입고 있었다. 이 위기를 벗어나기 위해 경영진은 일련의 긴급 조치를 수행해나갔다. 여기서 주목할 것은 그들이 원칙을 마련하기 위한 휴식과 토론시간을 가졌다는 점이다. 이를 통해 그들은 포드의 미션, 가치, 지도 원칙으로 '3P People, Product, Profit'를 제시했는데, 그중에서도 사람이 가장 중요하고 제품이 두 번째, 그리고 이익이 세 번째였다.

이 3P는 사실상 창립 초기에 헨리 포드가 제창한 기업이념을 다시 일깨운 것이다. 헨리 포드는 이미 1916년에 다음과 같이 말했다.

"나는 자동차를 팔아 엄청난 이익을 남겨야 한다고 생각하지 않는다. 이윤은 적정수준이 타당하며 지나치게 많지 않아야 한다. 나는 자동차에 적당한 이익을 붙여 파는 것이 낫다고 생각한다. 그렇게 해야 많은 사람이 자동차를 사서 이용할 수 있으며, 상당한 수준의 임금으로 많은 종업원에게 일자리를 제공할 수 있기 때문이다. 이 두 가지야말로 내 일생의 목표라 할 수 있다."

포드는 1908년부터 1916년까지 가격을 58퍼센트 내린 저렴한 모델 T를 1,500만 가구에 공급해 오늘날의 미국식 생활방식을 형성한 주역이 되었다. 당시 포드는 생산 능력 이상의 차량을 주문받고 있었고 충분히 가격을 올릴 수 있었다. 그러나 포드는 주주의 소송에도 불구하고 계속 가격을 내렸고 종업원에게 표준임금의 두 배에 달하는 일당 5달러를 지급해 전체 산업계에 충격을 주었다.

회사를 설립한 지 얼마 되지 않은 경영자 중에는 비전이나 핵심가치는 어느 정도 여유가 생긴 다음에 고민할 문제라고 생각하는 사람이 많다. 이는 일종의 '닭이 먼저냐 달걀이 먼저냐' 하는 논쟁과 같다고 볼 수 있다. 그러나 회사의 꿈과 비전은 분명 기술개발이나 마케팅 그리고 직원채용보다 앞서야 한다. 온라인 교육과정개발 전문회사 디유넷의 정종욱 사장은 수년 전 사업을 시작하면서 분야별 협력업체 선정을 위해 관련업체 60개 기업을 대상으로 프레젠테이션을 받았다고 한다. 그중 오늘날까지 생존한 기업은 7개 업체인데, 흥미롭게도 당시 교육에 대한 이념과 사명이 투철했던 9개 기업 중 6개 기업이 살아남은 반면, 그렇지 않은 51개 기업 중에서는 오직 한 기업만 지금까지 명맥을 유지하고 있다고 한다.

그만큼 사회적 가치를 중시하는 기업의 사명과 핵심가치가 그 회사의 성공에 결정적 영향을 미친다는 점을 알 수 있다. 어느 회사든 설립 초기에 가장 먼저 해야 할 일은 조직을 지탱하는 지주 같은 경영이념과 핵심가치를 확고히 다지고 이를 전사적으로 공유하는 일이다.

한편, 핵심가치는 적합한 인재를 확보하고 유지하는 데도 일정한 역할을 한다. 직장은 단순히 생계를 위한 수단에 그치는 것이 아니라 자아실현과 사회에 기여하는 장이기도 하다. 따라서 자신이 속한 회사가 추구하는 의미 있는 핵심가치와 경영이념은 직원들이 자부심을 가지고 헌신할 수 있는 정신적 지주 역할을 한다. 그런 점에서도 이익을 뛰어넘는 핵심가치를 갖는 것의 의의를 찾을 수 있다.

한 사람의 꿈은 꿈으로 남지만, 만인의 꿈은 현실이 된다

리더가 미래에 대한 통찰력을 기초로 기업의 훌륭한 핵심가치를 세우고 올바른 비전을 정립했다면, 이를 기업의 조직 구성원과 공유해야 한다.

"한 사람의 꿈은 꿈으로 남지만, 만인의 꿈은 현실이 된다"는 유목민의 속담처럼 비전과 핵심가치를 전체 조직 구성원이 공유하지 못하면, 이는 경영자 혼자만의 꿈에 그치고 만다.

HP의 존 영John Young 회장은 직원과의 공감대 형성의 중요성을 다음과 같이 지적하고 있다.

"성공하는 회사는 최고경영진에서 말단직원에 이르기까지 총체적인 목적에 하나의 공감대를 이루고 있다. 아무리 현명한 경영전략도 직원과의 공감대가 없으면 실패하고 만다."

손자병법에 나오는 상하동욕자승上下同欲者勝과 같은 의미이다.

구성원간의 비전 공유를 매우 중요시해 비전에 동참하지 못하는 이들을 과감하게 퇴출시키는 경영자도 있다. 대표적으로 잭 웰치 회장은 당장의 성과가 뛰어날지라도 핵심가치를 공유하지 못하는 임원은 과감히 내보냈고, 대신 성과는 다소 떨어지더라도 핵심가치를 철저히 공유하는 임원에게는 한번 더 기회를 주는 정책을 통해 전직원이 핵심가치를 중요한 요소로 생각할 수 있도록 했다. 로드웨이Roadway의 빌 졸라스Bill Zollars 역시 자신이 지향하는 방향에 열의가 없는 이들을 조직 내에 그대로 머물게 하는 것은 공정한 처사가 아니라고 여겼다. 그런 사람을 제거하지 않고 놔둔다면 결국 그들과 함께 모든 구성원이 타고 있는 배는 좌초될 수밖에 없다는 것이 그의 지론이다.

동서고금을 막론하고 같은 꿈을 향해 서로 믿고 의지하며 돌진하는 조직을 가로막을 수 있는 것은 아무것도 없다. 비전을 공유하면 조직 구성원은 공통된 목표를 향해 하나로 뭉칠 수 있기 때문이다. 따라서 리더는 구성원 모두가 같은 꿈을 갖고 한 방향으로 힘과 지혜를 결집시키도록 해야 하며, 그러기 위해 비전을 전파하고 핵심가치를 공유할 수 있도록 노력해야 한다.

비전이나 경영이념은 한번 선언하는 것으로 끝내서는 안 된다. 처음에 3, 4번 반복하면 직원들은 '또 같은 소리 하네'라고 생각하고 5, 6회가 되면 '아무래도 중요한가 보다'라고 생각한다. 적어도 10회는 되어야 경영자의 본심이 제대로 전달되어 반응을 보이게 된다. 같은 이야기를 반복하는 사람으로 여겨질까 두려워 주저해서는 안 된다.

ABB의 퍼시 바네빅Percy Barnevik 회장은 "정말 중요하다고 생각하는 일은 모든 사람의 뇌리에 새겨질 수 있도록 100번이고 반복해야 한다"라고 말했다. 잭 웰치는 "나는 GE가 추진하는 모든 일에 가장 열렬한 지지자가 되었다. 나는 어떤 아이디어나 메시지를 조직 전체에 전달하고자 할 때 한번도 이 정도면 충분하다고 말해본 적이 없다. 나는 어떤 중요한 아이디어가 있으면 그것을 수년에 걸쳐 온갖 종류의 회의 때마다 수없이 반복해서 강조하고 또 강조했다. 나중에는 아예 신물이 날 정도였다. 내 커뮤니케이션 방법은 종종 과도한 면이 있었고, 어쩌면 강박관념으로까지 보였을지도 모른다. 그러나 나는 10번을 얘기하지 않으면 한번도 얘기하지 않은 것과 같다고 생각한다"라고 반복적인 커뮤니케이션의 중요성을 강조하였다.

사장을 포함한 회사의 경영진은 당연히 회사의 나아갈 방향에 대해 많은 시간을 고민한다. 그리고 일반 직원도 자신과 똑같을 것이라고 착각을 한다. 그래서 그들은 한번만 얘기를 해도 직원이 그 의미나 중요성을 쉽게 깨닫고 비전에 동참할 것이라고 생각한다.

하지만 조직 구성원은 회사 일 말고도 나름대로 자신에게 중요한 많은 일을 고민하며 살아가기 때문에 비전이나 핵심가치를 한두 번 듣는 것으로는 그 의미를 제대로 이해하지 못한다. 설사 오늘 이해를 했다고 하더라도 몇 달이 지나면 잊고 만다. 이것이 현실이다. 따라서 모든 조직 구성원이 한 방향으로 나아가게 하려면 회사의 비전과 핵심가치를 직원이 피부로 느낄 수 있도록 시간이 날 때마다 강조하는 것은 물론, 이를 표어로 제작해 사내 곳곳에 부착한다든지 불시에 직원 대상의 필답고사를 본다든지 하는 방법으로 비전과 가치가 전체 직원의 사고와 행동양식에 녹아들 수 있도록 해야 한다.

그밖에 기업의 전략과 조직구조 등을 비전과 경영이념에 부합하도록 조정하고, 조직 구성원이 일상생활 속에서 핵심가치를 의사결정의 첫 번째 척도로 사용할 수 있도록 해야 한다. 나아가 조직 구성원 사이에 비전과 경영이념을 중시하는 문화가 형성되도록 해야 한다. 필요하다면 심도 있는 교육 프로그램을 진행할 수도 있다.

어떤 노력을 통해서든 조직의 모든 구성원이 기업의 비전에

흠뻑 젖어들도록 해야 한다. 그렇지 못하면 비전과 핵심가치는 아무런 생명력을 얻지 못한다. 이나모리 가즈오는 비전 공유가 어떻게 기업의 실질적인 성과로 이어지는지 간결하게 설명하고 있다.

"기업 세계에서는 창업자가 사망한 이후 급락하는 기업을 흔히 볼 수 있고, 또한 100년이 넘는 경우 극소수를 제외하고는 영업수익률이 대개 1~3퍼센트 수준에 머문다. 창업 이후 100년이 넘고 창업자가 사망해도 높은 실적을 내는 기업은 공통점이 있는데, 그것은 전체 직원이 경영이념을 공유하고 있다는 것이다."

한마디로 성공한 기업, 그리고 그 기업을 이끈 경영자는 기업을 지탱하게 해주는 핵심이념과 비전을 공유하는 데 힘썼고, 이를 통해 조직 구성원 개개인에게 꿈과 비전을 심어주었다는 얘기다. 아주그룹의 김재우 부회장은 횟수에 관계없이 특정 직원이 핵심가치를 완전히 이해했다고 판단되는 순간까지 끝없이 이야기를 계속한다고 하는데 이는 많은 경영자가 새겨들을 만한 대목이라고 생각한다.

6

기업은 끊임없이 진화하는 생명체다

변화는 두려워하는 사람에게만 위협이 될 뿐이다. 일이 잘못될지 모른다고 생각하기 때문이다. 반면 희망이 있는 사람에게 변화는 힘을 북돋워준다. 일이 잘될지 모른다고 생각하기 때문이다. "비관론자는 모든 기회 속에서 어려움을 찾아내고 낙관론자는 모든 어려움 속에서 기회를 찾아낸다"는 윈스턴 처칠의 말처럼, 낙관적이고 희망이 있는 사람에게 '변화는 곧 기회'가 된다.

변화는 두려워하는 사람에게만 위협이 될 뿐
이다. 일이 잘못될지 모른다고 생각하기 때문
이다. 반면 희망이 있는 사람에게 변화는 힘을
북돋워준다. 일이 잘될지 모른다고 생각하기
때문이다. "비관론자는 모든 기회 속에서 어
려움을 찾아내고 낙관론자는 모든 어려움 속
에서 기회를 찾아낸다"는 윈스턴 처칠의 말처
럼, 낙관적이고 희망이 있는 사람에게 '변화
는 곧 기회'가 된다.

변화와 혁신을 즐겨라

　　　　　　　지금까지 행복한 기업을 가꿔나가기 위한 방법 중 하나로 조직 구성원이 비전을 공유함으로써 하나로 똘똘 뭉쳐 강한 회사로 거듭나는 방법을 살펴보았다. 그러나 이것만으로는 요즘 같은 글로벌 무한경쟁시대에 오랫동안 생존하고 지속적으로 성공을 거두기는 어렵다. 지금은 역사상 그 어느 때보다 변화와 혁신이 강조되고 있고, 이는 시간이 지남에 따라 더욱 강해질 뿐 결코 줄어들 것으로 보이지 않는다. 따라서 오랫동안 생존 가능한 강한 기업, 이해관계자 모두가 행복한 기업으로 거듭나려면 끊임없이 진화하는 생명체처럼 살아 숨 쉬는 기업으로 만들어야 한다.

변화하지 않는 개체는 모두 죽는다

《종의 기원》으로 유명한 찰스 다윈은 "결국 살아남는 종은 강인한 종도 아니고, 지적 능력이 뛰어난 종도 아니다. 변화에 가장 잘 대응하는 종이 살아남는 것이다"라고 말함으로써 변화할 줄 아는 적자만 생존하는 것이 자연법칙임을 강조하고 있다.

자연은 생명체든 기업이든 환경변화에 적응하지 못하고 변하지 않는 모든 개체에 무자비하다. 인류 역사를 보더라도 안정은 예외적인 사건에 불과하다. 역사에 기록될 만한 큰 성장과 발전은 모두 불안정 속에서 진행된 변화와 혁신으로부터 비롯된 것이다.

사실, 변화와 혁신은 어제오늘의 일이 아니다. 차이가 있다면 오늘날의 변화가 보다 광범위하게 그리고 보다 큰 폭으로 진행되고 있다는 것이다. 경영전략의 대가 게리 하멜Gary Hamel은 자신의 저서 《꿀벌과 게릴라 Leading the revolution》에서 오늘날을 '혁명의 시대'로 부르고 있다. 이제 변화는 더 이상 점진적이지 않으며 또한 단선적으로 움직이지도 않는다. 21세기의 변화는 불연속적이고 돌발적이다. 지속적인 개선은 산업화시대의 개념일 뿐이고 이제는 누구보다 빠르게 보다 급진적으로 혁신해야 한다. 제아무리 초일류기업일지라도 한순간만 방심하면 곧바로 생존을 위협받을 수 있는 시대이기 때문이다. 실제로 다음에 소개되는 노키아와 모토롤라의 이야기는 특별한 사례가 아닌 언제 어디서든 찾아볼 수 있는 평범한 일이다.

　1994년에서 1999년까지 이동전화의 판매대수는 전세계적으로 연 2천6백만 대에서 3억 대로 폭발적으로 증가했다. 같은 시기에 기술은 아날로그에서 디지털로 바뀌었는데, 1997년까지 이동전화 사업의 세계적인 선도기업이던 모토롤라는 디지털 무선기술로 넘어가는 순간에 1~2년 정도 시기를 놓쳐버렸다. 바로 그 황금기에 그때까지 무명이던 북유럽 기업 노키아가 세계 1위 업체로 떠올랐다.

　2007년 기준으로 노키아의 전세계 시장점유율은 35퍼센트 수준에 이르는 반면, 모토롤라는 15퍼센트로 노키아의 절반에도 못 미치고 있다. 10년 전만 해도 스노타이어와 고무보트를 생산하는 소규모 기업에 불과하던 노키아가 순식간에 세계적인 초일류기업으로 부상한 반면, 세계를 호령하던 모토롤라는 불과 몇 년 사이에 생존을 걱정해야 하는 상황으로 내몰리게 된 것이다.

　이처럼 모토롤라는 단지 1~2년의 시기를 놓쳤을 뿐이지만, 이를 따라잡는 것은 10~20년이 걸릴지 아니면 아예 불가능할지 알 수 없다. 시간이 갈수록 변화 속도가 가속화하고 있기 때문이다. 물론 노키아도 이러한 변화에서 예외일 수는 없다.

　대한민국을 대표하는 초일류기업 포스코의 이구택 회장은 "예전에 철강 경기는 1~4년 사이클을 따라 주기적으로 변화하고 움직였지만 지금은 상황이 급변했다. 지금은 1년은커녕 분기 앞도 예측하기 어려울 정도로 불확실성이 커지고 있다. 이런 때일수록 초단기 예측 능력을 강화하고 발 빠르게 대처할 수 있어야 한다"라고 강조한다.

과거에는 한번 정상에 도달하면 오랜 기간 정상을 차지할 수 있었다. 그러나 지금은 철강 같은 장치산업도 분기 앞을 내다보기 힘든, 즉 한순간이라도 긴장의 끈을 늦추면 곧바로 나락으로 떨어지는 무시무시한 세계가 우리 앞에 펼쳐지고 있는 것이다.

2005년 10월, 〈포춘〉이 발표한 '아시아에서 가장 영향력 있는 비즈니스 리더 25인' 중 윤종용 삼성전자 부회장이 1위를 차지했다. 윤 부회장이 1997년 삼성전자 총괄사장으로 취임한 이후 매출은 20조 1,000억 원에서 2004년 57조 6,000억 원으로 3배 가까이 늘었고, 순이익은 3,000억 원에서 2004년 10조 7,700억 원으로 36배가 증가했다. 이처럼 엄청난 성공을 거둔 윤종용 부회장에게 삼성전자의 성공비결을 물어보면 그는 항상 "끊임없는 기술혁신"이라고 말한다. 특히 그는 "돌다리도 두들긴다는 잣대는 옛날식 개념이다. 지금처럼 시간과 공간의 장벽이 무너지는 시대에는 흙다리라도 건너는 과감한 자기혁신이 필요하다"라며 혁신의 중요성을 강조하고 또 강조한다. 이러한 경영관은 분명 오늘날 삼성전자를 세계적인 기업으로 도약시키는 데 큰 역할을 했을 것이다.

풍족함을 경계하라

혁신革新의 혁革은 '가죽 혁' 자로, 혁신이란 갓 벗겨낸 가죽皮을 무두질해 새롭게 만든다는 뜻에서 유래한 것이다. 즉, 혁신은 가

죽을 벗기는 아픔을 이겨내야 한다는 의미를 내포하고 있다. 하지만 그 당위성에도 불구하고 변화와 혁신을 실행에 옮기기는 결코 쉽지 않다. 그것은 인간의 본능이 변화보다 안정을 희구하는 속성이 있기 때문이다. 사람들은 환경이 변화하고 있다는 것을 알아채지 못하거나 혹은 알더라도 변화를 싫어하는 본성 때문에 애써 외면하기도 한다.

그러나 환경의 변화를 인식하지 못하거나 알면서도 현실에 그냥 안주해버리면, 서서히 끓어오르는 물 속의 개구리가 되고 말 것이다. 펄펄 끓는 물에 개구리를 집어넣으면 개구리는 깜짝 놀라 튀어나온다. 그렇다면 찬물 속에 개구리를 넣고 물을 서서히 가열하면 어떻게 될까? 물이 점점 따뜻해지면 개구리는 온도가 더해지는 것을 자각하지 못하고 편안하게 따뜻함을 즐기다가 결국 기진맥진한 채 그대로 삶아지고 만다.

우리는 자연 생태계에서 비슷한 사례를 많이 찾아낼 수 있다. 뉴질랜드에 사는 키위라는 새는 앞도 못보고 날지도 못한다. 키위가 서식하는 지역이 화산지대라 뱀이나 파충류 따위의 천적이 없고 먹이가 풍부하다 보니 굳이 날아다닐 필요가 없어져 날개와 눈의 기능이 퇴화한 것이다. 이뉴잇innuit의 늑개 사냥도 역시 타성에서 벗어나 변화해야 함을 보여주는 좋은 사례다. 이뉴잇은 늑개를 사냥할 때 날카로운 창에 동물의 피를 발라 들판에 세워둔다고 한다. 냄새를 맡고 모여든 늑개들은 피를 핥다가 추운 날씨 탓에 혀가 마비되고 자신의 혀에서 피가 나와도 누구의 피인지 모르고 계속 창끝을 핥다가 결국 비극적으로 죽어간다는 것이다.

이처럼 주어진 현실에 안주하다 보면 본래 가지고 있던 능력마저 잃게 된다. 따라서 풍족함과 안락함은 즐기는 대상이 아닌 경계해야 할 대상으로 봐야 한다.

가장 불안정한 기업이 가장 안전하다

변화하지 않는 모든 유기체, 즉 개인, 회사, 공공기관, 심지어 국가는 결국 소멸하고 만다. 생존을 위해서는 반드시 변화해야만 한다. 물론 변화와 혁신에는 많은 고통과 아픔이 따른다. 따라서 변화와 혁신 하면 즐거움과 행복 대신 스트레스, 어쩔 수 없이 끌려가기 같은 부정적 이미지가 먼저 떠오른다.

그렇지만 현대를 살아가는 모든 사람은 어느 순간 변화와 혁신이라는 주제가 사라질 것이라는 근거 없는 희망은 버려야 한다. AOL 타임워너의 스티브 케이스Steve Case 전 회장은 현장에 있는 모든 경영자가 동의할 만한 말을 남겼다.

"나는 과거 몇 년간 감당하기 어려운 정도의 혼란을 경험했다. 그러나 앞으로 10년간은 과거 어느 10년보다, 아니 역사 속의 모든 혼란을 합친 것보다 더 큰 혼란이 비즈니스 세계에 찾아올 것이다. 나아가 변화의 속도는 더욱 빨라질 것이다."

미래의 어느 순간에도 지금 이 순간보다 변화의 속도나 폭이 줄어들 시기는 결코 오지 않을 것이라는 사실은 알만한 사람은

모두 알고 있다. 역설적으로 들릴지도 모르지만, 현대 그리고 미래에는 가장 안정된 기업은 불안정하고 가장 불안정한 기업은 안전하다. 그렇다면 우리의 선택은 분명해진다. 피할 수 없으면 즐겨야 한다. 소극적으로 변화에 끌려가기보다 차라리 변화 속에 몸을 던져 남보다 빨리 변화를 즐겨야 한다. 모두가 싫어하는 변화를 즐김으로써 그 속에서 행복을 찾는 것이 승리로 가는 지름길이다.

역사 속의 위인과 위대한 기업은 결코 편안함과 안정, 정상적인 것을 추구하지 않았다. 이들은 불편하지 않으면 편안함을 느끼지 못했던 사람들이다. 이처럼 리더는 안정보다 혼란을 즐길 수 있어야 한다. 나아가 리더는 변화를 즐기는 조직을 만들어야 한다. 마이크로소프트의 빌 게이츠는 "Change(변화)의 g를 c로 바꿔보라. Chance(기회)가 되지 않는가? 변화 속에는 반드시 기회가 숨어 있다"라며 자신의 성공비결에 대해 "날마다 새롭게 변했을 뿐이다"라고 말했다.

변화는 두려워하는 사람에게만 위협이 될 뿐이다. 일이 잘못될지 모른다고 생각하기 때문이다. 반면 희망이 있는 사람에게 변화는 힘을 북돋워준다. 일이 잘될지 모른다고 생각하기 때문이다. "비관론자는 모든 기회 속에서 어려움을 찾아내고 낙관론자는 모든 어려움 속에서 기회를 찾아낸다"는 윈스턴 처칠의 말처럼, 낙관적이고 희망이 있는 사람에게 '변화는 곧 기회'가 된다.

혁신에 성공하기 위한 4가지 원칙

국내에서는 IMF 구제금융 이전까지만 해도 많은 사람이 평생직장을 보편타당한 진리처럼 여겼다. 그러나 지금은 이것을 기대하고 있는 사람을 찾아보기 어려울 정도로 많은 사람이 변화와 혁신의 중요성을 인식하고 있다. 그렇지만 변화와 혁신의 당위성에 대한 인식 제고에도 불구하고 그것이 당장 나에게 필요한 일이라는 인식은 아직 낮은 편이다. 일부는 어떻게 변화해야 할지 그 방법을 몰라 힘들어하기도 한다. 어떻게 하면 변화와 혁신을 즐기는 조직으로 거듭날 수 있을까?

여기서는 《기업이 원하는 변화의 리더Leading Change》로 유명한 하버드대학 존 코터John Kotter 교수의 8단계 변화관리 방안을 간략히 소개하고, 변화와 혁신을 즐기는 조직을 만들기 위해 가장 중요하다고 판단되는 몇 가지 사항을 집중적으로 살펴보고자 한

다. 존 코터는 기업 혁신의 8단계 변화관리 방안을 다음과 같이
정리하고 있다.

1. 기업 내에 변하지 않으면 공멸한다는 위기의식을 전파한다.

2. 변화와 혁신을 이끌고 갈 강력한 변화 추진 세력을 구축한다.

3. 변화 후에 도달해야 할 바람직한 모습, 즉 비전을 창조한다.

4. 이러한 비전을 전체 조직 구성원이 공유할 수 있도록 모든 수단을 강구한다.

5. 현장에서 변화를 추진하는 조직 구성원에게 적절한 권한을 부여하고 장애물을 제거해주는 등 이들이 주인의식을 갖고 책임 있게 변화를 추진하도록 한다.

6. 변화와 혁신은 매우 힘든 과정이므로 지치지 않고 자신감을 유지하면서 꾸준히 변화를 추진할 수 있도록 단기적 성과small wins를 만들어낸다.

7. 샴페인을 일찍 터트리지 말고 달성한 성과를 통합한 다음 후속 변화를 창출한다.

8. 변화와 혁신을 즐기는 문화를 조직 내에 깊이 뿌리박는다.

원칙1 | 자만심과 성공을 경계하라

변화와 혁신을 위해 가장 중요한 것은 자만심을 경계하는 것이다. 위대한 성공은 필연적으로 자만을 낳게 되고 자만하는 사람은 외부환경 변화에 귀를 기울이지 않게 된다. 역사학자 토인

비는 《역사의 연구》에서 그리스, 로마 등 천 년 만 년 영광을 누릴 줄 알았던 강대국이 얼마 못가 망했던 원인은 천재지변이나 외부 침략이 아닌 교만과 안이함 때문이라고 지적하고 있다.

그 대표적인 사례로 이카로스의 패러독스를 생각해보자. 그리스 로마 신화에 나오는 이카로스는 새의 깃털로 날개를 만들어 탈옥하는 데 성공했다. 그런데 하늘로 두둥실 떠오르는 순간 이카로스의 마음 한편에 슬며시 오만함이 고개를 내밀었다. 그러자 세상 누구보다 높이 날 수 있다는 생각에 탈옥이라는 당초의 목적을 잊은 채 가능한 한 높이 날아오르는 데만 열중하게 되었다. 오만함과 자만심의 뒤끝은 항상 좋지 않은 법이다. 이카로스 역시 강렬한 태양빛에 깃털을 이어붙인 밀랍이 녹으면서 결국 추락해 죽고 말았다.

기업이 가장 경계해야 할 대상이 바로 이러한 오만함과 자만심이다. 그것을 경계하지 않으면 성공하는 데 가장 큰 도움을 주었던 제품, 프로세스, 조직구조가 파멸의 원인이 되고 만다. 영속기업이 되려면 과거의 성공을 미래의 가장 위험한 요소로 간주할 수 있어야 한다.

리엔지니어링의 창시자 마이클 해머 Michael Hammer 는 역사의 뒤안길로 사라져간 수많은 기업에 대해 다음과 같이 평가했다.

"수많은 컨설팅 경험을 통해 내가 얻은 단순한 결론은 '자신이 잘한다고 생각하는 순간 여러분은 죽은 사람이다' 라는 것이다. 과거에 성공을 경험한 사람은 세상이 변해도 그 방법대로 하려

 행복
경영

는 경향을 보인다. 따라서 급변하는 세상에서는 어제의 성공전략이 내일의 실패를 위한 처방이 될 수도 있다."

성공한 기업은 자신의 성공 속에 잠재적 실패 요인을 안고 있는 셈이다. 1등 기업이 실패에 직면했을 경우, 경영진은 일단 외부 요인에 핑계를 대지만 사실은 외부환경 변화에 대한 경영진의 대응이 결정적 실패 요인인 경우가 많다. 과거의 성공이 미래의 실패를 낳은 것이다. 결국 성공으로 가는 요체는 겸손, 즉 과거의 성공이 미래의 성공을 보장하지 않는다는 깨달음이다.

미국의 소프트웨어 기업 EDS의 전 회장 레스터 알버탈은 성공하는 기업이 뒤로 밀려나게 되는 이유를 다음과 같이 지적한다.

"대대적인 성공을 거둔 경우, 잘못된 일이 하나도 없는 경우, 시장에서 우위를 점하고 있는 경우, 세상 사람들이 멋지다고 감탄할 만한 근사한 제품을 만들었을 경우, 사람들은 그 상태를 유지하려고 애쓴다. 퇴화의 치명적 이유는 자기만족에 있다."

자만심으로 가득 찬 기업에는 다음과 같은 현상이 나타난다.

첫째, 고객의 소리를 듣기보다 내부 규정이나 지침을 앞세워 고객을 설득하려 한다. 둘째, 남에게 배우는 것을 수치로 여기며 오히려 조언자를 가르치려 한다. 셋째, 새로운 것을 거부하고 과거의 관행에 집착한다. 이것이 기업을 성공에서 멀어지게 하는 길로, 이 세 가지를 뒤집으면 기업의 경쟁력을 강화하는 방법이 된다.

세계 최고 수준의 경영자는 자만에 빠지는 것을 극도로 경계하며, 독점적 지위에도 불구하고 마치 적들에게 완전히 포위된 것처럼 회사를 운영한다. 인텔의 전 회장 앤드류 그로브Andrew Grove는 "성공은 자기만족을 낳고, 자기만족은 실패를 낳는다"라고 말하면서 자기만족을 경계했고, 삼성의 이건희 회장 역시 "위기는 내가 제일이라고 생각할 때 찾아온다. 발전 없는 현재는 자만심에 찬 퇴보이기 때문이다"라고 늘 위기의식을 가질 것을 강조한다.

델 컴퓨터의 창업자 마이클 델Michael Dell은 엄청난 판매실적을 거둔 직원에게도 칭찬은 짧게 하는 대신, 앞으로 더 나은 판매법을 찾아보라고 독려한다. 이러한 분위기가 전체 사업 부문으로 확산되면서 "5초간 승리를 기뻐한 뒤, 무엇을 더 잘할 수 있었는지 5시간 반성하라"는 슬로건까지 생겼다고 한다. "자만심을 부추겨 혁신을 방해하려는 힘은 아무리 작은 것이라도 절대 과소평가하지 말라"는 존 코터의 말도 같은 맥락에서 나온 것이다.

잘 나가는 기업을 도산으로 이끄는 제1 요인은 경영자의 자만과 현실 안주이다. 자만과 현실 안주를 멀리해야 환경변화와 경쟁사의 움직임 그리고 고객의 요구에 보다 정확하고 냉정한 시각을 유지하며 대응할 수 있다. 모든 조직의 리더는 할리데이비슨Harley-Davidson의 리치 티어링크Rich Tearlink 회장의 말처럼 뭔가 이루었다고 생각한 바로 그날, 실패에 대한 걱정을 시작할 수 있어야 한다.

원칙 2 ㅣ 전략적 폐기를 습관화하라

청소년기에 많이 읽는 헤르만 헤세의 소설 《데미안》에는 "새는 알을 깨고 나온다. 하나의 세계를 파괴하지 않으면 새로운 세계로 나갈 수 없다. 알을 깨고 나온 새는 신을 향해 날아간다"는 주옥같은 대목이 나온다. 그런데 대부분의 사람과 조직은 비상을 꿈꾸면서도 기존의 세계를 파괴할 엄두를 내지 못한다. 물론 혁신에는 언제나 위험이 따르지만, 과거에 의존하는 것은 미래를 더욱 위험하게 만든다.

성공한 기업이 쇠락하는 이유는 지나간 성공에 도취되고 자만심에 빠지기 때문이다. 따라서 기업이 지속적인 성과를 달성하려면 자신의 성공을 스스로 파괴함으로써 혁신을 이뤄나가야 한다. 이와 관련하여 피터 드러커 교수는 조직의 리더라면 누구나 가슴 속에 새겨둘 만한 통렬한 지적을 하고 있다.

"당신의 경쟁사가 당신 회사를 쓸모없게 만들도록 하는 것보다 당신 회사가 스스로 자신을 쓸모없게 만드는 것이 비용이 덜 들고 이익이 더 크다."

나아가 그는 3년에 한번씩 기업의 모든 관행을 재검토하고, 과거의 행위를 더 잘하기 위해 노력할 것이 아니라 상황에 적합하지 않은 것은 모두 전략적으로 폐기해야 한다고 주장한다. 실전 경영의 대가 빌 게이츠 역시 같은 맥락의 이야기를 들려주고 있다.

"시장에서 자사제품은 2~3년 내에 구식제품이 될 것이며, 다만 그것이 자신들에 의한 것인지 아니면 다른 기업에 의한 것인지가 문제일 뿐이다."

결국 누가 시켜서가 아니라 스스로 자신을 즐겁게 파괴할 줄 아는 아픔을 견디는 조직이 오랫동안 번성할 수 있다는 얘기다. 그 대표적인 기업이 질레트로, 면도기시장에서 세계 1위 업체인 이 기업은 스스로 자신을 파괴함으로써 변화를 창조하는 데 남다른 능력을 보이고 있다.

트랙 2라는 이중 면도날이 달린 면도기를 출시한 질레트는 그것이 최고의 판매율을 보일 때, 면도기 헤드가 움직이는 아트라 회전 면도기를 선보였다. 그리고 아트라가 전체 시장을 석권하고 있을 때 이중 면도날이 따로 움직이면서 충격을 흡수하는 센서라는 신제품을 출시하였다. 여기가 끝은 아니었다. 센서가 기존 시장을 완전히 뒤집어 전세계 시장의 65퍼센트를 차지하고 있을 때, 질레트는 3개의 회전 면도날이 달린 마하 3을 내놓았다. 이러한 과정을 통해 질레트는 여전히 세계시장의 65퍼센트 이상을 점유하고 있다.

질레트는 잘 나갈 때 스스로를 창조적으로 파괴할 줄 알아야 한다는 것을 잘 보여준다. 사업이 한창 잘 나갈 때가 그 사업을 파괴할 시점이라는 것을 보여주는 대표적인 사례인 것이다.

불황은 언제나 기업이 최정상에 있을 때 시작된다. 제품이 가장 잘 팔리는 때가 판매부진의 시작점인 것이다. 따라서 최정상을 달릴 때 실패를 염두에 두는 경영자야말로 현명한 경영자라 할 수 있다. 앤드류 그로브의 말대로 편집광만이 살아남는 시대가 현실화하고 있다.

원칙3 | 없는 위기도 만들어 전파하라

그러면 기업이 변화와 혁신을 추진하기 위해서는 어떻게 해야 할까? 기업이 혁신을 추진할 때 무엇보다 중요한 것은 조직 구성원의 적극적인 협력이다. 하지만 인간은 변화에 저항하는 본능이 있기 때문에 조직 구성원의 자발적인 참여를 이끌어내는 것은 쉽지 않다. 따라서 "지금 변화하지 않으면 곧바로 죽는다"는 것을 체감할 수 있는 위기를 만들어 전파할 필요가 있다. 그런 위기감은 단순히 머릿속에서 맴도는 정도로는 안 된다. '이 길이 아니면 안 된다'는 절박함을 몸으로 느끼는 순간, 비로소 변화가 가능해진다.

존 코터는 조직혁신을 시도할 때 경영자가 범하는 가장 큰 실수는 동료 경영진이나 직원에게 충분한 위기의식을 불어넣기도 전에 혁신을 시작하는 것이라고 지적했다. 이런 실수는 매우 치명적이며 특히 자만심과 무사안일이 팽배한 조직에서 경영혁신의 목적을 달성하는 것은 거의 불가능해진다.

따라서 경영자는 다음의 사례처럼 조직 구성원이 위기의식을 체감할 수 있도록 의도적으로 불타는 갑판을 만들 수 있어야 한다. 패러다임컨설팅의 이태복 대표가 저술한 《변화는 마침표가 없다》에 보면 이런 얘기가 나온다.

1988년 7월의 어느 날 밤, 스코틀랜드 해안에서 조금 떨어진 북해에 위치한 석유 굴착 플랫폼에서 끔찍한 폭발사고가 일어났다. 이 사고로 자그마치 168명이 사망했는데, 한 기자가 얼마 안 되는 생존자 중 한 명인 굴착장치 감독자에게 어떻게 그 위기를 벗어날 수 있었는지 물었다. 그는 이렇게 대답했다.

"폭발 소리와 경고 사이렌 소리에 잠에서 깨어났습니다. 숙소에서 뛰어나와 상황을 보니 갑판은 이미 불타오르고 있었습니다. 그때 저는 결정을 해야 했습니다. 바다로 뛰어내릴 것인가 아니면 갑판 위에서 타죽을 것인가? 북해의 물은 무척 차가워 바다에 뛰어든 지 20분 이내에 구조되지 않으면 죽게 됩니다. 하지만 저에게는 다른 선택의 여지가 없었습니다. 갑판 위에 서 있으면 곧바로 죽을 수밖에 없었기 때문입니다. 30미터 아래 바다로 뛰어드는 것만이 제가 살아남을 수 있는 유일한 가능성이었습니다."

배에 남아 있으면 죽을 것이 확실했고 바다로 뛰어내려도 살아날 가능성은 작았지만 그는 불타는 배에 남아 목숨을 잃는 것보다 살아남을 가능성이 조금이라도 있는 바다를 선택했던 것이다.

성공적 변화를 위해 리더는 조직 구성원의 눈앞에 뜨거운 불 같은 강한 위기감과 충격적인 자극을 줌으로써, 지금 당장 변화해야 한다는 당위성을 심어주어야 한다. 실제로 기업 현장에서 성공을 거둔 경영자는 한결같이 조직 구성원이 늘 위기의식을 갖도록 만들었다.

일본 닛산 자동차의 사장이던 카를로스 곤Carlos Ghosn은 "회사가 위기의식을 유지하는 것이 불가능하다면 종업원의 사기는 확실히 둔해져 수익성 있는 회사를 만드는 데 중요한 요소를 놓치게 된다. 따라서 위기감을 체계적으로 유지하는 일은 기업경영에서 매우 중요한 요소이다"라고 위기감을 강조했고, 빌 게이츠 회장 역시 "위기란 한번으로 끝나는 것이 아니라 3~4년에 한번 꼴로 반복된다. 극단적인 경우 1년 안에 망할 수도 있다. 그것이 매일 아침 눈뜨는 순간 혁신을 생각해야 하는 이유다"라며 조직에 위기감을 불어넣었다.

2002년 12월 22일, 신라호텔에서는 삼성그룹 사상 초유의 실적을 기념하는 만찬이 진행되었다. 이건희 회장 취임 15년 만에 매출액이 137조 원으로 10배, 세전 이익은 15조 원으로 79배 늘어났으며, 전 계열사가 흑자를 기록한 상황에서 거행된 만찬은 그야말로 축제의 장이었다. 그러나 다음날 아침 신문에는 사상 최대의 실적에도 불구하고 이건희 회장이 "나는 10년 후에 삼성이 무엇을 먹고 살 것인지를 생각하면 등골이 오싹해져 식은땀이 나고 다리가 저려 잠을 잘 수 없다"며 위기의식을 불어넣었다는 내용의 기사가 실렸다. 이건희 회장은 위기의식을 불어넣는 것이 지속적인 성장 발전을 위해 반드시 필요하다는 것을 알고 있었던 것이다.

사실 변화의 적은 외부가 아닌 내부에 있다. 변화를 두려워하고 지금의 상황이 유지되길 원하는 모든 사람이 가장 위험한 내부의 적이다. 반면, 가장 위험한 외부의 적은 비즈니스 환경 내에 도사리고 있는 온갖 종류의 일시적인 개선이다. 실제로 경제가 조금 호전되고 주식시장이 가열되면 사람들은 긴장을 풀고 싶은 유혹을 느끼게 된다. 이 경우, 변화와 혁신을 이끄는 리더는 없는 위기도 만들어 전파할 정도의 용기와 지혜를 갖추고 있어야 한다.

어떤 사람은 지나치게 위기를 강조하면 오히려 부작용이 생길 수 있다고 주장한다. 늘 위기를 강조하면 조직 구성원이 항상 위축되어 의기소침해지거나 조직을 이탈할 위험이 높아진다는 것이다. 또한 '양치기 소년'처럼 진짜 위기가 닥쳤을 때 오히려 둔감해질 수 있다는 문제도 지적하고 있다.

물론 위기가 일상화하면 자포자기적 심정에 회사를 떠나거나 흔들리는 직원도 분명 있을 것이다. 그러나 그것이 두려워 적당한 선에서 멈춰버리면 그 회사는 그저 그런 기업에 머물고 만다. 잘 나갈 때일수록 없는 위기라도 만들어 이를 전파함으로써 전 직원이 스트레스와 긴장 속에서도 똘똘 뭉쳐 끊임없이 변화와 혁신을 지속해나가는 것이 바로 초일류기업으로 가는 길이다. 이에 대해 삼성전자 윤종용 부회장은 매우 의미 있는 지적을 하고 있다.

"조금이라도 자만하면 금방 위기에 처하는 것이 인간사회의 법칙이다. 수없이 많은 기업이 환경변화에 둔감해 방심하다가 나락으로 떨어졌다. 위기를 강조하면 직원이 움츠러든다고 겁을 먹는 경영자가 있는데, 그것이 일상화하면 오히려 경쟁력이 된다. 그것이 초일류기업의 요건이다.”

가장 잘 나가는 기업이 가장 크게 위기를 강조하는 데는 이러한 관점이 자리 잡고 있다.

원칙4 ｜ 혁신을 위한 과감한 목표를 설정하라

조직 구성원 사이에 위기감을 조성해 변화와 혁신에 동참하도록 한 다음에는 변화와 혁신을 위한 목표가 필요하다. 이때 목표는 사람들이 일반적으로 불가능하다고 여길 만큼 과감한 것이라야 진정한 혁신을 이뤄낼 수 있다.

코카콜라의 사례를 살펴보자. 1980년대 초, 코카콜라는 미국 음료시장의 35퍼센트를 차지하고 있었다. 그러자 코카콜라 직원은 콜라시장이 이미 성숙했기 때문에 더 이상 성장할 수 없다는 생각에 단 0.1퍼센트의 시장점유율을 위해 출혈을 감수하곤 했다. 이때 코카콜라의 CEO 로베르토 고이주에타 Roberto Goizueta 회장은 마음자세부터 바꿔야 한다는 생각을 했다.

그는 고위 임원회의에서 전세계적으로 한 사람이 마시는 액체가 평균 얼마나 되느냐고 물었다. 돌아온 대답은 64온스였다. 그는 다시 한 사람이 하루에 마시는 코카콜라가 얼마나 되느냐고 물었다. 대답은 2온스였다. 마지막으로 로베르토는 코카콜라의 위 점유율 share of stomach 이 얼마나 되느냐고 물었다.

　이런 식으로 막상 구체적인 통계를 따져보니 미국 콜라시장 혹은 세계 음료시장에서 코카콜라의 점유율이 아닌, 전세계 모든 사람이 하루에 마시는 액체 중 코카콜라가 차지하는 비율은 아주 미미했다. 그동안 코카콜라 직원은 자신의 적이 펩시라는 고정관념을 갖고 있었다. 탓에 전혀 도움이 되지 않는 펩시와의 싸움에서 승리하기 위해 돈과 노력을 낭비하고 있었다. 그러나 이들은 발상의 전환을 통해 자신의 적이 커피, 우유, 물이라는 것을 깨닫게 되었다. 바로 이것이 코카콜라를 최고의 시장가치를 지닌 회사로 변화시킨 계기가 되었다.

　파괴적일 만큼의 성과를 이뤄내려면 단순히 지금의 상태에서 좀더 나은 수준의 점진적 개선이 아니라, 아예 기존의 관행이나 관념으로부터 벗어나야 한다. 이를 위해서는 현실적으로 불가능해보일지라도 과감한 목표설정부터 시행해야 한다.

　마쓰시타 고노스케 회장은 5퍼센트의 성장은 불가능해도 30퍼센트의 성장은 가능하다고 하였다. 5퍼센트의 성장을 목표로 삼으면 과거의 방식대로 움직이기 때문에 4퍼센트의 성장도 달성하기 어렵지만, 30퍼센트의 성장을 목표로 삼으면 혁신적인 아이디어를 찾게 되고 접근방식도 달라지기 때문에 기대 이상의 성과를 거두곤 한다는 것이다. 제로베이스 예산zero base budgeting도 같은 개념에서 출발한다. 혹자는 전년대비, 예산대비, 경쟁자대비 같은 척도(삼비주의)를 버리라고 말한다. 이러한 대비가 근본적인 혁신을 가로막기 때문이다.

손만 뻗으면 잡을 수 있는 꿈은 가치가 없다. 위대한 기업을 원한다면 위대한 꿈을 꿀 수 있어야 한다. 그저 평균 이상을 목표로 하면 그것밖에 얻지 못한다. 쉽게 만족하고 거기서 멈춰버리거나 곧바로 쇠퇴의 길을 걷게 될 뿐이다. 반면, 어느 분야에서든 리더가 탁월함을 추구하면 직원도 더 높은 목표를 추구하도록 자극을 받게 된다.

쉽게 도달할 수 없는 높은 목표가 있어야 늘 팽팽한 긴장 속에서 새로운 도전을 즐기는 조직문화가 자라날 수 있다. 따라서 당장은 목표를 달성하지 못해 힘들고 지치더라도 쉽게 달성할 수 있는 작은 목표를 설정하는 대신 끝없이 크고 위험하고 대담한 목표, 즉 BHAGBig, Hairy, Audacious, Goals를 설정하고 직원을 독려하면서 이를 성취해나가야 한다.

가장 오랜 기간,
가장 높은 성과를 창출하는 법

행복경영은 가장 오랜 기간, 가장 높은 성과를 창출하기 위한 경영방법론이다. 목표로 하는 성과를 창출하지 못하면 조직은 생존이 불가능하다. 또한 성과창출을 위해 올바르지 못한 방법을 동원하면 단기적 성과는 가능할지 모르지만 장기적 생존은 불가능하다. 따라서 리더의 제1 책임은 정당한 방법으로 탁월한 성과를 창출하는 것이라고 할 수 있다. 행복경영이 옳은지 그른지는 결국 행복경영을 통해 창출되는 성과에 따라 그 정당성이 입증된다.

뭐가 달라도 다른 자기만의 전략을 수립하라

성과를 달성하기 위해 가장 중요한 것은 구체적인 목표와 효과적인 전략을 수립하는 일이다. 전략이란 조직의 목적을 달성하기 위해, 즉 승리하는 조직을 만들기 위해 여러 가지 방법을 구상하고 이를 실천하는 것을 말한다.

이러한 경영전략에는 경쟁자를 어떻게 이길 것인가를 주로 연구하는 경쟁전략, 어떤 상황에서도 승리하는 조직을 만들기 위해 핵심역량을 어떻게 키워나갈 것인지를 연구하는 자원 중심 전략resource-based strategy, 전사적 차원에서 여러 가지 사업을 전개하는 것을 대상으로 하는 사업 포트폴리오 전략 그리고 마케팅과 HR 등 기능별 전략이 있다.

여기서는 전략에 대한 구체적인 내용보다 조직의 장기적 생존을 이끌 수 있는 탁월한 실적을 내기 위해 경영자와 조직 구성원이 반드시 기억해야 할 몇 가지 핵심사항을 정리하고자 한다.

탁월한 성과를 내는 좋은 전략의 핵심은 '뭐가 달라도 남과 다르게 한다'는 차별화 정신에 있다. 어떤 사물이나 상황을 대하는 사람들의 생각은 대개 비슷하다. 하지만 성과창출을 위해서는 모두가 '그렇다'고 할 때 '아니다'라고 하고, 모두가 '아니다'라고 할 때 '그렇다'라고 할 수 있는 역발상이 필요하다. 성공하는 조직이 되려면 자신만의 길을 개척해나갈 줄 아는 남다른 지혜와 용기가 필요한 것이다.

특히 조직의 리더가 진정으로 행해야 하는 것은 다른 조직이 무엇을 행하는가에 개의치 않고, 경쟁우위 확보와 기업의 성공을 위해 남들과 다른 나만의 독특한 방법을 찾아 이를 실천에 옮기는 것이다. 결국 전략은 한마디로 남다른 것을 찾아 실행하는 것이라고 할 수 있다.

한고조 유방이 중국을 통일하기 전, 전쟁으로 금값이 폭등하고 곡식값이 폭락할 때 금과 패물 등을 사들이는 사람들과 반대로 곡식을 사들이는 이가 있었다. 전쟁이 장기화하자 식량 부족 현상으로 곡식값이 폭등하고 금값이 폭락하면서 그는 엄청난 부를 축적할 수 있었다. 한고조 유방은 그를 불러 부의 축적 방법을 물어보았다. 그가 원칙에 충실하고 정세를 살펴 물건을 사고 팔아 이윤을 얻었다고 대답하자, 한고조는 정세를 살피는 것이 어떤 것이냐고 물었다. 그러자 그는 "사람은 누구나 비슷한 생각을 하지만 저는 그들과 다르게 생각합니다. 저는 그것을 역발상이라고 합니다"라고 대답했다.

주변에서 흔히 보듯 어떤 기업에서 히트상품을 내놓으면 얼마 지나지 않아 그것과 유사한 상품이 시장에 우후죽순 쏟아진다. 언젠가 안철수 사장은 전세계 800여 개 컴퓨터 보안회사 중 200개 이상이 한국 기업이라고 말하면서 사업이 된다고 생각하면 앞뒤 가리지 않고 뛰어드는 우리나라 기업 풍토에 쓴소리를 한 적이 있다. 이는 '남이 하면 나도 해야 한다'는 심리가 유난히 강한 우리나라에서 심심치 않게 볼 수 있는 현상이다. 하지만 진정한 경영전략은 새로운 다이어트 방법을 찾는 것처럼 그때그때의 유행을 좇아서는 안 된다. 시장이 어디로 향하고 있고, 어떤 부문에서 가치를 부가할 수 있는가를 살펴 기본에 충실해야 성공할 수 있다.

월마트는 전략의 요체라 할 수 있는 '남과 다르게' 하는 정신으로 승리한 기업이다. 1962년, 샘 월튼은 K마트 등 빅3가 대부분의 도시를 장악하고 있는 상황에서 인구 5천 명도 되지 않는 아칸소주 로저스에 월마트 1호점을 열었다. 그는 "물살을 거슬러 헤엄쳐가라. 사회적 통념은 무시하라. 모든 사람이 똑같은 방법으로 일한다면 정반대 방향으로 가야 틈새를 찾아낼 수 있다. 수많은 사람이 당신에게 길을 잘못 들었다며 말릴 것에 대비하라. 살아오면서 내가 가장 많이 들었던 말은 '인구 5만 명도 되지 않는 지역에서는 할인점이 오래 버티지 못한다' 라고 말리는 것이었다"라고 말했다.

승리의 원동력은 남다른 발상으로 철저한 내·외부환경, 고객, 경쟁자 분석을 통해 남과 다른 게임의 룰을 만들어내는 것rule breaking에 있다. "친구 따라 강남 간다"는 말처럼 남들이 하는 것을 그대로 따라하는 것은 언뜻 쉬워 보이지만 모두가 같은 길을 가는 것은 공멸의 지름길이다.

경영전략의 대가 마이클 포터 교수는 "효율성 향상을 전략이라고 착각하지 말라. 전략은 열심히 하는 데 있지 않고 다르게 하는 데 있다"라고 전략의 핵심을 꼬집고 있다. 기업의 경쟁이 심화할수록 남들도 할 만큼 한다는 것을 기억해야 한다. 남과 똑같은 방식으로 해서는 결코 남을 이길 수 없다.

제프리 페퍼 교수의 저서 《휴먼 이퀘이션》의 한 문장은 '남다르게 하는 것' 의 필요성과 그 중요성의 이유를 재확인시켜 준다.

이는 정상적이기를 바라면서(즉, 남들과 똑같이 행동하면서), 비정상적인(탁월한) 결과를 기대할 수는 없다는 뜻이다. 탁월한 성과를 기대한다면 남들과 뭐가 달라도 달라야 한다.

선택과 집중이 아닌 포기와 집중

전략에서 또 다른 중요한 핵심은 '선택과 집중'이다. 미국의 흑인배우 빌 코스비Bill Cosby는 언젠가 선택과 집중의 핵심을 꼬집는 말을 한 적이 있다.

"나는 성공의 열쇠가 무엇인지는 모르지만, 실패의 열쇠가 무엇인지는 알고 있다. 그것은 모든 사람을 만족시키려고 하는 것이다."

마찬가지로 기업의 실패 역시 모든 고객을 만족시키려 하거나 모든 사업을 다하려는 욕심에서 비롯되는 경우가 많다. IMF 이전, 우리나라 기업의 대표적인 특징은 소위 문어발식 경영이었다. 당시 많은 외국계 전략컨설팅 회사가 선택과 집중을 강조했는데 그것이 엉뚱한 방향으로의 선택과 집중으로 나타났다고 한다. 기업들이 어느 것 하나를 취사선택한 것이 아니라 하나하나를 모두 선택했던 것이다. 그래서 선택과 집중 대신 전략적 포기와 집중이라는 단어를 새롭게 만들어 사용했다고 한다.

마이클 포터는 "전략의 핵심은 하지 말아야 할 것을 선택하는 데 있다"라고 말했다. 사실, 무엇을 해야 할까를 결정하는 것은 비교적 간단하다. 오히려 무엇을 하지 말아야 할까를 결정하기가 더 어렵다. 한국경제신문의 김남국 기자는 《대한민국 Only 1 신시장의 개척자들》이라는 책에서 "개척자들의 공통점 가운데 가장 눈에 띄는 부분은 버릴 줄 안다"는 것이라고 지적한다. 짐 콜린스 역시 "위대한 기업이 되기 위해서는 기업과 경영자가 그만두어야 할 목록이 해야 할 목록보다 훨씬 더 중요하다"라고 선택과 집중을 강조하였다.

모든 것을 잘한다는 것은 애초부터 불가능한 일이다. 경영이란 한정된 자원을 적절히 배분해 목표를 달성하는 것이라고 할 수 있다. 자원이 한정되어 있으므로 모든 분야를 잘하겠다는 것은 곧 아무것도 제대로 하지 않겠다는 의미와 일맥상통한다. 즉, 망할 확률을 높이는 것과 같은 것이다. 전략의 본질은 모든 분야를 잘하는 것이 아니라 특정 분야를 버리는 것임을 꼭 기억해야 한다.

세계적으로 성공한 기업을 살펴보면 무분별하게 사업을 확장하기보다 자신의 핵심역량에 집중해 성공한 기업이 절대 다수를 차지하고 있다. 예를 들어 세계 최고의 스포츠웨어 업체인 나이키를 생각해보자. 나이키의 창업자 필 나이트는 자사의 핵심역량을 상품개발과 마케팅으로 보고 제품생산은 과감하게 아웃소싱했다. 이러한 전략으로 세계 최고의 운동화 업체인 나이키에는 자체 생산 공장이 없다. 삼성전자의 사례를 통해서도 이러한 모습을 엿볼 수 있다. 삼성전자는 반도체 산업의 후발주자로 모든 기술을 개발해 선발기업을 따라잡는 것은 불가능했다. 결국 삼성전자는 반도체의 여러 분야 중에서도 D-RAM을 핵심역량으로 선택했고 제조장비나 소재는 과감히 외국 것을 들여왔다. 그 결과 후발업체임에도 불구하고 오늘날 세계 최고의 반도체 기업이 될 수 있었다.

선택과 집중은 이처럼 기업의 제품과 서비스 생산에만 필요한 것은 아니다. 기업 경영진이나 관리자의 업무 추진에서도 선택과 집중은 반드시 필요하다. 이것이 전략의 실행력을 높이는 지름길이기 때문이다. 이와 관련하여 〈하버드 비즈니스 리뷰〉는 매우 핵심적인 현상을 지적하고 있다.

"관리자의 90퍼센트가 조직이 선택한 주요 목표에 집중하지 못한다. 그들은 비생산적인 Busyness(바쁨) 때문에 중요한 Business(사업) 활동을 하지 못하고 있다."

전부 이룰 수 있다고 생각하면 결국 아무것도 이룰 수 없다. 따라서 자기 능력의 한계를 이해하고 선택과 집중을 통해 적절한 곳에 에너지와 시간을 투자해야 한다. 어떤 능력을 갖추고 있든 초점을 통해서만 세계적인 업적을 남길 수 있는 법이다. 기업가는 공통적으로 일에 대한 넘치는 욕망(?)이 있지만, 승부는 일의 양量이 아닌, 송곳처럼 집중된 에너지에 따라 결정된다. 집중하지 못할 상황이라면 아예 과감하게 포기할 줄 아는 지혜가 필요하다.

약점 보완보다 강점에 집중하라

경영전략에서 일반적으로 쓰이는 기법 중에 'SWOT 분석'이라는 것이 있다. 이것은 외부환경의 기회Opportunity와 위협Threat을 회사 내의 강점Strength 및 약점Weakness과 각각 비교해 전략적 방향을 찾아내는 기법이다. 대부분의 기업 전략은 SWOT 분석의 영향을 받아 주로 강점은 강화하고 약점은 보완하는 관점에서 수립된다.

그런데 피터 드러커는 이와 다른 입장에서 약점 보완보다는 강점으로 승부를 하라고 조언한다.

"인간의 성과창출 능력은 약점이 아니라 강점에 달려 있다. 훌륭한 경영자는 사람들이 약점에 근거해서는 발전할 수 없음을 안다. 성과창출을 위해 우리는 동료, 상사, 자신의 강점 등 사용할 수 있는 모든 강점을 활용해야 한다. 강점을 생산적으로 만드는 것이야말로 조직의 고유한 목표이자 과제여야 한다."

실제로 게임에서는 약점이 아닌 강점에 따라 승부가 갈린다. 그러므로 약점을 보완하느라 아까운 시간과 관심을 빼앗기는 것보다 자기만의 고유한 강점을 제대로 인식하고 그것을 강화해 최대한 활용하는 데 초점을 맞춰야 한다. 물론 조직의 경쟁력을 근본적으로 위협하는 약점은 재빨리 수정 보완되어야 하지만, 경영의 많은 부분은 약점 보완보다 강점을 강화해 이를 활용하여 성과를 창출하는 쪽에 집중되어야 한다.

미래는 분명 꿈꾸는 자의 것이다. 특히 탁월한 성과를 창출하려면 제대로 된 전략이 중요하다. 하지만 아무리 전략이 훌륭할지라도 실행이 뒤따라주지 않으면 그것은 공염불이 되고 만다. 실행이 없는 꿈과 비전은 망상에 불과하다. 〈포춘〉은 경영자의 현실적인 실행력을 이렇게 지적하고 있다.

"실패하는 리더의 70퍼센트는 단 하나의 치명적 약점을 지니고 있다. 그것은 바로 실행력 부족이다. 95퍼센트의 경영자가 입으로는 옳은 말을 하지만, 그것을 실행에 옮기는 사람은 5퍼센트에 불과하다."

선 마이크로시스템즈의 CEO 스콧 맥닐리 Scott McNealy는 "잘못된 전략도 제대로 실행하기만 하면 반드시 성공할 수 있다. 반대로 뛰어난 전략도 제대로 실행하지 못하면 반드시 실패한다"라는 말로 실행의 중요성을 강조했다. 물론 100퍼센트 잘못된 전략이라면 성공할 수 없겠지만, 실행이 뒷받침되지 않는 전략 수립에 많은 노력을 투입하는 반면 전략 실행에는 그렇지 못함을 꼬집고 있는 것이다.

전략의 좋고 나쁨은 어떻게 실행하느냐에 따라 결정된다고 해도 과언이 아니다. 똑같이 좋은 전략일지라도 그것을 실행하느냐 못하느냐에 따라 그 성과는 천차만별이 된다. 생각하는 대로 실행할 수 있는 회사가 경쟁력이 있는 것이다.

실행력을 높이려면 선택(포기)과 집중, 전략에 대한 전직원의 이해와 공감대 형성, 적절한 자원 배치와 인적자원에 대한 교육, 관료주의와 대기업병 타파, 수평적 조직 구축과 임파워먼트를 통해 그 속도를 높여야 한다. 더불어 실패를 두려워하지 않고 과감하게 도전하는 문화를 조성하는 것 역시 빼놓을 수 없다.

특히 전체 직원이 제대로 된 정보를 공유하는 것은 실행력을 높이는 데 매우 중요하다. 하워드 슐츠는 "아무리 원대한 사업 계획일지라도 조직 구성원이 인정하지 않으면 한 푼의 값어치도 없다. 조직 구성원이 리더가 느끼는 만큼의 절박함으로 사업에 헌신하지 않으면 계획을 적절히 시행할 수도 유지할 수도 없다. 또한 조직 구성원이 리더의 판단을 불신하거나 자신의 노력을 인정받지 못한다고 생각하면, 그들은 그 계획을 거부할 것이다"라고 전략 실행에서 정보 공유의 중요성을 강조하고 있다.

일이 얼마만큼 어느 정도로 진행되었는지는 모든 직원이 알고 있어야 한다. 알아야 적극적으로 동참하고 싶은 마음이 생길 것이 아닌가? 과거에는 정보를 독점하는 것이 힘의 원천이 되기도 했다. 그러나 이제는 많은 경영자와 관리자가 정보 공유야말로 전직원의 합치된 힘을 이끌어내는 원동력이 된다는 사실을 잘 알고 있다. 그럼에도 불구하고 상황이 좋지 않을 때는 그 정보가 공유되는 것이 오히려 혼란을 야기할 수도 있다는 두려움 때문에 모든 정보를 투명하게 공개하지 않는 사람도 여전히 많이 있다.

그러나 어려울 때일수록, 좋지 않은 정보와 민감한 정보일수록 감추기보다는 먼저 공개해서 투명성을 확보하는 것이 구성원의 신뢰와 동참을 얻는 지름길임을 알아야 한다. 정보를 가진 직원, 의사결정에 참여한 직원들은 헌신과 몰입 그리고 책임의식을 통해 기대 이상의 능력을 발휘한다. 더불어 모두가 현실에 대한 정확하고 냉철한 인식을 통해 주인의식을 갖게 된다. 이렇게 될 때 일치단결된 힘과 지혜를 이끌어낼 수 있다.

사람들은 자기가 시작 단계에서부터 관여한 일은 끝까지 지지하게 마련이다. 상사가 아무리 면밀하고 논리적인 계획을 제시했더라도 직원에게 그것은 그저 명령일 뿐이다. 하지만 직원이 그 아이디어의 시작 단계에서부터 기여할 수 있도록 하면 같은 아이디어라도 그것은 그 직원의 개인적 사명이 된다. 사업계획의 수립에서부터 직원들의 참여가 이뤄질 수 있도록 하는 것은 보다 나은 아이디어 도출을 위해서도 필요하지만, 도출된 아이디어와 전략 실행에의 참여를 이끌어내기 위해서도 절대적으로 필요하다는 것을 잊지 말아야 한다.

 행복
경영

성과창출을 위한 행복한 기업문화 만들기

기업문화corporate culture란 한 조직의 구성원이 공유하는 가치관, 신념, 이념과 관습, 규범과 전통 그리고 지식과 기술 등을 포함하는 종합적인 것으로 특정 조직 구성원의 사고 판단과 행동의 기본 전제로 작용하는 비가시적인 지시적, 정서적, 가치 산업적 요소라고 할 수 있다. 다시 말해 조직 구성원이 공통적으로 생각하는 방법(사고방식), 느끼는 방향(감각), 또는 공통의 행동패턴이 어우러진 체계를 의미한다.

이러한 기업문화는 구성원에게 무엇을 말해야 하고 무엇을 해야 하는가에 대한 결정기준을 제공함으로써 조직을 결합시키는데 도움을 준다. 또한 기업문화를 통해 조직 구성원이 어떤 태도나 행동을 선호하는가를 알 수 있다.

따라서 성과창출에 보이지 않게 기여하는 것이 바로 기업문화이다. 기업문화가 미래지향적인지 혹은 직원과 고객의 행복을 추구하는지에 따라 기업성과는 달라진다. 기업문화가 강한 기업은 지속적으로 최고의 성과를 창출하며 꾸준히 자기 자리를 지켜낸다. 예를 들면 나이키, 월마트, 메트라이프, 3M 등 세계 초일류기업은 경제가 어려울 때도 그 위기를 잘 극복하며 세계 1위 자리를 굳건히 지키고 있다.

그 비밀은 바로 그 기업만의 독특한 문화에 있다. 기업문화는 기업의 경쟁우위를 창출하는 중요한 원동력으로 이것은 궁극적으로 기업성과를 향상시킨다.

기업문화와 비슷한 개념으로 조직풍토(조직 분위기)가 있는데, 이는 조직의 독특한 특성에 대한 일반적인 인상이나 느낌으로 사람들의 지각에 의한 주관적 개념이라 할 수 있다. 기업문화는 구성원과 전체 조직의 행동에 영향을 미치는 기본 가치와 전제를 강조하는 반면, 조직풍토는 조직 구성원이 감지하는 조직에 대한 인상을 강조하고 있다.

기업은 성과를 창출할 수 있는 문화를 먼저 조성함으로써 지속적인 성장과 성공을 만들어갈 수 있다. 구성원을 행복하게 하면서 동시에 탁월한 성과를 창출하는 기업문화는 다음과 같다.

팀워크로 하나되는 문화

남극대륙의 황제 펭귄은 수천 마리가 무리를 지어 서로의 체온에 의지해 냉혹한 추위를 견뎌낸다. 그들은 번갈아가면서 무리 바깥쪽에 서며 그 사이 안쪽에 있는 펭귄은 잠을 잔다. 이러한 펭귄의 모습은 우리에게 팀워크가 무엇이고, 왜 팀워크가 필요한지를 잘 보여주고 있다. 펭귄 무리는 서로에게 반드시 필요한 존재이다. 내가 잠을 자는 동안 다른 펭귄이 바깥쪽에 서 있어 주어야만 생존할 수 있다. 기업을 지탱하고 있는 조직 역시 마찬가지이다. 아무리 뛰어난 개인도 똘똘 뭉친 팀을 이길 수는 없다. 따라서 대의를 앞에 두고 작은 일로 조직 내에서 서로 다투는 것은 어리석음의 극치다.

기업은 각기 다른 능력을 가진 사람들이 각자에게 맡겨진 역할을 잘 수행해야만 성과를 낼 수 있다. 따라서 내가 맡은 역할을 수행하는 동안 다른 사람도 자기가 맡은 역할을 충실히 해주어야 한다. 자동차 공장에서 아무리 부품을 견고하게 만들지라도 꼼꼼하게 조립하지 않아 불량품이 만들어지면, 기업은 그만큼의 손실을 안을 수밖에 없다. 이는 무리의 바깥쪽에 서 있어야 할 펭귄이 제자리를 지키지 않고 안에 들어와 잠을 자면, 다른 펭귄들이 얼어 죽게 되는 것과 마찬가지다.

비틀거리던 크라이슬러 자동차를 회생시킨 아이아코카가 크라이슬러에 기여한 것 중 하나는 제조와 엔지니어링 부서에서 일하는 두 그룹을 차량설계와 제조과정에서 함께하도록 만든 것이다. 생산과 영업, 그리고 개발부서처럼 이해관계가 서로 다른 사람들이 공동목적을 가지고 협력해서 일할 수 있도록 만들어주는 것은 조직 전체의 성과 달성을 위한 필수과제이다. 조직론의 대가 허버트 사이몬 Herbert Simon 교수는 "직원들이 보다 큰 범위의 작업 프로세스를 의식하지 않고 자신의 업무목표에만 집중하는 조직은 붕괴하기 쉽다"라고 부서 간 협력의 중요성을 갈파했다.

경영의 즐거움 중 빼놓을 수 없는 것은 약한 자들이 힘을 합해 강자를 이기고, 평범한 사람들이 힘을 모아 비범한 결과를 만들어내는 것이다. 그것을 가능케 하는 것이 바로 팀워크이다. 팀워크란 공통된 비전을 향해 함께 일하는 능력을 말한다. 나아가 그것은 평범한 사람들이 비범한 결과를 만들어내도록 하는 에너지원이기도 하다.

팀워크를 강화하려면 자기 자신이 아닌 팀에 초점을 맞출 수 있도록 구성원의 의식이 바뀌어야 한다. 자신이 경주를 마치는 대신, 적절한 순간에 더 빨리 달릴 수 있는 동료에게 배턴을 넘길 수 있는 릴레이 정신이 기초가 되어야 하는 것이다.

조직 내에서는 항상 크고 작은 갈등이 생기게 마련이다. 팀 내, 개인과 개인, 부서 간 갈등은 변수가 아닌 상수이다. 문제는 어떻게 이러한 갈등을 극복하고 대의를 향해 하나로 힘을 모을 수 있는가 하는 것이다. 팀워크를 강화하기 위해서는 개인을 희생하는 정신과 문화가 조직 속에 뿌리내려야 한다. 갈등 상황이 발생했을 때 자신뿐 아니라 상대방의 만족을 위해 노력하는 것이 장기적으로 보다 나은 결과를 얻는 비결이다. 심지어 자신을 희생해서라도 다른 사람의 성공을 도와야 한다. 그것이 결국 자신을 돕는 길이다.

수평적 조직구조를 통해 속도경영을 잡아라

시스코 시스템즈의 존 챔버스 회장은 "덩치가 크다고 해서 항상 작은 기업을 이기는 것은 아니지만, 빠른 기업은 항상 느린 기업을 이긴다"라고 말했다. 경영에서 속도의 중요성은 이미 오래 전부터 강조되어 왔다. 앨빈 토플러는 1970년대 초에 "지구촌은 강자와 약자 대신 빠른 자와 느린 자로 구분될 것이다. 빠른 자는 승리하고 느린 자는 패배한다"라고 경고했다. 특히 오늘날 같은 인터넷시대, 지식정보화시대에는 속도의 중요성이 더욱 강조될 수밖에 없다. 싸이월드를 운영하는 SK커뮤니케이션즈의 유현오 사장은 "인터넷시대에는 졸면 죽는다"라고까지 말한다.

IT업계에는 '1 week 1 point 룰'이라는 게 있다. 이것은 일주일이 늦으면 가격이 1퍼센트 하락한다는 것이다. 경쟁사가 신제품을 내놓았을 때 여기에 필적하는 제품을 내놓으려면 보통 6개월이 걸리는데, 그때가 되면 값은 이미 20~30퍼센트나 떨어지고 시장을 선점한 경쟁사가 모든 이익을 챙긴 후가 된다. 따라서 그만큼 속도에 목숨을 걸 수밖에 없다. 윤종용 삼성전자 부회장은 "속도를 10퍼센트만 높여도 엄청난 시너지 효과를 낼 수 있다. 경쟁이 치열해 정글과도 같은 IT업계에서 조금이라도 나태하면 뒤처지고 잡아먹힐 수 있다"라고 속도를 강조한다.

현대자동차는 중국 합작법인 베이징 현대를 통해 '현대 속도'라는 별칭을 얻었다. 2002년 5월 베이징시 당국과 자동차 공장 합작계약서를 체결한 뒤 불과 4개월 만에 국무원 비준을 받고 10월에 회사를 설립한 뒤 12월부터 EF쏘나타를 생산했기 때문이다. 즉, 7개월 만에 합작 계약부터 생산 개시까지 이뤄낸 것이다. 이제는 그런 팀, 그런 조직, 그런 회사만 살아남는 시대가 되었다. 사람의 수, 조직의 규모로 승부가 갈리는 것이 아니라 일의 속도로 승부가 갈리는 속도 경영 시대가 열린 것이다.

속도를 높여 급변하는 환경을 선도하기 위해서는 개인과 조직의 변화 유연성을 크게 높여야 한다. 지금보다 훨씬 더 조직을 수평적으로 운영해야 하고 커뮤니케이션의 양과 속도도 극적으로 높여야 하는 것이다.

물론 속도와 바꿀 수 없는 것도 있다. 품질, 고객만족, 윤리경영, 고객과의 신뢰, 핵심가치 등 본질과 원칙은 속도와 바꿀 수 없다. 그렇다고 해서 이것을 위해 속도를 희생시키면 생존할 수 없다. 결국 이 두 가지를 동시에 잡아야만 위대한 기업으로 발전할 수 있는 것이다.

속도 경영과 관련해 우리가 가장 크게 고려해야 할 사항은 유연하고 수평적인 조직을 건설하는 것이다. 수평적인 조직이란 조직의 권한을 상부에 집중시키지 않고 현장으로 분산시킨 형태를 의미한다. 무한경쟁의 시대, 제품 수명주기가 급격히 짧아지는 시장환경, 고객의 요구 수준이 하루가 다르게 높아지는 세상에서는 과거와 같은 수직적, 위계형 조직구조로는 살아남기 어렵다. 따라서 어느 조직을 막론하고 수평적이고 유연한 조직구조를 건설하는 것은 속도 경쟁을 위한 피할 수 없는 선택이라 할 수 있다.

피터 드러커는 수평적 조직구조의 당위성을 이렇게 이야기하고 있다.

"명령 계층 수를 최소화하는 것, 즉 조직을 수평적으로 만드는 것은 합리적일 뿐 아니라 조직구조의 원칙이다. 그 이유는 정보 이론Information Theory이 주장하는 '모든 명령의 전달 단계마다 잡음은 두 배로 늘어나고 메시지는 반으로 줄어든다'는 원칙만으로도 충분하다."

특히 오늘날 같이 경영환경이 하루가 다르게 급변하는 상황에서 비효율적인 커뮤니케이션은 변화에 대응하는 속도를 떨어뜨림으로써 기업 경쟁력을 약화시킬 수 있다. 환경변화에 대한 유연한 대처, 참을성이 점점 약해지고 있는 고객요구에 대한 즉각적인 응답, 상하간의 다양한 커뮤니케이션 확대를 통한 신속한 의견 결집 등이 수평적 조직구조와 문화의 장점이다.

수평적 조직구조가 가져올 수 있는 또 다른 이점은 조직 구성원의 참여도를 높일 수 있다는 것이다. 켈의 법칙Kel's Law에 따르면 구성원과 관리자의 관계, 임원과의 관계, 그리고 최고경영자와의 관계에서 직급이 한 단계씩 멀어질 때마다 심리적 거리감은 제곱으로 커져 직급 간에 두꺼운 벽이 생긴다고 한다. 더욱이 수직적 조직구조 아래서는 주로 상부에서 하부 단위로 명령이나 통제가 이루어지므로, 하부 단위에 속한 조직 구성원은 기업의 미래와 전략에 대해 자신의 상상력을 발휘하기가 어렵다. 그래서 런던 비즈니스 스쿨의 게리 하멜 교수는 "기업이 미래로 가는 경주에서 승리하려면, 무엇보다 기업 안에 경험이나 연공에 의한 계층 구조가 아닌 상상력의 계층 구조를 만들어야 한다"라고 지적했다. 이는 지금까지 전략 만들기 과정에서 소외되었던 사람들에게 자신의 목소리를 낼 수 있도록 일정 수준 이상의 몫을 주어야 한다는 것을 의미한다.

개중에는 수평적 조직의 필요성을 인정하면서도 정서적 이유 등으로 주저하는 경우가 많지만, 이제는 바뀌어야 한다. 옳고 또한 필요하다면 언제든 바꿀 수 있는 유연함이 필요하다.

행복 컴퍼니, 휴넷 스토리

속도경영을 위한 수평적 커뮤니케이션 문화

휴넷에는 사장실이 따로 없다. 내가 창업 초기부터 지금까지 사장실을 따로 마련하지 않고 70여 명의 직원과 함께 탁 트인 공간에서 함께 생활하는 이유는 앤드류 그로브 회장에게서 배운 것을 실천하기 위해서다. 나는 비디오를 통해 세계 최고 반도체 기업인 인텔의 전 회장 앤드류 그로브가 일반 직원들과 똑같은 자리에서 근무하는 것을 보고 큰 감동을 받았다. 그 순간, 우리 회사가 인텔보다 커지거나 내가 앤드류 그로브 회장보다 유명해질 때까지 별도의 사무실을 갖지 않겠다고 다짐했다.

물론 사장실이 따로 있는 것과 없는 것에는 장단점이 있다. 하지만 속도경영을 위해서는 유연하고 수평적인 조직을 구축해야 한다. 휴넷 직원들이 사장과 비교적 자유롭게 농담도 하고 의견을 솔직하게 내놓는 수평적 커뮤니케이션 문화를 지킬 수 있었던 데는 이러한 원칙의 영향이 컸다고 생각한다.

커뮤니케이션이 자유로운 조직문화

커뮤니케이션은 기업 내에서 조직 전체의 성과에 큰 영향을 미칠 정도로 중요한 요소이다.

경영관리의 요체는 의사소통에 있다고 해도 과언이 아니다. 의사소통과 정보 공유만 잘되어도 직원들의 사기, 의욕, 창의적 분위기가 몰라보게 증진되는 것이다.

개방적 커뮤니케이션이 중요한 가장 큰 이유는, 서로 다른 배경과 지식을 보유한 조직 구성원의 다양한 아이디어를 이끌어내고 이를 발전시켜 나감으로써 기업 경쟁력을 배가시키는 원천이 될 수 있기 때문이다.

소니의 플레이스테이션Playstation 개발 사례는 개방적 커뮤니케이션의 힘을 잘 보여주고 있다. 당시 소니에서는 중간직 기술자가 비디오게임 시장에 대한 사내 편견을 극복하기 위해 적극적으로 나섰다고 한다. 그는 "우리는 장난감 같은 것은 만들지 않는다"고 우기는 최고경영진을 설득하고 심지어 떼를 쓰기도 했다. 결국 비디오게임 플레이스테이션은 온갖 반대를 무릅쓰고 시장에 출시되었고, 그것은 1998년 소니 전체 이윤의 40퍼센트 이상을 차지할 정도로 큰 성공을 거두었다. 그 기술자는 계속 경영진을 압박해 사내에 컴퓨터 오락 사업 부문까지 설립했다고 한다.

행복한 기업을 만들기 위해 구체적인 전략과 목표를 수행하려면 모두가 똘똘 뭉쳐 강한 기업이 되도록 해야 한다. 그러나 하나로 뭉친다는 의미를 '모두가 같은 의견을 제시하거나 리더의 말에 무조건적으로 따르는 것'으로 받아들이면 곤란하다. 새가 하늘을 날 수 있는 것은 서로 반대방향으로 뻗은 날개가 있기 때문이다. 한쪽 날개만으로는 날 수가 없다.

그런데 어떤 의사결정에 대해 정반대의 목소리를 내도록 하려면 우선 개방적인 기업문화가 조성되어야 한다. 경영 컨설턴트인 제이슨 제닝스Jason Jennings는 "실제로 지난 20년간 조사한 수백 명의 관리자 중 70퍼센트가 보스의 일이 실패하리라는 것을 알면서도 피드백이나 충고를 하지 못한 것으로 나타났다"고 지적했다.

GM의 알프레드 슬로언 2세Alfred Sloan Jr.가 GM의 회장으로 있을 때 간부회의 석상에서 있었던 일이다.

"여러분 이 결정에 대해 우리의 의견이 완전히 일치되었다고 봐도 좋겠습니까?"

이 말에 참석자 전원이 동의했다. 그러자 슬로언은 "그러면…" 하더니 이렇게 말을 이었다.

"이 문제에 대한 논의를 다음 회의까지 연기할 것을 제안합니다. 다른 생각도 좀 해보고, 우리가 내린 결정이 대체 어떤 의미를 지니고 있는지 이해할 시간이 좀더 필요하다고 생각합니다."

의사결정에서 모든 사람이 100퍼센트 동의할 경우 그것이 옳은 결정이라고 믿기 쉽지만, 그것은 그만큼 오류에 빠질 가능성이 크다는 것을 의미한다. 퍼듀 대학 심리학과 레베커 헨리Rebecca Henry

교수의 주장처럼 초기에 구성원의 의견 불일치가 많을수록, 가능성의 범위를 더 넓게 잡아야 하기 때문에 그 결과가 더 정확해지는 법이다. 올바른 결정은 반대되는 의견이나 다른 관점의 충돌에서 생성된다. 따라서 필요한 것은 의견의 일치가 아니라 불일치이고, 모두의 의견이 일치한 경우라면 결정해서는 안 된다. 이에 따라 성과를 올리는 사람은 의도적으로 의견의 불일치를 만들어내기도 한다.

이명박 전 서울시장은 "무슨 일이든 처음부터 100퍼센트 찬성으로 추진되는 일은 없다. 만약 있다면 그것은 오히려 위험한 일이다. 어떤 일을 추진할 때 90퍼센트가 반대하고 10퍼센트가 찬성할 경우 찬성하는 이가 10퍼센트밖에 없다고 생각하지 말고 90퍼센트의 보완자가 있다고 생각하라"라고 반대의견의 중요성을 강조했다. 황창규 삼성전자 반도체 사장 역시 "내 사무실에는 나를 칭찬하는 사람은 못 들어오게 하고, '이러면 안 됩니다 저러면 안 됩니다'라는 말을 하는 사람만 들어오게 한다"라고 반대의견을 장려하고 있음을 밝힌 적이 있다.

많은 의사결정을 내려야 하는 경영자 혹은 관리자 입장에서 뭔가를 시도할 때 반대자가 많으면, 짜증이 나고 불안해지기 쉽다. 그러나 초기에 반대가 많으면 여러 가지 상황에 대응할 수 있는 만반의 준비를 할 수 있기 때문에 그렇지 않을 때보다 오히려 성공적인 결과를 얻을 확률이 높아진다. 따라서 초기의 반대는 의사결정의 걸림돌이 아니라, 성공을 위한 좋은 약으로 적극 환영하는 자세가 필요하다. 다수결의 의견을 따르는 것이 꼭 현명한 결과를 낳는 것은 아니다.

구성원의 의견 개진이 활성화하면 결과적으로 최종 결정된 사항에 대한 참여도가 높아진다는 것도 개방적 의사소통 문화의 주요 장점 중 하나다. 하버드 대학 마이클 로베르토_{Michael Roberto} 교수가 "노"라고 할줄 모르는 커뮤니케이션 결여, 이견의 부재_{the absence of dissent}, 특히 최고경영진 앞에서 다른 의견이 개진되지 못하는 것이 1등 기업의 문제라고 주장하는 것을 눈여겨보아야 한다.

강한 기업 체질을 만들기 위해서는 반대 의견이 자유롭게 노출될 수 있는 문화나 제도적 장치를 의도적으로 만들어야 한다. 물론 커뮤니케이션이 활성화하면 의도하지 않았던 조직 내 불협화음이 나타날 수도 있다. 조직 내 불협화음은 자칫 팀워크를 저해할 수도 있기 때문에 경영자는 조직 내 불협화음에 좌불안석하기 쉽다. 만약 그렇다면 혼다의 공동창업자 후지사와 다케오_{藤澤武夫}의 말에 귀를 기울일 필요가 있다.

"기업 내에는 불협화음이 있을 수 있다. 사장은 이를 하나의 화음으로 만들어내야 한다. 그렇다고 지나치게 화음을 만들어내려고 하지는 마라. 기업의 생동감을 유지하는 힘을 빼앗아버릴 수 있다."

다시 말해 경영자는 팀워크를 저해할 만큼의 불협화음은 다소 조정할 필요가 있지만, 그것이 기업의 생동감을 저해할 만큼이어서는 안 된다는 것이다. 그렇다면 팀의 자유로운 분위기를 해치지 않으면서 부정적인 관점을 자유롭게 말하도록 할 수 있는 방법은 무엇일까?

세계적인 컨설팅 회사 보스턴컨설팅그룹BCG이 활용하는 PNI 규칙이 일부 해답이 될 수 있을 것이다. BCG에서는 팀 내 창조성을 향상시키는 자유로운 분위기 조성을 위해 PNI 규칙을 가르친다. 이는 모든 논의는 반드시 긍정적Positive, 부정적Negative, 흥미롭게Interesting의 순서로 실시하라는 의미이다. 팀의 분위기에서는 무엇보다 감정이 중요하기 때문에 먼저 공격적인 말이 나가면 대부분 자신의 의견을 자유롭게 내놓지 못한다. 따라서 PNI를 실천하는 것만으로도 팀의 분위기는 180도로 바뀐다고 한다.

실패에서 교훈을 찾는다

성공은 가장 빠르고 똑똑하고 총명하고 부유한 사람에게 오지 않는다. 큰 승리는 넘어질 때마다 일어나는 사람에게 온다. IBM의 창립자 토머스 왓슨은 유망한 젊은 관리자가 실수로 큰 손실을 입히자, "걱정하지 말게. 자네를 교육시키는 데 단돈 1,000만 달러를 투자했을 뿐이니까!"라고 격려했다고 전해진다. 《메가트렌드 Megatrend》로 유명한 미래학자 존 나이스비트John Naisbitt도 자신의 저서에서 꾸준한 시도와 실패를 통한 성장의 중요성을 강조하고 있다.

"진화는 실수나 실패를 반복해온 결과로 일어난 것이다. 이러한 과정을 거쳐 자연은 창조성이 풍부한 고차원적 진화 수준으로까지 발전했다. 이것은 경탄해야 할 과정이다. 만약 자연계에서 실패가 허용되지 않았다면, 우리는 아직도 단세포의 아메바 상태였을 것이다."

이젠 우리도 실수와 실패를 나쁜 것으로 치부하는 경향에서 벗어나 실수를 통한 학습을 자연스럽게 받아들이는 문화를 만들어가야 한다. 그래야만 창조의 시대, 상상력이 지배하는 세상에서 우위를 점할 수 있다. 톰 피터스는 "미래의 경영자에게 실패보다 더 중요한 것은 없다. 우리에겐 훨씬 더 많은 실패와 보다 빠른 실패가 필요하다. 우리가 '국민 총실패율'을 높일 수 없다면 우리는 매우 어려운 상태에 있다고 말하는 것이 옳다. 실제로 경제의 가장 밝은 지표는 실패의 증가이다"라고 실패의 중요성을 강조한다. 심지어 그는 "눈부신 실패에는 포상을 내려라. 그러나 평범한 성공은 벌하라"라고 역설한다.

사실, 뛰어난 사람일수록 실수가 많다. 그것은 그만큼 새로운 것을 시도하기 때문이다. 물론 같은 실수를 반복하는 것은 바람직하지 않지만, '실패로부터의 학습learning from failure'은 우리 모두에게 절대적으로 필요하다. 실패와 역경이 위대한 사람을 만들듯 실패로부터 제대로 학습하는 회사가 강한 경쟁력이 있는 회사가 된다. 실패하지 않을 수 있는 유일한 길은 아무런 시도도 하지 않는 것뿐이다. 지속적으로 탁월한 성과를 창출하고자 하는 조직은 누구나 과감한 도전과 실패로부터 학습하는 문화를 정착시켜야 한다.

한때 잘 나갔다가 점점 쇠퇴하는 조직의 특성 중 하나는 조직 구성원이 실패가 두려워 과감하게 행동하지 않는다는 것이다. 괜히 나섰다가 실패해서 책임을 지는 것보다 눈치를 보면서 조용히 앉아 있는 소위 복지부동의 문화가 관리자들 사이에 팽배한 조직은 매우 위험한 상황에 처해 있다고 볼 수 있다. 이런 조직을 심기일전해서 실패를 두려워하지 않는 공격적 조직으로 바꾸는 것은 쉬운 일이 아니다. 그러나 리더가 적극 나서서 책임의 무게를 덜어주고 실패를 두려워하지 않도록 독려한다면 상황은 반전될 수 있다.

모든 직원이 CEO처럼 뛰는 회사

리더십은 결국 탁월한 성과창출로 귀결된다. 이 논리를 확대하면 한 사람의 리더에 의존하는 것이 아니라 조직 구성원 모두가 리더가 되는 조직이 최상의 성과를 창출하게 된다는 결론을 얻게 된다. 부하직원을 리더로 키워주는 상사가 많아야 조직이 발전한다는 얘기다. GE의 전 회장 랄프 코디너Ralph Cordiner는 "훌륭한 리더는 최소한 3년 내에 자기보다 3배의 성과를 높일 수 있는 사람을 3명 이상 육성할 책임이 있다. 상사의 업적은 부하들의 능력을 통해 달성된다"라고 말했다.

나는 '모든 직원을 위대한 리더로 육성하는 것'이 리더의 마지막 임무라고 생각한다. 다행히 지위나 타고난 능력에 관계없이 리더십의 기본 원리만 배워서 꾸준히 실천하면 누구나 리더가 될 수 있다. 인텔에서는 회장부터 일선 관리자에 이르기까지 모든 리더가 자기 업무의 일환으로 리더십을 가르쳐야 하고, 특히 관리자는 다른 사람에게 리더십 기술을 가르치는 데 얼마나 적극적으로 참여하느냐에 따라 보너스 액수가 달라진다.

조직 구성원 모두를 리더로 만들어 조직의 성과를 극대화하기 위해서는 무엇보다 모든 구성원을 리더로 만들겠다는 것을 조직의 사명으로 삼아야 한다. 그리고 이를 위한 교육과 업무 경험, 문화, 임파워먼트 등의 다양한 시도를 계속 해나가야 한다.

모든 직원을 리더로 만든다는 것은 곧 직원 모두가 주인의식을 갖도록 한다는 것을 의미한다. 모든 직원이 기업가 정신으로 똘똘 뭉치게 하는 것도 같은 맥락에서 이해할 수 있다. 이와 관련하여 뉴욕 대학의 링겔만 교수는 흥미로운 연구 결과를 내놓았다.

"양편에서 각각 두 사람이 줄다리기를 하면 이들은 한 사람씩 줄다리기를 하는 것에 비해 93퍼센트의 힘을 쏟는다. 세 사람이 되면 두 사람 때와 비교해 85퍼센트, 그리고 팀당 8명이 되면 7명일 때와 비교해 64퍼센트로 떨어진다."

일반적으로 하나 더하기 하나는 둘 이상이 된다. 이것을 시너지 효과라고 한다. 그러나 조직 구성원에게 주인의식이 없으면 오히려 사람이 늘어나도 생산성이 떨어지는 역(-)시너지 효과가 나타난다. 문제의 핵심은 주인의식에 있다. 구성원 모두가 주인의식을 갖는 문화가 형성되면 조직의 성과는 몰라보게 높아질 것이다. 이러한 의식과 관련해 피터 드러커는 우리에게 매우 희망적인 메시지를 전달하고 있다.

"미국이 기업가 정신을 가장 잘 실천하는 나라라고 주장하는 사람들이 있지만, 그것은 매우 위험한 착각이다. 기업가 정신을 가장 잘 실천하는 나라는 의심할 여지없이 한국이다"

기업가 정신으로 똘똘 뭉치는 것은 기업이 장기적으로 세계 최고의 기업으로 성장해나가는 데 있어 필수불가결한 요소이다. 다음은 내가 우리 임직원들과 공유하는 기업가 정신이다.

기업가 정신

기업가 정신은 현재 시점에서 미래를 선취하는 정신이다. 대부분의 사람이 환경변화에 위협을 느끼고 있을 때, 그 속에서 기회를 식별하는 정신이 바로 기업가 정신이다.

기업가는 안정적일 때 오히려 위기를 느끼는 사람이다. 고요 속에서 위기를 느끼고 위기 속에서 기회를 느끼며 현재를 위험 속으로 끌고 가는 사람이 기업가다. 훌륭한 내일을 창조하기 위해 오늘의 안정된 상태를 주체적이고 의도적으로 파괴하는 창조적 파괴가 기업가의 역할이다.

기업가는 오늘을 성공의 날로 만듦과 동시에 오늘의 희생을 통해 보다 훌륭한 내일을 만들어간다. 비연속적 변화의 시대에는 오늘 부정하는 것이 내일의 현실이 된다.

풍요로움에 익숙해져 안주한다면 조직은 느슨해지고 약해진다. 기업가의 마지막 임무는 회사 전체에 헝그리 정신과 기업가 정신을 뿌리박는 것이다.

모든 사업은 현재의 자원을 미래의 가능성에 투자하는 것이다. 불안하지만 용기와 신념을 가지고 암흑 속의 미래에 자신을 일부러 던져 넣는 것이 기업가 정신이다.

임파워먼트를 통해 성과를 극대화하라

조직이 오랫동안 지속적으로 성과를 창출하려면 리더와 상층부가 모든 권한을 움켜쥐는 것이 아니라 현장에서 직접적으로 성과를 창출하는 직원이 스스로 권한과 책임을 갖고 일할 수 있도록 임파워먼트가 잘 이뤄져야 한다. 임파워먼트Empowerment 하면 흔히 '권한위임'으로 생각하는 경우가 많지만, 이는 상급자 중심의 사고로 한계가 있다. 임파워먼트는 권한위임보다 더 포괄적이므로 그 핵심이 권한위임보다 다른 곳에 놓여져야 한다.

서울대 박원우 교수는 《임파워먼트 실천매뉴얼》에서 이렇게 강조하고 있다.

"임파워먼트는 파워를 잃는 것도 주는 것도 아니며, 구성원 속에 이미 존재하는 그러나 미처 인식되고 인정되지 않았던 파워를 키워주고 풀어주는 것을 말한다. 즉, 파워 이전보다 파워 창조, 증대, 확산이 강조되어야 한다.”

역사 속에서도 임파워먼트가 활용된 사례를 얼마든지 찾아볼 수 있다. 한고조 유방은 천하를 통일한 후 이렇게 말했다.

“장막 안에서 계책을 세워 천리 밖에서 승리를 거두게 하는 데 있어 나는 장량張良만 못하다. 국가의 안녕을 도모하고 백성을 사랑하며 군대의 양식을 대주는 데 있어 나는 소하蕭何만 못하다. 백만 대군을 이끌고 나가 싸우면 이기고 공격하면 반드시 빼앗는 데 있어 나는 한신韓信만 못하다. 하지만 나는 이들을 얻어 이들의 능력을 충분히 발휘하도록 해주었다. 이것이 내가 천하를 얻은 까닭이다.”

이 말은 임파워먼트가 왜 필요한지를 단적으로 나타내주고 있다. 인재는 각 분야에서 리더보다 더 뛰어난 능력과 전문성을 가지고 있다. 그럼에도 그 능력을 리더의 지시와 통제 속에 가두고 억제한다면, 그 조직은 스스로의 역량을 갉아먹는 것과 같다.

임파워먼트와 리더의 역할

임파워먼트의 중요성에 대해서는 많은 리더가 공감을 표하고 있다. 그럼에도 부하직원에 대한 신뢰가 부족하거나 권한을 뺏길지도 모른다는 두려움 때문에 혹은 방법을 몰라서 임파워먼트를 하지 못하는 경우가 많다. 임파워먼트의 진정한 묘미는 권한 위임으로 일정 기간 손해가 발생할 것을 알면서도 책임과 권한을 넘겨주는 데 있다.

리바이스의 로버트 하스Robert Haas 회장의 말을 통해 우리는 임파워먼트에 대한 경영자의 고민을 일부 엿볼 수 있다. 그는 "솔직히 기분이 좋아서가 아니라 직원의 재능을 자유롭게 펼치도록 하는 것과 사업의 성공 사이에 밀접한 관련이 있다고 믿기 때문에 권한을 위임한다. 무한경쟁시대에 기업이 시장 변화에 재빨리 반응하려면 소비자와 가장 가까이에 있는 사람들의 손에 책임, 권한, 정보를 주는 것은 당연하지 않은가? 조직에 적극적으로 책임과 신뢰를 불어넣으면 모든 조직 구성원이 능력을 키우고 그것을 발휘하도록 할 수 있다"라고 말했다.

임파워먼트가 경쟁력 배양을 위한 어쩔 수 없는 조치가 아닌 구성원의 발전과 능력 배양을 돕기 위한 사랑과 애정에서 비롯되었음을 미루어 알 수 있다. 더 리미티드The Limited의 레스 웩스너Les Wexner는 위기상황에서 평소 존경하던 사람들을 만나 조언을 얻던 중에 임파워먼트의 중요성을 깨달았다.

1963년 레스 웩스너는 젊은 여성을 겨냥한 더 리미티드라는 옷가게를 시작했고, 이후 25년간 익스프레스Express, 빅토리아즈 시크리트Victoria's Secret 같은 회사를 설립하면서 놀라운 성과를 거두었다. 하지만 1990년 초반 더 리미티드의 수익은 바닥을 쳤고 주가는 내리막길을 걸었다. 웩스너는 전보다 더 열심히 일했지만 상황은 계속 나빠져 갔다. 그는 평소 존경하던 사람들을 만나 자문을 구하기로 했다. 먼저 스티븐 스필버그를 찾아가 그가 창의적인 사람들과 어떻게 일을 해내는지 살펴보았다. 그리고 GE의 잭 웰치, 펩시콜라의 CEO를 만나 그들의 사업운영 방식을 분석했다.

레스 웩스너가 그들에게 얼마나 자주 영업매출을 확인하느냐고 묻자 그들은 "한 달에 한두 번"이라고 대답했다. 자신은 하루에 두 번은 확인하는데 말이다. 그리고 그들에게 새로운 광고를 검토하는 데 얼마나 시간을 보내는지 묻자 "거의 하지 않는다"는 대답이 돌아왔다. 그러면 새로운 상품 콘셉트를 잡는 데 얼마나 많은 시간을 보내느냐고 물어보자 그들은 "가끔. 그것도 예산지출이 엄청난 새로운 상품 콘셉트일 경우에만 그렇다"고 대답했다.

어안이 벙벙해진 웩스너가 "그럼 대체 무슨 일을 하시는 겁니까?"라고 하자 그들은 "새로운 인재를 채용하고 특정 직위에 적합한 인물을 선별한다. 그리고 인재 훈련, 관리자 육성, 전체 인재풀 검토 등 사람에게 시간의 절반을 쓴다"라고 대답했다. 특히 잭 웰치는 "각 사업부에 유능한 인재를 보유하는 것이 가장 중요한 일이다. 그렇게 하지 않으면 사업에 실패할 것이다"라는 충고를 해주었다.

뛰어난 성과를 낸 기업 경영자는 공통적으로 인재를 보유하기 위해 노력하되, 적합한 인재를 적합한 자리에 앉힌 다음에는 모든 것을 믿고 맡긴다. 철강왕 앤드류 카네기는 리더의 역할에 대해 핵심적인 사항을 꼬집어내고 있다.

"좋은 최고경영자는 일상적 업무까지 일일이 통제하지 않는다. 경영자의 직무는 발전적인 업무체계를 수립하고 유능한 직원을 배치하며, 일이 제대로 진행되도록 정확한 방향을 설정하는 것이다. 만일 직원이 최선을 다하도록 하기 위해 경영자가 나서서 감독해야 한다면, 이는 직원을 잘못 뽑았거나 업무체계에 문제가 있는 것이다."

임파워먼트의 실행

임파워먼트가 충만한 조직을 만들기 위해 노력한 잭 웰치는 다음과 같이 임파워먼트를 두려워하는 관리자들을 독려하곤 했다.

"상사가 현장에 전화를 걸어 매출이 얼마나 되는지 등의 데이터를 달라고 하는지 아니면 현장으로부터 '도와달라, 지원해달라'는 전화가 상사에게로 가는지 살펴보라. 만약 전자면 그 사람의 자리는 위험하다. 그 상사는 부하직원을 통제하려는 사람이다. 후자라면 안심해도 좋다. 관리직의 유일한 목적은 현장을 지원하고 게임에서 이길 수 있도록 여러 가지 도움을 주는 것이다."

또한 리츠칼튼 호텔과 노드스트롬 백화점 등 고객만족을 포함한 전체 경영분야에서 탁월한 성과를 창출하고 있는 조직은 하나같이 임파워먼트를 제도화하여 철저히 실행하고 있다.

리츠칼튼 호텔 직원은 고객의 불편을 감지하는 즉시 문제해결을 위해 아무런 경로도 거치지 않고 그 자리에서 스스로 판단해 최고 2,000달러를 지출할 권한을 갖고 있다. 2,000달러는 결코 적은 돈이 아니다. 그럼에도 거의 모든 고객 불만 상황에서 상사의 지시를 기다리거나 또 다른 규정을 찾을 필요 없이 현장 직원이 즉각 행동을 취함으로써 진실의 순간에 고객만족을 극대화할 수 있도록 임파워먼트를 제도화한 것이다.

앞서 말한 노드스트롬 백화점의 제1규칙은 관리직이 아닌 현장의 일반 직원에게 막대한 권한을 부여한다는 측면에서 보자면 다소 위험하게 생각될 수도 있다. 그러나 사람을 믿고 권한과 자율성 그리고 정보를 제공하면 사람들은 오히려 그에 대한 책임감을 갖게 된다. 신뢰받는 직원은 스스로 주인의식을 갖고 최선을 다해 고객에게 봉사하며, 그것은 결국 종업원만족과 고객만족이라는 선순환을 거쳐 회사에 큰 이익으로 돌아오게 된다.

이처럼 임파워먼트에는 자율과 책임부여를 넘어 실패를 용인하겠다는 신뢰, 그리고 직원 성장을 지원하겠다는 의미가 포함되어 있다. 권한위임 후 상사가 시간을 보다 가치 있는 전략 구상에 사용할 수 있다는 점에서 임파워먼트는 결국 상사를 위한 선택이자, 조직을 위한 일이기도 하다.

따라서 경영자나 관리자는 조직적 차원에서 현장 직원의 성장을 지원하고 동기부여와 몰입도 향상을 위해 단기적인 손실을 감내하는 배짱과 용기를 가질 필요가 있다.

가치투자로 널리 알려진 워렌 버핏이 회장으로 있는 버크셔 해더웨이 역시 임파워먼트를 제대로 실행하고 있는 고성과 조직이다. 워렌 버핏은 "나는 두 가지 일만 한다. 하나는 조직의 기능을 수행하기 위해 경영자를 끌어들이고 잡아두는 것이다. 다른 하나는 자본의 분배다. 나는 이 사업에서 과중한 업무는 모두 하부 경영진에게 위임했다. 퇴직할 때까지 권한을 위임할 것이다. 버크셔에는 직원이 3만 3,000명이나 있지만 단지 12명만 본사에서 일한다"라고 임파워먼트를 강조한다.

세상은 급변하고 있다. 오늘날 같은 혁명의 시대에 기업이 번영하기를 원한다면 어제의 전략에서 조금씩 부를 쥐어짜내는 것 이상의 일을 해야 한다. 그러기 위해 최고경영진에서부터 하위 직원까지 모든 사람에게 내일의 기회를 창출하고자 하는 도전의식을 불어넣어야 한다.

여러 가지 유용한 사례에도 불구하고 임파워먼트를 현장에서 실천하는 경영자나 관리자는 이상과 현실 사이에서 많은 고민을 하는 것이 사실이다. 완전히 놓아버리기에는 뭔가 의심쩍은 부분이 있기 때문이다. 그러나 진정한 임파워먼트의 묘미는 손해가 발생할 것을 알면서도 책임과 권한을 하부에 위임하는 것이다. 그렇게 되면 경영자는 자신만이 할 수 있는 보다 고차원적인 일에 좀더 많은 신경을 써서 높은 부가가치를 창출함으로써 하부에서 행여나 발생할 수 있는 업무 공백과 손실을 충분히 메울 수 있다.

임파워먼트를 실행함에 있어 현실적으로 주목해야 할 또 다른 것은 임파워먼트를 이유로 현장의 정보나 고객의 소리 등이 차단되어서는 안 된다는 것이다. 최고경영자는 임파워먼트를 하더라도 늘 현장의 소리, 고객의 소리를 생생하게 듣고 있어야 하며, 현장 직원 못지않게 회사의 구체적인 실상을 제대로 파악하고 있어야 한다.

미국의 대표적인 야구감독 토미 라소다 Tommy Lasorda의 말을 들어보면 현장에서 임파워먼트를 얼마나 조심스럽게 다뤄야 하는지를 간접적으로 알 수 있다. 그는 "관리란 비둘기를 손으로 잡고 있는 것만큼이나 아슬아슬하다. 지나치게 꽉 잡으면 새는 죽을 것이고, 너무 살살 잡으면 새는 날아갈 것이다"라고 임파워먼트 실행자로서의 고충을 토로한 적이 있다.

7

역설을 넘어
행복경영으로

무형자산은 마치 북극에 떠있는 빙산과 같다. 90퍼센트는 물속에 잠겨 있고 10퍼센트만이 물 위에 모습을 드러내고 있는 형태인 것이다. 이제까지 대다수의 경영자는 시간의 90퍼센트를 대차대조표나 손익계산서를 통해 외부에 드러난 10퍼센트의 자산에 투입해왔다. 정작 기업 자산의 90퍼센트를 차지하고 있고, 미래 경쟁력의 바탕이 될 지적 능력이나 혁신 인프라에는 아무런 투자도 하지 않았던 것이다.

무형자산은 마치 북극에 떠있는 빙산과 같다.
90퍼센트는 물속에 잠겨 있고 10퍼센트만이
물 위에 모습을 드러내고 있는 형태인 것이다.
이제까지 대다수의 경영자는 시간의 90퍼센
트를 대차대조표나 손익계산서를 통해 외부에
드러난 10퍼센트의 자산에 투입해왔다. 정작
기업 자산의 90퍼센트를 차지하고 있고, 미래
경쟁력의 바탕이 될 지적 능력이나 혁신 인프
라에는 아무런 투자도 하지 않았던 것이다.

행복경영은 현실 가능한 전략이다

지금까지 기업이 장기적 관점에서 지속적으로 성장 발전하려면 이해관계자 모두의 행복을 추구해야 한다는 사실을 이론과 실무, 경영자들의 경험을 통해 설명했다. 그것은 하나하나 의미 있는 내용이지만, 행복경영의 핵심 개념 중에는 서로 모순으로 보이는 것도 존재한다.

행복경영의 트레이드오프

일부에서는 기업이 장기적으로 성장 발전하려면 이해관계자 모두의 행복을 추구해야 한다는 행복경영이 현실적이라기보다 다소 이상에 치우친 것이 아닌가 하는 문제를 제기할 수도 있다.

그러면 언뜻 모순으로 보이는 몇 가지 문제를 살펴보자.

첫째, 이윤추구가 먼저인가 아니면 행복추구가 먼저인가? 하는 행복경영의 기본 사상에 대해 의문을 제기할 수 있다.

둘째, 직원을 행복하게 한다고 하면서 어떻게 버스에 적합하지 않은 사람은 내리게 할 수 있는가? 하는 것도 일종의 상충관계로 볼 수 있다.

셋째, 고객을 행복하게 하려면 그만큼 직원이 희생해야 하는 것 아닌가? 하는 문제제기도 가능하다.

넷째, 고객행복을 추구하면서 불량고객을 퇴출시키는 것도 언뜻 모순으로 보인다.

다섯째, 단기적 이익과 장기적 성장 추구 사이에 어쩔 수 없이 발생하는 의사결정의 딜레마도 있다.

여섯째, 꿈과 희망, 비전을 강조하면서 한편으로 냉혹한 현실 인식과 위기의식을 공유하라는 주장도 다소 문제가 있어 보인다.

이러한 상충관계 때문에 일부에서는 행복경영은 꿈이자 이상에 불과한 것이고 현실은 그렇지 않다고 회의적인 시선을 보낼 수도 있다. 우리가 흔히 말하는 속담 중에 "열 번 찍어 안 넘어가는 나무 없다"와 "오르지 못할 나무는 쳐다보지도 마라"는 분명 상충된다. 또한 "아는 것이 힘이다"라는 것과 "모르는 게 약이다"라는 것도 상충관계에 있다. 하지만 그렇다고 해서 두 속담이 동시에 존재하는 것은 모순이라고 말하는 사람은 없다. 상황이나 인식의 결과에 따라 둘 중 더 옳은 것을 선택하면 된다는 것을 알기 때문이다.

행복경영의 트레이드오프 역시 이러한 맥락에서 생각해볼 수 있다. 어떤 시점에서 단편적으로 봤을 때, 분명 앞서 말한 내용들은 상충관계에 있다. 그러나 시간의 흐름이라는 축을 추가해 장기적인 시각에서 살펴면 서로 상충할 것으로 보이던 두 항목이 인과관계가 되거나 혹은 상호작용을 일으켜 더욱 발전하는 형태를 띠게 된다.

즉, 앞에서도 설명했던 것처럼 단기적 이익은 장기적 성장의 자원이 된다. 직원이 행복하고 고객만족에 대한 확실한 의식이 있다면 이들이 주도적으로 고객행복을 이끌어내고 이는 다시 직원행복으로 이어져 선순환관계를 이룰 수 있다. 불량고객을 해고하는 것은 남아 있는 고객에게 더 나은 고객만족으로 이어진다. 또한 버스에 적합하지 않은 사람을 내리게 하는 것은 단편적으로는 사람을 해고하는 것이므로 직원행복과 거리가 멀어 보인다. 그러나 이를 좀더 넓고 장기적인 시각에서 바라본다면 회사에 적합하지 않은 사람의 불평불만이 조직 구성원 전체에게 줄 수 있는 악영향을 막아준다는 점, 그가 다른 회사에서 적합한 인재로 자신의 능력을 마음껏 발휘할 수 있다는 점에서 얼마든지 모순 없이 설명이 가능하다.

이처럼 서로 상충관계로 보이는 모든 것은 결국 행복경영이라는 하나의 지향점을 향한다. 일터를 행복하게 가꿔 직원이 행복해지면 그것은 고객행복, 주주행복 나아가 사회행복으로 이어진다. 이는 사람을 중심에 두고 이들을 그 어떤 가치보다 최우선시해야 한다는 것을 근간으로 하고 있다. 행복경영은 결국 사람을 행복하게 하는 경영이기 때문이다.

어떤 사람은 직접 눈으로 보기 전까지는 믿지 않겠다고 말하지만, 사실 믿으면 보이게 마련이다. 마찬가지로 작은 모순을 찾는 노력보다 행복경영이라는 큰 틀에 대한 공감대로 현장경영에서 이를 구체적으로 실천한다면 분명 모두가 행복해지는 경영의 꿈이 실현될 것이다.

장기적 관점의 이익과 무형자산

행복경영은 장기적 관점에서 회사를 성장 발전시키기 위한 방법이다. 이것은 어디까지나 단기간에 소위 대박을 터트리는 경영 방법과는 거리가 멀다.

사실 경영자는 누구나 반드시 생존 가능한 수준의 단기적 이익을 창출해야 한다. 그러다 보니 당장의 이익창출에 도움이 되지 않는 무형자산은 애써 무시하기 십상이다. 심지어 단기적 이익을 위해 장기적 성장의 뿌리가 될 수 있는 인력개발, 기술, 브랜드나 사회적 이미지에 대한 투자까지 소홀히 하는 경우도 많다.

단기적 이익창출과 장기적 성장 발전을 위한 투자 간의 균형을 잡는 일은 '경영자의 딜레마'라고 할 수 있다. 그러나 달리 보면 이것이야말로 경영의 묘미로 이것 때문에 경영은 '의사결정의 종합예술'이라 불릴 만큼 가치가 있다. 따라서 모든 경영자는 보이지는 않지만 경쟁력의 새로운 원천인 무형자산을 더 많이 축적하고 이를 최대한 활용함으로써 경쟁에서 승리할 수 있도록 노력해야 한다. 무형자산의 중요성을 인식하는 것, 장기적 관점으로 경영하는 것, 특히 지속적으로 일관되게 장기적 이익을 위해 단기적 이익을 과감하게 포기할 수 있는 용기를 발휘하는 것이야말로 행복경영을 추구하는 경영자의 경영 지혜이다.

단기적 이익과 장기적 이익이 가장 많이 충돌하는 것이 바로 R&D나 지적자산, 브랜드 같은 무형자산에 관한 것이다. 이것은 장기적으로 기업성과에 기여하지만 단기간에 가시적인 성과를 가져오지 않기 때문에 기업에서도 선뜻 투자를 결정하지 못한다. 그러나 이러한 자산은 눈에 보이지 않을 뿐, 실제로 그 어떤 자산보다 높은 가치를 지니고 있다.

필립모리스가 크래프트Kraft사를 매수했을 때, 그 가격은 129억 달러였는데 그 129억 달러 중 재료나 제품 등 유형자산의 가치는 13억 달러에 불과했다. 90퍼센트를 차지하는 나머지 116억 달러는 브랜드, 영업권, 지적 소유권 등 무형의 자산가치에 대한 대가였다.

무형자산은 마치 북극에 떠있는 빙산과 같다. 90퍼센트는 물속에 잠겨 있고 10퍼센트만이 물 위에 모습을 드러내고 있는 형태인 것이다. 이제까지 대다수의 경영자는 시간의 90퍼센트를 대차대조표나 손익계산서를 통해 외부에 드러난 10퍼센트의 자산에 투입해왔다. 정작 기업 자산의 90퍼센트를 차지하고 있고, 미래 경쟁력의 바탕이 될 기업의 지적 능력이나 혁신 인프라에는 아무런 투자도 하지 않았던 것이다. 그러나 미래에는 지적 자산이나 브랜드, R&D, 인적자원, 문화 같은 무형자산이 더욱 중요해질 것이다.

자사 브랜드를 선호하는 고객이 그렇지 않은 고객보다 최대 9배의 이익을 제공해준다는 조사 결과는 대표적인 무형자산인 브랜드 가치의 중요성을 단적으로 보여준다. 이제 무형자산은 새로운 경쟁력의 원천이다. 따라서 단기적으로 어떤 이익을 가져오지 않더라도 꾸준히 투자함으로써 미래의 성장 동력을 마련해야 한다.

기업을 성공적으로 이끌어낸 경영자는 단기적 이익을 다소 포기하더라도 무형자산에 대한 투자를 아끼지 않았다. 이것이 장기적인 관점에서 이익이 된다는 것을 알았기 때문이다. 삼성그룹의 이건희 회장은 "R&D는 보험이다. 이를 제대로 하지 않는 것은 농부가 배가 고프다고 뿌릴 종자를 먹는 행위와 같다"며 R&D 투자를 강조했는데 어쩌면 그것을 실천했기에 오늘날의 삼성을 만들 수 있었던 것인지도 모른다.

또한 소니의 모리타 회장 역시 장기적인 안목에서 소니의 브랜드 가치를 높이는 데 힘썼고, 덕분에 소니는 오늘날 세계적인 기업으로 성장하게 되었다. 소니가 전혀 알려지지 않았던 50여 년 전의 이야기이다.

1956년 소니사가 개발한 트랜지스터라디오를 가지고 모리타 사장이 뉴욕에서 라디오 판매상을 만났을 때, 판매상은 "소니 브

 행복
경영

랜드로는 팔리지 않을 테니 우리 브랜드를 붙여라. 그러면 10만 대를 주문하겠다"라고 제의했다. 모리타는 즉시 상담을 중지하고 동경에 있는 본사와 상의했다. 본사에서는 "브랜드 문제는 회사가 좀더 성장한 후로 미루고 지금 당장은 자금 사정이 어려우니 큰 주문을 놓치지 말라"는 주문을 했다. 심사숙고 끝에 소니를 반드시 유명한 브랜드로 키우겠다는 각오를 다진 모리타는 소니 상표를 붙일 수 있는 소량 주문에만 응했다.

이러한 노력이 30여 년 쌓이면서 소니 브랜드는 세계 정상에 올랐고, 모리타는 은퇴 회견에서 "당신이 소니를 위해 내린 의사결정 가운데 가장 자랑스러운 것 하나를 들라면 무엇을 꼽겠는가?"라는 질문에 1956년의 브랜드 고수 결정을 꼽았다.

우리 사회에서 가장 성공적인 사람은 장기적인 시각을 가진 사람이다. 성공한 사람들은 줄곧 10년, 20년 후를 생각하며 긴 시간적 수평선 위에서 필요한 의사결정을 한다.

문제를 바르게 보는 방법은 크게 보는 것이다. 작게 보면 문제를 정확히 알 수 없다. 그리고 문제를 알지 못하면 당연히 해결하는 것은 불가능하다. 특히 기업이라는 거대 조직을 앞으로 몇 년이 아닌 수십 년, 수백 년 이어가려면 대국적으로 볼 수 있는 시야가 필요하다.

공자는 《논어論語》에서 "견소리즉見小利則, 대사불성大事不成"이라 하였다. 이것은 "조급하게 서둘지 말라. 그리고 작은 이익을 탐내지 말라. 급히 서두르면 통달하지 못하고 작은 이득을 얻으려 하면 큰일을 이루지 못한다"는 뜻이다. 그럼에도 많은 사람이 눈앞의 작은 이익을 보느라 더 큰 것을 놓치는 경우가 많다. 하지만 보다 넓게 보다 멀리 볼 수 있어야만 진정 큰일을 이룰 수 있다.

행복경영을 추구하는 기업이 늘어나면 기업을 둘러싼 많은 이해관계자가 행복해지고 결국 대한민국 전체의 행복수준까지 높이 끌어올릴 수 있다.

우리나라의 1인당 국민소득은 1960년대 79달러에서, 2006년 18,300달러로 225배 이상 증가했고 국내총생산GDP 규모도 2004년 세계 11위를 차지했다. 그런데 경제규모 성장과 반대로 삶의 만족도는 OECD 평균인 70.6퍼센트에 훨씬 못 미치는 47.3퍼센트에 그치고 있다.

그뿐 아니라 강력범죄와 자살증가율은 OECD 국가 중 1위로 치솟았다. 이 모든 지표는 오늘날 우리나라 국민이 그다지 행복을 느끼지 못하고 있음을 보여준다. 물론 그 원인은 가정불화,

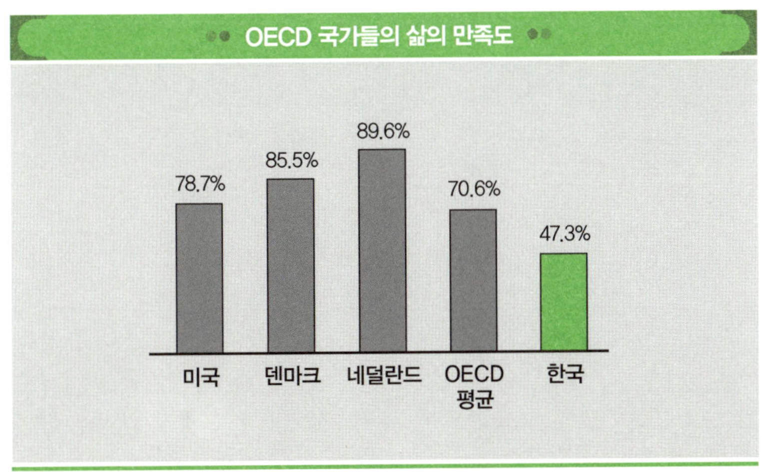

* 출처: Society at a Glance(OECD, 2005)

실업, 부익부 빈익빈 등 매우 다양할 것이다.

그렇다면 이 문제를 해결할 수 있는 방법은 어디에서 찾아낼 수 있을까?

오늘날 이 사회에 엄청난 영향력을 미치고 있는 경제 주체는 단연코 기업이다. 더욱이 대다수의 사람이 기업을 둘러싼 이해관계자이다. 직원, 고객, 주주, 협력업체는 각각 그 역할이 다르긴 하지만 직간접적으로 기업 활동과 관련되어 있다. 따라서 기업의 패러다임이 단순히 수익창출에만 집중했던 것에서 행복경영으로 바뀐다면, 그래서 장기적인 성장 발전을 추구한다면 대한민국의 행복지수는 한층 더 높아질 것이다. 또한 이를 바탕으로 대외적인 국가 경쟁력도 상승할 것이다. 대한민국과 우리 국민들의 행복을 증진시키기 위한 기업과 경영자의 보다 큰 역할을 기대한다.

행복에 대한 연구

행복한 사람일수록 돈을 많이 번다

미국 베일러 대학 마이클 프리시 교수에 따르면 사람은 행복할수록 더욱 의욕적이고 생산적이 된다고 한다. 이 말은 행복한 사람은 고객이나 상사에게 더 큰 만족을 주고 결과적으로 더 많은 월급을 받게 된다는 것을 의미한다.

특히 그는 인간의 행복감 중 절반은 유전적이지만 나머지 50퍼센트는 환경에 의해 결정된다고 한다. 그는 후천적 행복을 결정하는 요소로 '삶의 질 목록' 을 개발했는데, 이것은 건강, 자긍심, 목표, 돈, 일, 놀이, 배움, 창의성, 다른 사람 돕기, 사랑, 친구, 자녀, 친지, 가정, 이웃, 커뮤니티 등 모두 16개 항목으로 구성되어 있다. 다시 말해 높은 자긍심으로 다른 사람 돕기를 즐기고 사랑하는 이들과 강한 유대를 유지하며 친구나 가족에게 정신적 보상을 제공하는 생활을 영위하면 행복해진다는 것이다.

영국 BBC 다큐멘터리, 행복의 조건

2005년, 영국의 BBC는 '슬라우 행복하게 만들기Making slough happy' 라는 다큐멘터리를 방영했다. 이것은 심리학자, 심리치료사, 철학자,

언어학자, 사회사업가, 경영컨설턴트 등 행복 전문가 6명이 나서서 했던 실험 결과를 다큐멘터리로 만든 것이다.

런던에서 25마일 정도 떨어진 작은 도시 슬라우 사람들을 대상으로 3개월간 실시한 심리실험 결과 '행복'에는 우리가 모르고 있던 많은 비밀이 숨겨져 있었다. 예를 들면 다음과 같다.

인간의 행복과 불행은 비교하는 것에서 시작된다. 내가 500만 원을 받고 친구가 1,000만 원을 받는 경우와 내가 300만 원을 받고 친구가 200만 원을 받는 경우를 가정했을 때, 사람들은 보통 200만 원을 덜 받는데도 후자의 경우 더 큰 행복감을 느낀다고 했다. 결국 인간은 일이나 돈 자체보다 그것이 주는 사회적 위치나 입장에 반응하는 것이다.

장애를 가진 사람의 행복지수가 정상인과 별 차이가 없다는 결과도 나왔다. 이는 장애가 삶을 구성하는 유일한 요소가 아니기 때문이다. 우정이나 사랑, 맛있는 음식, 유쾌한 놀이 등 다른 요소가 얼마든지 장애를 뛰어넘게 만드는 것이다.

〈포브스〉지가 선정한 부자 400인의 행복지수와 아프리카 마사이족 목동의 행복지수가 동일하다는 연구 결과도 흥미롭다. 결국 물질적인 것은 행복의 절대가치가 아닌 것이 분명하다.

무엇보다 중요한 메시지는 행복은 기술이라는 것이다. 바이올린 연주나 자전거 타기처럼 배울 수 있는 기술이라는 얘기다.

다음은 긍정심리학을 바탕으로 그들이 제시한 행복 헌장 10계명이다. 그들은 이것을 두 달만 따라하면 놀라운 결과를 얻게 될 것이라고 주장했다.

1 운동을 하라. 일주일에 3회, 30분이면 충분하다.

2 늘 좋았던 일을 떠올려라. 하루를 마무리할 때마다 당신이 감사해야
  할 일 다섯 가지를 생각하라.

3 대화를 나눠라. 매주 한 시간 정도 배우자나 가장 친한 친구들과 대
  화를 나눠라.

4 식물을 가꿔라. 아주 작은 화분도 좋다. 죽이지만 말라.

5 텔레비전 시청 시간을 반으로 줄여라.

6 미소를 지어라. 적어도 하루에 한번은 낯선 사람에게 미소를 짓거나
  인사를 하라.

7 친구에게 전화하라. 오랫동안 소원했던 친구나 지인들에게 연락해서
  만날 약속을 하라.

8 하루에 한번 유쾌하게 웃어라.

9 매일 자신에게 작은 선물을 하라. 그리고 그 선물을 즐기는 시간을
  가져라.

10 매일 누군가에게 친절을 베풀어라.

사실 행복이란 거창한 무언가가 충족돼야 느껴지는 감정이 아니다. 예컨대 식물 기르기, 텔레비전 시청 줄이기, 낯선 사람에게 미소 짓기 등으로도 지금보다 더 행복해질 수 있다. 삶을 행복하게 만드는 힘은 우리 안에 있다. 하루에 한번씩 친절을 베풀고 큰소리로 웃고 자신에게 조그만 선물을 한다면 우리는 모두 행복한 사람이 될 수 있다.

행복경영 진단지수

여러분이 소속된 회사는 어느 정도의 행복경영을 이루고 있는가?

다음의 간단한 진단지를 통해 얼마나 행복경영을 실천하고 있는지 확인해보고, 행복경영으로 가기 위해 어떤 노력이 필요한지 생각해보도록 하자.

행복경영 진단지수

행복경영 진단지수는 총 30개의 문항으로 되어 있다. 각각의 질문에 '적극 동의한다'는 5점, '동의한다'는 4점, '보통이다'는 3점, '미흡하다'는 2점, '아주 미흡하다'는 1점을 매긴다.

행복한 회사

1. 이익을 우선하기보다 고객과 사회에 확실한 가치를 먼저 제공하겠다는 이타주의적 경영이념과 핵심가치를 전체 직원이 공유하고 있다.

2. 직원 모두의 힘을 한방향으로 결집시킬 수 있는 비전을 공유하고 있으며 이를 실현시키고자 열과 성을 다한다.

3. 직원이 참여해서 개발한 선택과 집중 개념의 구체적인 사업전략이 있으며 포기할 것은 과감하게 포기하는 등 결정된 전략을 제대로 실행한다.

4. 경영진은 잘 나갈수록 위기의식을 강조함으로써 긴장감을 유지하고 있으며 직원 모

두가 변화와 혁신을 즐기는 문화가 형성되어 있다.

⑤ 명성, 브랜드, 인적자원, 기술 등 무형자산을 미래 경쟁력의 원천으로 삼아 장기적 관점에서 이의 축적과 활용 극대화를 추구한다.

⑥ 직원들은 부서 이기주의보다 전체 이익 극대화를 위해 똘똘 뭉치고 있으며 서로 친밀한 유대감을 바탕으로 긴밀히 협력함으로써 최대의 시너지를 창출한다.

⑦ 회사는 장기적 생존이 가능한 이익을 창출하고 있으며 평범함을 용인하지 않고 위대한 기업을 건설하겠다는 높은 목표를 추구한다.

⑧ 상하 위계질서보다 의견이 자유롭게 소통되는 유연한 수평조직으로 구성되어 있으며 외부 파트너들과 상생을 추구하는 열린 경영을 실천한다.

⑨ 고객 중심, 변화와 혁신, 학습 지향 등 바람직한 기업문화 건설을 위해 많은 투자를 하고 있으며 경영진이 솔선수범한다.

행복한 리더

⑩ 경영진은 권리보다 책임을 앞세우고 말한 것을 실천에 옮길 줄 아는 올바른 성품을 갖추었으며 직원들로부터 신뢰와 존경을 받는다.

⑪ 경영진은 직원의 성장 발전을 위해 봉사하며 직원은 경영진이 구성원의 승리를 돕기 위해 존재한다는 믿음과 신뢰를 가지고 있다.

⑫ 회사는 몇몇 리더에 의존하지 않고 직원 모두가 리더가 되는 것을 주요 목표로 삼고 있으며 관리자가 부하직원을 리더로 양성하는 시스템을 가지고 있다.

⑬ 직원들은 실패를 두려워하지 않고 과감히 도전하는 성향이 있으며 실수로부터 배우는 것에 익숙하다.

⑭ 직원들은 역경을 피해야 할 대상이 아니라 강한 조직을 만들기 위한 필수요소로 생각하고 있으며 어려울수록 점점 강해지는 속성이 있다.

⑮ 경영진은 한 개인의 일생이나 제품의 라이프사이클을 뛰어넘어 오랫동안 번창할 수 있는 기업을 만드는 것을 주요 사명으로 생각한다.

16 회사나 경영진은 직원을 핵심자산으로 인식하고 있으며, 고객이나 주주보다 직원을 최우선시하는 공개적 원칙을 가지고 있다.

17 경영진은 직원 한 사람 한 사람을 진심에서 우러난 따뜻한 애정으로 대하며 직원이 느낄 수 있을 정도로 최대한 존중하고 배려해준다.

18 회사와 경영진은 인재 확보, 육성, 유지, 교육, 평가, 보상 등 인적자원 관리를 가장 중요한 업무로 간주하며 실제로 많은 시간과 관심을 투자한다.

19 직원 능력개발을 위한 지출을 비용이 아닌 투자로 간주해 경영 사정이 좋지 않을 때도 평생학습에 대한 지원을 아끼지 않는다.

20 회사와 경영진은 직원 한 사람 한 사람의 헌신과 몰입을 이끌어내기 위해 존중과 칭찬, 흥미로운 업무경험, 능력개발 기회 제공을 포함한 효과적 보상 프로그램을 적절히 활용한다.

21 경영진은 직원을 신뢰하고 있으며 직원 스스로 주인의식을 갖고 책임과 권한을 다해 업무에 임할 수 있도록 의사결정 권한을 최대한 현장에 위임한다.

22 최고 수준의 인재를 영입하는 회사가 승자가 될 거라는 확고한 믿음 아래 핵심인재 채용 및 유지 강화를 위한 독특한 인재 양성 시스템을 가지고 있다.

행복한 고객

23 전직원은 '고객이 급여를 지급한다'는 사실을 잘 알고 있으며 회사의 존립 기반인 고객을 만족시키는 것이 내 역할임을 인지하고 이를 실천한다.

24 전직원이 사업을 돈 벌기 위한 수단으로 생각하지 않고, 고객에게 가치를 제공해 고객을 행복하게 만들어주면 이익은 자연스럽게 따라온다는 생각을 공유한다.

25 전직원이 상품을 판매하는 것보다 수익성 있는 고객을 확보 및 유지하고 키워나가는 것이 더 중요하다는 사실을 인식하고 있으며, 충성도 높은 고객과의 관계 유지를 위한 시스템이 구축되어 있다.

26 전직원이 고객의 불평은 곧 선물이라는 인식 아래 고객이 불만을 제기할 수 있는 다

양한 창구를 마련해 불만이 접수되었을 때 이를 신속히 해결한다.

㉗ 마케팅 부서뿐 아니라 최고경영층부터 말단직원까지 고객의 이익을 최우선시하는 고객 중심 문화와 시스템을 갖추고 있으며 고객만족 교육을 정기적으로 실시한다.

행복한 사회

㉘ 경영진은 고도의 도덕성을 바탕으로 전사적으로 투명경영, 윤리경영을 실천한다.

㉙ 회사는 이윤 극대화 못지않게 모든 이해관계자를 만족시키는 사랑받는 기업이 되는 것을 경영목표로 설정하고 사회적 책임 완수를 위한 다양한 활동을 전개한다.

㉚ 경영진은 장기적 관점으로 의사결정을 하며 단기적 손해를 감수하고라도 장기적으로 옳은 것을 선택해 이를 그대로 실천한다.

진단 결과

총점이 126점 이상이면 행복경영이 실제로 구현되고 있으며, 기업의 성공 가능성도 매우 크다. 총점이 101~125점이면 상당 부분 행복경영이 실천되고 있는 기업으로 잠재력이 있다. 총점이 76~100점에 존재할 경우 행복경영과 다소 거리가 있으며 평범한 성과를 내는 기업이다. 51점 이상 75점 이하인 경우는 지금은 어느 정도 생존하고 있더라도 장기적으로 생존 가능성이 희박하다. 50점 이하 기업은 지금 당장 특별한 조치를 취하지 않으면 생존해나가기 어렵다.

참고문헌

도서

게리 하멜 지음, 이동현 옮김, 《꿀벌과 게릴라》, 세종서적, 2001년

그레고리 번스 지음, 권준수 옮김, 《만족-뇌과학이 밝혀낸 욕망의 심리학》, 북섬, 2006년

김남국 지음, 《대한민국 Only 1 신시장의 개척자들》, 무한, 2006년

김성홍 시음, 《이건희 개혁 10년》, 김영사, 2003년

김영세 지음, 《이노베이터-트렌드를 창조하는 자》, 랜덤하우스 중앙, 2005년

노무라종합연구소 지음, 이상덕 옮김, 《프런티어 전략-회사의 가치를 높이는 8가지 혁신 기법》, 랜덤하우스, 2007년

니이하라 히로아키 지음, 국민은행연구소 옮김, 《기업성공 6가지 핵심조건》, 매일경제신문사, 2005년

데이비드 뱃스톤 지음, 신철호 옮김, 《영혼이 있는 기업》, 거름, 2003년, 98쪽, 129~135쪽

램 차란 지음, 김광수 옮김, 《실행에 집중하라》, 21세기북스, 2004년

로버트 스펙터 지음, 이수영 옮김, 《노드스트롬의 서비스 신화》, 세종서적, 1997년

로버트 워터맨 지음, 이상욱 옮김, 《최고 인재확보와 유지전략》, 21세기북스, 2002년

마쓰시타 고노스케 지음, 김정환 옮김, 《영원한 청춘-마쓰시타 고노스케 나의 이력서》, 거름, 2003년

마이클 노박 지음, 김진현 옮김, 《소명으로서의 기업》, 한국경제신문사, 1997년

모리타 아키오 지음, 김성기 옮김, 《나는 어떻게 미래를 지배했는가》, 황금가지, 2001년

문국현 · 조동성 · ID&Associates consulting 지음, 《유한킴벌리-세계가 배우는 한국기업의 희망》, 한스미디어, 2005년

미하이 칙센트미하이 지음, 심현식 옮김, 《몰입의 경영》, 황금가지, 2006년

박원우 지음, 《임파워먼트 실천매뉴얼》, 시그마인사이트컴, 1999년

박재림 · 한광모 지음, 《일하기 좋은 기업》, 거름, 2003년, 88쪽, 122쪽

서두칠 지음, 《우리는 기적이라 말하지 않는다》, 김영사, 2001년

신완선 지음, 《컬러 리더십》, 더난출판, 2002년

앨빈 토플러 지음, 김중웅 옮김, 《부의 미래》, 청림출판, 2006년

에드 마이클스 등 지음, 최동석 · 김성수 옮김, 《인재전쟁》, 세종서적, 2002년

윤석철 지음, 《경영학의 진리체계》, 경문사, 2001년, 130~133쪽

이나모리 가즈오 지음, 김형철 옮김, 《카르마 경영》, 서돌, 2005년

이시카와 요시미 지음, 이정환 옮김, 《손정의 21세기 경영전략》, 소담출판사, 1999년

이유재 지음, 《울고 웃는 고객이야기》, 연암사, 1997년

이태복 지음, 《변화는 마침표가 없다》, 패러다임컨설팅, 2007년

임창희 지음, 《조직행동》, 학현사, 2000년

잭 웰치 지음, 이동현 옮김, 《잭웰치 끝없는 도전과 용기》, 청림출판, 2001년

정주영 지음, 《시련은 있어도 실패는 없다》, 제삼기획, 1997년

제임스 쿠제스 지음, 김원석 옮김, 《리더십 챌린지》, 물푸레(창현출판사), 2004년

제프리 페퍼 지음, 윤세준 옮김, 《휴먼 이퀘이션》, 지샘, 2001년

존 나이스비트 외 지음, 김홍기 옮김, 《메가트렌드 2000》, 1997년

존 코터 지음, 한정곤 옮김, 《기업이 원하는 변화의 리더》, 김영사, 1999년

짐 로허 지음, 유영만 옮김, 《몸과 영혼의 에너지 발전소》, 한언, 2004년

짐 언더우드 지음, 서은경 옮김, 《핑크 캐딜락의 여인》, 물푸레(창현출판사), 2003년

짐 콜린스 지음, 이무열 옮김, 《좋은 기업을 넘어 위대한 기업으로》, 김영사, 2002년

짐 콜린스 · 제리 포라스 지음, 워튼 포럼 옮김, 《성공하는 기업들의 8가지 습관》, 김영사, 1996년

찰스 오레일리 · 제프리 페퍼 지음, 김병두 옮김, 《숨겨진 힘–사람》, 김영사, 2002년, 59~151쪽, 181~211쪽

최인호 지음, 《상도》, 여백미디어, 2000년

캔 블랜차드 지음, 최종옥 옮김, 《당신도 인생의 리더가 될 수 있다》, 큰나무, 2005년

케네스 토머스 지음, 장재윤 옮김, 《열정과 몰입의 방법》, 지식공작소, 2002년

케빈 프라이버그 지음, 이종인 옮김, 《너츠》, 동아일보사, 2003년

톰 피터스 지음, 이동현 옮김, 《초우량 기업의 조건》, 더난출판, 2005년

톰 피터스 지음, 정성묵 옮김, 《톰 피터스의 미래를 경영하라》, 21세기북스, 2005년

프레더릭 라이할트 지음, 조은정 옮김, 《로열티 경영》, 세종서적, 1997년

피터 드러커 지음, 이재규 옮김, 《미래사회를 이끌어가는 기업가 정신》, 한국경제신문, 2004년

피터 드러커 지음, 이재규 옮김, 《변화 리더의 조건》, 청림출판, 2001년

피터 드러커 지음, 이재규 옮김, 《이노베이터의 조건》, 청림출판, 2001년

피터 드러커 지음, 이재규 옮김, 《피터드러커 미래경영》, 청림출판, 2002년

피터 드러커 지음, 이재규 옮김, 《Next Society》, 한국경제신문, 2002년

필립 코틀러 지음, 김정구 옮김, 《미래형 마케팅, 세종연구원》, 1999년

필립 코틀러 지음, 남문희 옮김, 《착한 기업이 성공한다》, 리더스북, 2006년

하워드 슐츠 지음, 홍순명 옮김, 《스타벅스, 커피 한잔에 담긴 성공신화》, 김영사, 2005년

해리 벡위드 지음, 양유석 옮김, 《넥스트 마케팅》, 더난출판, 2003년

핼 로즌블러스 지음, 이창식 옮김, 《직원 최우선의 원칙》, 예지, 2004년

홍하상 지음, 《오사카 상인들》, 효형출판, 2004년

홍하상 지음, 《이병철 vs 정주영》, 한국경제신문, 2004년

히라시마 야스히사 지음, 박현석 옮김, 《인생도 비즈니스도 감성이 결정한다》, 아라크네, 2004년

연구보고서

고재민, 〈지속가능경영에 대한 오해와 진실〉, LG경제연구원-LG 주간경제, 2006년

고재민, 〈환경경영을 넘어 지속가능경영으로〉, LG경제연구원-LG주간경제, 2003년

박지원, 〈해외 선진기업은 인재를 이렇게 확보한다〉, LG경제연구원-LG주간경제, 2006년

성상현, 〈격동기, 사람이 경쟁력이다-글로벌 인사 7대 트렌드〉, 삼성경제연구소, 2004년

정용수, 〈기업의 사회적 책임(CSR)라운드에 대비하라〉, LG경제연구원-LG주간경제, 2005년

조범상, 〈신바람 일터로 가는 길〉, LG경제연구원, 2006년

최병권, 〈일류기업의 인재중심경영 실천사례〉, LG경제연구원-LG주간경제, 2002년

〈Global Reporting Initiative Sustainability Reporting Guidelines〉, GRI, 2002년

기사

세계 1위 유모차 맥클라렌이 '40년 디자인 고집' 꺾은 이유, 중앙일보, 2006년 03월 21일자

주민들이 뭉쳐 지킨 허시타운, 포브스코리아, 2006년 2월호

초콜릿보다 달콤한 무료학교(허시 스쿨), 포브스코리아, 2006년 2월호

허시초콜릿 홈페이지(http://www.hersheypa.com/town_of_hershey/built_on_chocolate.html)

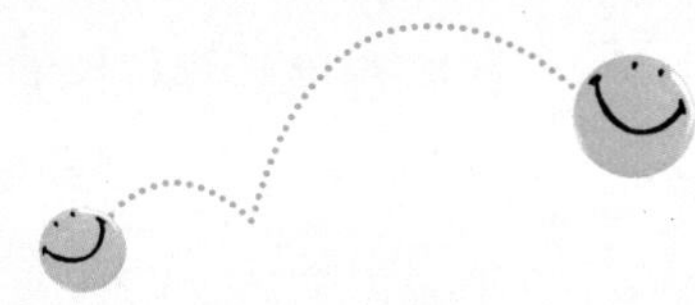

HAPPINESS
MANAGEMENT